Como ser um designer gráfico sem vender sua alma

Dados Internacionais de Catalogação na Publicação (CIP)
(Câmara Brasileira do Livro, SP, Brasil)

Shaughnessy, Adrian
Como ser um designer gráfico sem vender sua alma / Adrian Shaughnessy ; tradução de Renata Lucia Bottini. – São Paulo : Editora Senac São Paulo, 2010.

Título original: How to Be a Graphic Designer, without Losing Your Soul
Bibliografia.
ISBN 978-85-7359-924-4

1. Artes gráficas – Orientação profissional 2. Arte comercial – Orientação profissional 3. Designer I. Título.

09-12852 CDD-741.6023

Índice para catálogo sistemático:

1. Designer gráfico como profissão 741.6023

Adrian Shaughnessy

Como ser um designer gráfico sem vender sua alma

Tradução de Renata Lucia Bottini

editora senac são paulo

ADMINISTRAÇÃO REGIONAL DO SENAC NO ESTADO DE SÃO PAULO

Presidente do Conselho Regional: Abram Szajman
Diretor do Departamento Regional: Luiz Francisco de A. Salgado
Superintendente Universitário e de Desenvolvimento: Luiz Carlos Dourado

EDITORA SENAC SÃO PAULO

Conselho Editorial: Luiz Francisco de A. Salgado
Luiz Carlos Dourado
Darcio Sayad Maia
Lucila Mara Sbrana Sciotti
Marcus Vinicius Barili Alves

Editor: Marcus Vinicius Barili Alves (vinicius@sp.senac.br)

Coordenação de Prospecção e Produção Editorial: Isabel M. M. Alexandre (ialexand@sp.senac.br)
Supervisão de Produção Editorial: Pedro Barros (antonio.lbarros@sp.senac.br)

Edição de Texto: Pedro Barros
Preparação de Texto: Tulio Kawata
Revisão de Texto: Daniel Viana, Edna Viana, Jussara R. Gomes
Projeto Gráfico e Editoração Eletrônica: Fabiana Fernandes
Capa: Fabiana Fernandes
Impressão e Acabamento: Cromosete

Gerência Comercial: Marcus Vinicius Barili Alves (vinicius@sp.senac.br)
Supervisão de Vendas: Rubens Gonçalves Folha (rfolha@sp.senac.br)
Coordenação Administrativa: Carlos Alberto Alves (calves@sp.senac.br)

Traduzido de:
How to Be a Graphic Designer, without Losing Your Soul

Editora Senac São Paulo
Rua Rui Barbosa, 377 – 1º andar – Bela Vista – CEP 01326-010
Caixa Postal 1120 – CEP 01032-970 – São Paulo – SP
Tel. (11) 2187-4450 – Fax (11) 2187-4486
E-mail: editora@sp.senac.br
Home page: http://www.editorasenacsp.com.br

sumário

Nota da edição brasileira 9

Apresentação *Stefan Sagmeister* 13

Introdução 17

"Este livro é a respeito de quê?"

Capítulo 1 Atributos necessários ao designer moderno 27

"O design gráfico é para egocêntricos obsessivos."

Consciência cultural 29

Comunicação 31

Integridade 37

Entrevista Neville Brody 43

Capítulo 2 Como encontrar emprego 45

"Quero um emprego onde tenha muita liberdade e possa fazer coisas que recebam prêmios."

Trabalhando para um estúdio de design independente 49

Estágio 50

Encontrando trabalho em um estúdio de design 51

Abordando um estúdio de design 52

A entrevista 55

O acompanhamento 58

Portfólios pessoais 59

O que os empregadores realmente querem? 60

Abordando um estúdio *in-house* 61

Entrevista Natalie Hunter 63

Capítulo 3 **Ser freelancer** 65
"Quero trabalhar por mim e para mim."

Clientes 71
Entrevista Rudy VanderLans 74

Capítulo 4 **Montando um estúdio** 79
"Quero administrar meu próprio estúdio. Gosto de calcular impostos e de trabalhar dezoito horas por dia."

Criando um plano de trabalho 86
Consultores profissionais e serviços 87
Começando 88
Procurando um local 90
Escolhendo um nome 92
Criando uma identidade 92
Sistemas de estúdio 93
Entrevista John Warwicker 95

Capítulo 5 **Administrando um estúdio** 97
"Eu quero administrar um estúdio mundialmente famoso, fazer grandes trabalhos e ganhar rios de dinheiro."

Empregando pessoal criativo 99
Descobrindo talentos 104
Funcionários que não são de criação 105
A importância das recepcionistas 107
Filosofia 108
Entrevista Angela Lorenz 114

Capítulo 6 **Conseguindo novos trabalhos** 117
"Eu sempre preciso de mais trabalho, e por que é sempre outra pessoa que consegue os trabalhos bons?"

Pessoa dedicada a prospectar clientes 121
Encontrando clientes 123
Ferramentas promocionais 125

O portfólio 125
Sites 128
Materiais promocionais 129
Entrevista Alexander Gelman 133
Entrevista Andy Cruz 135

Capítulo 7 Clientes 137
"Todos os clientes são ruins."

Mantendo clientes 143
Desenvolvendo clientes 144
Despedindo clientes 145
Monopolizado pelos clientes 145
A apresentação 146
Entrevista Kim Hiorthøy 149
Entrevista Peter Stemmler 153

Capítulo 8 Autopromoção 155
"Não quero ser famoso, só quero que meus pares gostem do que eu faço."

Sendo notado 158
Trabalho feito para o portfólio, não para o saldo bancário 159
Concursos de design 163
Organizações profissionais 164
Comparecendo a seminários e palestras 165
Mantendo relações com faculdades de arte 166
Lidando com a imprensa especializada em design 167
Entrevista Corey Holms 171

Capítulo 9 O processo criativo 175
"Quero fazer trabalhos muito bons, mas às vezes meu trabalho não é tão bom quanto eu gostaria que fosse."

O briefing 179
Briefings de iniciativa própria 184
Pesquisa 185

O processo 187
Critérios para o bom trabalho 190
Como ser um designer gráfico 192

Bibliografia 193

Apêndice 195

Organizações 195
Assuntos de negócios 197
Seminários 197
Fontes da internet 197
Designers 198
Consciência cultural 199

Agradecimentos 201

nota da edição brasileira

Quando o assunto é design gráfico, é difícil escapar do lugar-comum: os tempos mudaram. Antes específica e unilateral, a profissão tornou-se multifacetada. Aspirantes a designer devem trabalhar com hardware e software, imprimir, fotografar e ilustrar. Devem editar filmes, compor músicas, animar e esculpir. E tudo isso não é o bastante. Sempre que possível, o designer deve refinar sua cultura em viagens, leituras, exposições e que tais. Assim exige o mercado, e o profissional deve atendê-lo.

Da mesma forma, as instituições de ensino procuram suprir as expectativas do novo estudante de design gráfico. Escolas tradicionais adaptam suas estruturas e rompem as fronteiras entre os cursos. Outras, mais modernas, já possuem uma formação multidisciplinar de design gráfico preconcebida. Se é um desafio para o estudante, não deixa de ser um desafio para os professores.

Com este livro, o Senac São Paulo contribui com importante material para os cursos de design gráfico, os profissionais que procuram reciclar suas carreiras e aqueles já inseridos com sucesso no mercado.

A visão chega antes das palavras.

John Berger, *Modos de ver*

apresentação

Stefan Sagmeister

Adoro ser designer. Adoro ter ideias livremente e observá-las tomar forma; adoro trabalhar concentrado em um projeto o dia inteiro, perdendo-me no trabalho e, mesmo depois de ter sido envolvido nesse campo por quase vinte anos, ainda adoro receber uma peça da gráfica (se tiver ficado muito boa).

Hoje existem muitos fantásticos designers trabalhando: criadores como Jonathan Bambrook e Nicholas Blechman que enfatizam o papel social do design; designers que produzem formas de tirar o fôlego, como a M/M em Paris, Nagi Noda em Tóquio e Mark Farrow em Londres; designers que turvam as fronteiras entre o design e a tecnologia como John Maeda, Joachim Sauter e seus estudantes; e uma nova geração que consegue trabalhar com um pé no mundo da arte e o outro no mundo do design, como o jovem grupo suíço Benzin e os designers americanos envolvidos na mostra "Beautiful Losers" [Fracassados maravilhosos], incluindo Ryan McGinness e Shepard Fairey.

Recentemente lecionei no semestre primavera/verão na Universidade de Artes em Berlim, e fiquei feliz (e um pouco surpreso) ao ver como os estudantes eram perspicazes. Eles são mais educados, viajaram mais e são mais culturalmente astutos do que a minha geração foi. Do mesmo modo, a gama de estudantes para quem leciono atualmente no programa de graduação em design, na Escola de Artes Visuais em Nova York, inclui um estudante de especialização em ciências biológicas em Harvard e um designer sênior da Comedy Central.

Existe também uma nova ênfase na maneira como o design é estudado e criticado, conduzida pela série *Looking Closer* [Olhando de mais perto], de Steven Heller, pelo formato ensaio pesado reconfigurado pela revista *Emigre*, por *No More Rules* [Regras não mais] e *Obey the Giant* [Obedeça o gigante], de Rick Poynor, e talvez mais significativamente pela emergência de blogs de design como underconsideration.com e designobserver.com. Acho que jamais existiu uma época em que o design tenha sido estudado de maneira tão crítica e entusiástica por tanta gente, em tantas culturas.

Ao se tornar uma disciplina mais ampla, o design gráfico também ficou mais difícil. Agora abrange o que antes constituía uma dúzia de profissões diferentes: meus alunos compõem música, fazem filmes e os editam, animam e esculpem. Constroem hardware, escrevem software, imprimem em silkscreen e offset, tiram fotografias e ilustram. É fácil esquecer que tarefas de rotina – como a composição gráfica e a separação de cores – constituíam carreiras separadas. Muitas escolas perceberam isso e abriram os limites tradicionais entre os departamentos de gráfica, design de produto, nova mídia, arquitetura e filme/vídeo, encorajando a educação de um designer realmente multifacetado.

Para mim também ficou mais difícil: conforme envelheço, tenho de resistir à tendência de repetir o que fiz antes, resistir a descansar sobre velhos louros. Antes que o estúdio abrisse em 1993, eu trabalhava na M&Co., na época minha empresa de design favorita em Nova York. Quando Tibor Kalman decidiu fechar a empresa para trabalhar na revista *Colors* em Roma, não achei correto passar a trabalhar para a empresa de design que era a minha *segunda favorita*. Assim, abri um estúdio e me concentrei em meu outro grande interesse, a música. Eu tinha experiência de trabalho tanto em empresas de design pequenas quanto nas gigantes, e, como gostara das primeiras muito mais do que das últimas, tentei, com todas as forças, não permitir que o estúdio crescesse em tamanho.

Acho que muitos designers iniciantes querem se envolver apenas com design e consideram as questões sobre negócios e dinheiro irritantes. A organização adequada de um estúdio e a apresentação de um projeto a um cliente – em resumo, a habilidade de fazer um projeto acontecer – com certeza são parte do processo de design (e muito mais críticas à qualidade do processo e do produto final) tanto quanto escolher as cores ou os tipos de letras.

Aprendi muito no tempo em que trabalhei na M&Co. Eles usavam registros das horas trabalhadas, por exemplo, e pensei que, se não era antigo demais para eles, também poderia usá-los. Ainda bem que o fiz: é a única maneira de descobrir se ganhamos ou perdemos dinheiro em um projeto. Se eu não estiver em cima dos detalhes financeiros, eles logo estarão em cima de mim e não terei mais um estúdio. É muito mais barato sentar na praia e ler um livro do que administrar um estúdio de design financeiramente malsucedido.

Todo o resto que aprendi sobre administrar um estúdio veio de um livro intitulado *The Business of Graphic Design* [O negócio do design gráfico]. Um livro pragmático sobre administração que dá as razões pelas quais se deve ou não começar seu próprio negócio, fala sobre como fazer um plano de negócios e estimar despesas. Descreve as vantagens de se estabelecer sozinho ou em sociedade.

Também fui influenciado por Quentin Crisp, agora – tristemente – lembrado como o assunto da música de Sting *An Englishman in New York* [Um inglês em Nova York]. Ele falou em uma de minhas aulas e era uma figura realmente inspiradora. Entre as muitas

Pôster, de Stefan Sagmeister

Cortesia de Stefan Sagmeister

coisas inteligentes que disse estava: "Toda pessoa que diz a verdade é interessante". Então pensei: isso é fácil, apenas tente ser aberto e franco e será interessante.

Recentemente, afastei-me dos clientes por um ano. Usei o tempo para decidir sobre todas as áreas em que não queria me envolver (mas que, antes, tinha imaginado que me envolveria). Surpreendi-me levantando-me todos os dias às 6 horas para fazer pequenos experimentos com tipos (sem prazos assustadores). Isso fez com que eu pensasse muito sobre os clientes. Decidi que gostaria mais de ter um cliente educado do que um que eu tivesse de educar. Tibor dizia que só aceitaria clientes mais inteligentes do que ele (mas lembre-se de que um cliente não precisa entender de design para ser inteligente). Depois de reabrir o estúdio, também decidi ampliar seu alcance para incluir quatro áreas distintas: design para causas sociais, design para artistas, design corporativo e design para música.

E aí, como é que um designer gráfico evita vender a alma? Como extraviei pequenos pedaços da minha, não estou certo de ser a pessoa adequada para responder a essa pergunta. Consegui manter a alma que me sobrou com pausas: parando e pensando. No meu dia a dia, fico tão envolvido com as minúcias que tenho pouco tempo ou cabeça para pensar sobre o contexto mais amplo. Como trabalhei em diferentes cidades, ocorreu uma distância natural entre um trabalho e outro, permitindo-me um pouco de reflexão. Quando me cansei de mudar e decidi ficar em Nova York, criei essas distâncias artificialmente parando por um ano ou ensinando durante um semestre em Berlim. Mas, mesmo em três dias fora do escritório, sozinho em uma cidade estranha, pode-se atingir o resultado esperado.

Espero que este livro ajude jovens designers a encontrar o caminho. Não acho que a bobagem "designers não leem" seja verdadeira. Um bom livro encontrará bons leitores.

introdução

"Este livro é a respeito de quê?"

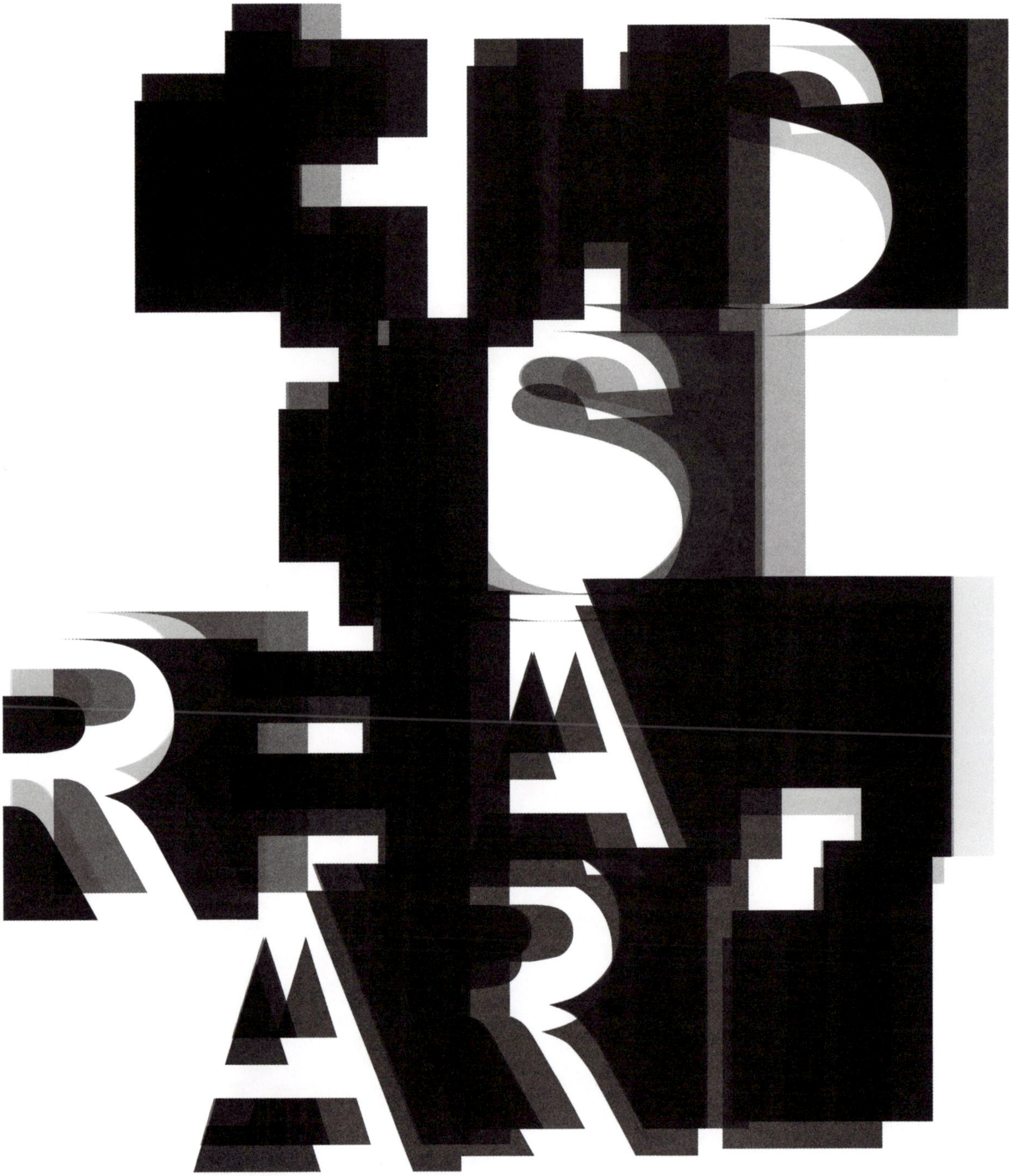

Isto é Arte Real, de Adrian Shaughnessy

Cortesia de This is Real Art

Parafraseando Frank Zappa: aqui está exatamente o que o mundo necessita – outro livro sobre design gráfico. Os livros sobre design gráfico são quase tão comuns como os livros de dieta das celebridades ou os *best-sellers* de aeroporto. Mas, para o designer engajado, há poucas maneiras melhores de passar o tempo do que imerso nas páginas de um livro de design atraente – curtimos o arregalar de olhos causado pela inveja que vem de admirar trabalhos que nós mesmos gostaríamos de ter feito e nos inspiramos com o vertiginoso leque de expressão gráfica à vista. E, é claro, tanto quanto curtir o trabalho, também gostamos de encontrar seus defeitos. Resmungar é importante para os designers: é algo que sabemos fazer bem. Mas, embora os livros de design possam, algumas vezes, ser acusados de contribuir para a concepção errônea e generalizada de que o design é uma atividade que não exige esforço, praticada por designers *superstars* que nunca suam enquanto deslizam suavemente de triunfo em triunfo, eles são, de modo geral, *uma coisa boa*.

Ainda assim, há alguma coisa faltando nessa enciclopédica cobertura do design. Quando nos empanturramos do trabalho suculento nos livros, e quando digerimos o conteúdo de numerosas revistas e sites que registram o cenário do design, raras vezes percebemos o *background*; dificilmente ficamos sabendo dos detalhes menos nobres que acompanham quase todo trabalho que o designer gráfico toca. Os designers se apressam a nos falar sobre suas fontes de inspiração ("Estou ligado nos pictogramas de Otl Aicher e gosto desta embalagem de goma de mascar sabor beterraba que trouxe de Osaka"), mas não fazem muita questão de revelar detalhes enfadonhos como a forma de encontrar clientes, quanto cobram e o que fazem quando o cliente rejeita três semanas de trabalho e se recusa a pagar a conta.[1] Se você quer aprender como ser um designer, precisa saber tudo sobre esses e outros assuntos desagradáveis, que são tão parte da profissão quanto saber como compor tipos ou desenhar o cabeçalho perfeito. De fato, o modo como você lida com esses detalhes chatos é a maneira como aprende a ser um designer gráfico.

Este livro é sobre os detalhes chatos. Foi escrito por um designer *para* designers. Combina conselhos práticos e orientação filosófica para ajudar o designer gráfico que pretende a independência a lidar com os problemas menos glamorosos e mais cabeludos da profissão. Acrescentei a frase "sem vender sua alma" ao título do livro (brinquei com a ideia de usar "camisa" em lugar de "alma") porque parecia a melhor maneira de enfatizar

1 O livro *Made You Look* [Fez você olhar], de Stefan Sagmeister, é um dos poucos livros de design que tenta mostrar uma imagem completa da vida profissional de um designer. Ele reproduz os fracassos ("a parte ruim") e também os triunfos, detalha as quantias recebidas e em um desenho revela que mesmo os designers *superstars* sofrem interferência de clientes intrometidos em seu trabalho.

um aspecto-chave de minha intenção: ou seja, escrever um livro para ajudar aqueles que acreditam que o design gráfico tem um valor cultural e estético além do mero trombetear das mensagens comerciais; um livro para aqueles que acreditam que nos tornamos designers gráficos porque somos atraídos para a criação pessoal; um livro para aqueles que acreditam que o design está na melhor forma quando é permitido registrar a voz do designer, sem suprimi-la em favor da suavidade e mesmice (embora eu deva acrescentar que isso só é relevante quando vale a pena ouvir a voz do designer).

Este livro também é uma resposta ao fato de que mais gente do que nunca está estudando e praticando o design gráfico. É uma carreira cada vez mais atraente. Houve tempo em que era encarada como uma ocupação puramente artesanal e não conferia muito status; agora é considerada uma atividade significativa, até mesmo levemente glamorosa. Hoje, você pode dizer que é designer gráfico sem que as pessoas olhem para você como se tivesse acabado de anunciar que dança salsa nu. Designers de moda, arquitetos e designers de produto já são parte da nova elite cultural: Tom Ford, Frank Gehry e Jonathan Ive são frequentemente entrevistados com reverência por jornais, revistas e televisão. E, embora ainda não se olhe para os designers gráficos com admiração de cair o queixo, David Carson, Peter Saville, Stefan Sagmeister, Neville Brody e alguns outros têm uma classificação estrelada que os eleva para o degrau mais baixo do cosmos da celebridade. (Imagino que se considera que os designers gráficos ocupem, na selva da mídia, uma posição que fica entre os apresentadores de programas de jogos na TV a cabo e os jornalistas de tabloide que aparecem para entrevistá-los sem aviso prévio.)

Segundo um recente relatório do Departamento do Trabalho dos Estados Unidos,[2] há 532 mil designers empregados no país; 212 mil deles são designers gráficos. Em seu livro *The Substance of Style* [A essência do estilo], Virginia Postrel ressalta que pelo menos cinquenta revistas de design gráfico são publicadas regularmente em todo o mundo (havia apenas três, em 1970); e ela cita Michael Bierut, sócio da Pentagram e conhecido comentarista de design: "Não existe mais uma coisa chamada objeto gráfico sem design, que antes existia".

Contudo, a despeito de toda essa abundância gráfica, falta caráter ou valor estético à maior parte do design que nos circunda. Só existe para entupir as artérias de nossa vida visual. A designer Paula Scher (também da Pentagram), em um ensaio de 1994 publicado no *AIGA Journal*, notou: "Todos os dias, vou a supermercados, lojas de descontos, lojas de vídeo e outros ambientes que continuam claramente intocados por nossa comunidade... apenas design ruim, incontroverso, fora de moda, o tipo de mau design que aprendemos

---

2 Esse relatório, entre outros, pode ser encontrado em http://www.bls.gov/oco/ocos090.stm.

a ignorar porque estamos ocupados demais discutindo a estética do último pôster do AIGA".[3] A prevalência do "mau design" é consequência de uma economia cada vez mais competitiva e globalizada, na qual o risco é anátema, o instinto de rebanho predomina, e a mesmice é a posição padrão. Hoje é impensável que uma marca global poderosa empregue um designer contemporâneo da maneira que a IBM outrora empregou Paul Rand, ou que uma revista comercial vendida em bancas de jornal conceda a liberdade que *The Face* deu a Neville Brody nos anos 1980. Grupos de foco e imperativos de marketing sufocariam tais iniciativas no nascedouro.

O próprio design agora é intensamente competitivo: tanto que, de fato, muitos designers se refugiaram na timidez e na conformidade. Isso não surpreende, pois é duro tomar uma posição definida em questões de princípio quando há inúmeras outras firmas e indivíduos querendo executar o trabalho, se você não o fizer. Mas, espere aí! O que há de tão ruim em dar aos clientes o que eles querem? O design não é uma prestação de serviço?

Isso nos leva à essência de um dos debates mais importantes no design dos últimos anos. De um lado, temos aqueles que acreditam que o design gráfico é uma ferramenta de negócio que resolve problemas e que os designers deveriam suprimir o desejo de expressão pessoal para maximizar a eficácia do conteúdo. De outro lado, temos aqueles que acreditam que, embora o design, sem dúvida, tenha a função de resolver problemas, também possui uma dimensão cultural e estética, e sua eficácia é ampliada – e não diminuída – pela expressão pessoal.

O primeiro é o ponto de vista dominante entre os designers profissionais. Mas essa visão tradicionalista do design gráfico sempre esteve sujeita a ceticismo de ataques críticos por vozes radicais no design, sobretudo depois que o movimento de antiglobalização lançou um desafio aos monstros corporativos no final dos anos 1990. E esse pragmático ponto de vista do papel do designer não se confirma em outras áreas do design: não pedimos a arquitetos ou designers de moda para suprimirem suas vozes pessoais – pelo contrário. De fato, valorizamos mais aqueles que são capazes de dotar seu trabalho de características pessoais. Nem, paradoxalmente, o ponto de vista pragmático parece ter base na realidade comercial. Cada vez mais, as mensagens notadas – as que abrem caminho na multidão das comunicações imperceptíveis de tamanho único – são aquelas em que a impressão digital do designer é claramente visível: aquelas que contêm um grito rebelde de desafio.

3 "The Devaluation of Design by the Design Community", em *AIGA Journal*, Nova York, 1994. Reimpresso em Robyn Marsack, *Essays on Design 1: AGI's Designers of Influence* (Londres: Booth Clibborn Editions), 1997.

Esse cisma não é tão simples como uma mera divergência entre conservadores e radicais. Se você ler a imprensa especializada em design, pode pensar que o desejo de liberdade criativa, ou autoexpressão, esteja confinado a designers *superstars*: não está; na verdade, é universal. Tornamo-nos designers gráficos porque queremos dizer alguma coisa. Queremos fazer uma declaração visual da qual possamos reivindicar a autoria; em alguns casos, é uma reivindicação muito modesta, não obstante, é uma reivindicação. E mesmo aqueles que concordam ardentemente com a noção de que a contribuição do designer é sempre subserviente às necessidades e aos desejos do cliente querem desempenhar essa função do jeito deles. Digo isso em outras palavras: creio que nunca encontrei um designer que não tivesse o impulso da expressão pessoal. Pode-se ver isso na universal insatisfação em ter as ideias rejeitadas, remexidas ou diluídas. Há um instinto de teimosia em quase todo designer – mesmo o mais complacente e serviçal –, que se irrita à ordem "Oh, você pode mudar aquilo" e à atitude "Simplesmente faça isso assim" adotada com tanta frequência pelos pagadores dos designers, os clientes. É um instinto inerente a todos, que diz: um pedacinho da minha alma se foi nisso e não vai sair daí sem briga.

A situação é complicada mais ainda pelo fato de que todos os designers gráficos concordam que há, inquestionavelmente, papéis puramente práticos e utilitários para o design gráfico. Aplicações como sinais rodoviários, embalagens de remédios, cronogramas e a apresentação de dados financeiros, científicos ou técnicos requerem design da maior clareza e precisão. É amplamente aceito que não há espaço nessa esfera para noções como expressão pessoal ou experimentação. Um sinal rodoviário mal desenhado pode matar: a morte pela tipografia é uma possibilidade real. Ainda assim, aponte-me um designer que não queira executar mesmo essas tarefas da maneira que achar melhor.

Para chegar a uma definição do que este livro lhe dirá, pode ser mais fácil dizer o que este livro *não* lhe dirá. Este livro não lhe dirá como livrar-se das emboscadas no QuarkXpress. Não lhe dirá coisa alguma sobre hardware, software ou as minúcias do mais recente sistema operacional da Apple. Há inúmeros livros sobre esses assuntos e, na minha experiência, os designers aprendem essas habilidades só quando precisam delas: e as aprendem de outros designers, ou resolvendo-as por si mesmos.

Este livro não lhe diz que tipo de designer você deveria ser. Em questões de estilos, tendências e escolas de design, esta obra é agnóstica. Não lhe dirá quais tipos são atraentes nem quais são as tendências atuais em layout, fotografia e ilustração. Não advogará a supremacia do design formal sobre o vernacular, ou a desejabilidade do Helvetica sobre o Bodoni. Você pode conseguir essas informações em livros ou revistas, lendo sobre a história do design gráfico, falando com outros designers e fazendo experiências em seu próprio trabalho. E, embora o grande Josef Müller-Brockmann tenha dito que "Todo trabalho de design tem caráter político",[4] este livro admite que questões políticas são matéria para as consciências individuais. Se, por exemplo, alguém lhe pedir para desenhar a embalagem de uma bebida enlatada que contém produtos químicos duvidosos, você tem de tomar uma decisão moral. Sua consciência pode lhe dizer para não executar esse trabalho, mas, se você está lutando para pagar suas contas ou tem família e compromissos financeiros, vai achar difícil dizer não. Este livro não lhe diz o que fazer nessa situação: só você pode decidir.

Este livro também não lhe diz como dar entrada na declaração de renda, fazer a contabilidade ou lidar com as complexidades das leis trabalhistas. Existem escritores muito mais bem preparados do que eu para lhe dizer essas coisas (forneço uma bibliografia e apêndice no final do livro) e, na minha experiência, via de regra os designers não estão interessados nesse tipo de informação e também não são muito bons em absorvê-las até que necessitem delas. Entretanto, se quiser sobreviver – seja como designer freelancer ou administrando um pequeno estúdio –, você vai ter de saber essas coisas. Portanto, em lugar de lhe dizer como fazer essas coisas, vou lhe dizer como encontrar contadores e outros profissionais que as façam por você.[5]

Acho que agora o leitor tem o direito de perguntar: "Bem, o que é que este livro me dirá?". Ele lhe dará a resposta a algumas perguntas que os designers amiúde se fazem. O impulso de escrever esta obra veio por falar para – e, mais importante ainda, ouvir – estudantes e jovens designers em início de carreira. Como visitante frequente de faculdades de design, respondo a perguntas assim: "Como você responde a instruções furadas?"; "Como impede que os clientes lhe peçam mudanças pouco razoáveis em seu trabalho?"; "Como encontra trabalho interessante?". Ouço questões semelhantes quando falo com designers que estão trabalhando há dois ou três anos: "Como produz trabalhos bons e tem lucro?"; "Como impede os clientes de mudar seu trabalho?"; "Como evita passar a vida inteira fazendo anúncios não remunerados para trabalhos com pouca verba?".

Ocorreu-me que aqui estava um tipo de pergunta – uma mistura do prático com o filosófico – que os designers gráficos achavam difícil de responder. As escolas de arte se preocupam em produzir graduados com "bases amplas" e não têm tempo suficiente

4 Entrevista em *Eye*, n. 19, inverno de 1995.

5 Nos Estados Unidos, a revista apropriadamente intitulada *How* cobre assuntos práticos relacionados a práticas profissionais, com muitos artigos úteis sobre os aspectos menos glamorosos da vida do designer, escritos com frequência por designers que exercem a profissão. No Reino Unido, a revista *Design Week*, que reivindica ser a única revista semanal para designers do mundo, regularmente reserva espaço para questões práticas.

para preparar os estudantes para cada aspecto da vida profissional. A luxuosa imprensa de design devota suas energias a registrar o trabalho dos mais recentes designers que estão na moda, mas evita as questões práticas que os profissionais têm de enfrentar. Escrever sobre design e discursos críticos raramente tocam o lado prático da vida como designer.[6] E, enquanto mais e mais designers saem das escolas só para descobrir que não há emprego suficiente para todos, aqueles que já estão no mercado têm de atingir níveis de determinação empreendedora de que as gerações anteriores não precisavam senão muito mais tarde em suas carreiras. *Como ser um designer gráfico sem vender sua alma* pretende preencher algumas dessas lacunas e oferecer conselhos e orientação que convenham à suscetibilidade dos designers independentes.

Então, a quem se dirige este livro? Você poderia dizer que se destina a designers que aceitam o papel convencional do design, mas que também veem nele um papel paralelo, como uma força cultural e social benéfica. Se você quiser um foco ainda mais estreito, eu diria que é um guia prático e filosófico para estudantes que estão emergindo – ou perto de emergir – da escola e para os designers que já estão trabalhando nos estágios iniciais de suas carreiras. Antes e mais que tudo, é um livro para o designer que pensa livremente.

Mas quem sou eu para lhe falar sobre esses assuntos? Sou um designer gráfico autodidata. Comecei como *trainee* em um grande estúdio, na era pré-digital. Fui informalmente empregado como aprendiz de um grupo de designers experientes que me ensinaram o básico sobre tipografia, mostraram-me como preparar artes-finais mecânicas, deram-me uma tabela de percentuais de cores CMYK e me deixaram ir adiante com isso. A coisa era desanimadora, mas também foi meu golpe de sorte. Até então, eu fora meio vadio. Mas, depois de algumas semanas, já estava produzindo designs e artes-finais comerciais aceitáveis e, como recompensa, recebi um emprego em tempo integral de designer júnior. Pode-se dizer que o design gráfico me salvou a vida.

Até pouco tempo atrás, eu era diretor de criação de uma empresa de design chamada Intro, que fundei em 1988 com minha então parceira de negócios Katy Richardson. Ganhamos prêmios e construímos uma pequena mas sempre crescente reputação, no Reino Unido e no exterior, como uma companhia de design séria, bem administrada e engenhosa. Nossos clientes eram uma variedade de etiquetas de discos, empresas *blue chip*, organizações de arte, instituições educacionais e empresas de comunicação. Até o

6 O escritor e designer americano Kenneth Fitzgerald tocou nesse assunto no artigo "Fanfare for the Common Hack" [Fanfarra para o escrevinhador comum], em *Eye*, nº 27, primavera de 1998, em que incita os teóricos a ouvir os designers nas trincheiras.

Serviço Nacional de Saúde Britânico era nosso cliente e conseguimos fazer para eles produtos muito bons, enquanto trabalhávamos também para bandas como Primal Scream e Stereolab.* Estivemos entre os primeiros proponentes da nova abordagem *cross-media* ao design gráfico; estávamos entre as primeiras empresas na era digital a combinar design e produção de filmes (digitais e tradicionais) sob o mesmo teto, algo que desde então se tornou mais comum.

À medida que a empresa crescia (a certa altura éramos quarenta), eu fazia cada vez menos design. Como diretor de criação, estava envolvido em descobrir e desenvolver jovens designers e atuar como ponte entre nossos designers e os clientes. Descobri ter talento para a advocacia e aprendi que as habilidades de comunicação estão entre as mais valiosas que um designer pode ter. Em dezembro de 2003 deixei a Intro e me estabeleci como diretor de arte, escritor e consultor freelancer. Na Intro chegamos tão perto quanto possível – em um mundo duro e hostil – de ser uma empresa de design lucrativa (embora não rica) que também fazia trabalhos pioneiros. Nossa combinação de criatividade com uma estrutura sólida e rigor nos negócios funcionou bem: mas foi uma labuta, e depois de quinze anos comecei a sentir o peso do esforço. A Intro continua a prosperar e a desempenhar um excelente trabalho.

O livro também contém contribuições de designers de destaque. Em uma série de entrevistas eles revelam suas abordagens a problemas comuns que os jovens designers têm de encarar ao tomar decisões no início de suas carreiras; você encontrará contribuições elegantes e cheias de *insight* de uma amostra representativa de talentosos indivíduos, incluindo Neville Brody, da Research Studios, Rudy VanderLans, da Emigre, Natalie Hunter, da Airside, John Warwicker, da Tomato, Peter Stemmler, da Quickhoney e e-boy, e Angela Lorenz, entre outros.

Uma palavra final antes de começar. Você pode ignorar todos os conselhos contidos nestas páginas e ainda assim tornar-se um designer realizado e de sucesso. Qualquer uma das minhas sugestões vem com um botão de anulação: não existe algo como um conjunto de regras que o transformarão em um designer gráfico completo. Na minha visão de como ser um designer gráfico sempre há lugar para os dissidentes, os difíceis e os do contra. Não estou tentando criar designers homogeneizados. Longe disso. O que desejo é fornecer ao leitor uma série de dicas, pistas e orientações para ajudar a tornar a vida profissional mais agradável e recompensadora. Quero falar sobre assuntos que não são

---

* Primal Scream – grupo de *rock* alternativo formado em 1982 na Escócia. Stereolab – grupo musical franco-britânico cujo estilo é uma mistura de *pop* e *lounge* dos anos 1950-1960. (N. T.)

discutidos com frequência, e questões que se dizem compreendidas, mas que raramente o são. Quero ajudá-lo a não cometer os mesmos erros que eu cometi. Quero ajudá-lo a se tornar um designer gráfico eficaz e autoconfiante – sem vender a alma pelo caminho.

capítulo 1

Atributos necessários ao designer moderno

"O design gráfico é para egocêntricos obsessivos."

Entre a miríade de definições de design gráfico, uma das mais esclarecedoras é a da designer e escritora americana Jessica Helfand. Segundo ela, o design gráfico é uma "linguagem visual que une harmonia e equilíbrio, cor e luz, escala e tensão, forma e conteúdo. Mas também é uma linguagem idiomática, uma linguagem de deixas e trocadilhos e símbolos e alusões, de referências culturais e inferências perceptuais que desafiam tanto o intelecto como a visão".[1]

Gosto da definição de Helfand. Sua primeira sentença é um resumo convencional do design gráfico: pouca gente discutiria isso. Mas a segunda sentença sacode: alude ao poder de expressão e da intenção mais alta do design. Mesmo como jovem recalcitrante eu sentia a potência emotiva do design gráfico. Nem mesmo sabia que existia uma coisa chamada design gráfico, mas copiava com carinho as letras de capas de discos, revistas, caixas de cereal e revistas em quadrinhos. Não copiava outros elementos: só as letras. Gostava do jeito que determinadas formas das letras davam às palavras um significado adicional. Notava que as mesmas palavras em tipos diferentes não eram necessariamente tão sedutoras. Copiar letras é uma ocupação bastante comum entre jovens entediados – parece ter um efeito calmante sobre hormônios turbulentos: foi usado de modo memorável, como metáfora para a juventude descontente, por Geoff McFetridge em sua sequência para o filme *As virgens suicidas*, de Sofia Coppola.

Assim como para muitos outros designers, as capas de discos me forneciam uma ligação entre o embrião de uma consciência visual e a descoberta do design gráfico.[2] Eu estava hipnotizado pelas imagens que encontrei nas capas de discos, e logo comecei a prestar atenção nos créditos de design nessas capas. Isso me levou a perceber a existência do design gráfico (não estou certo de ter sabido isso de qualquer outra fonte) – e parecia ser uma profissão bem legal. Hoje, o design gráfico é bem menos misterioso. Você pode estudá-lo na escola e qualquer criança com um computador descobre fontes, layout e manipulação de imagens mais ou menos na mesma época em que para de usar fraldas.

1 Citado por Virginia Postrel em *The Substance of Style* (Nova York: Harper Collins, 2003).

2 Há uma legião de designers gráficos contemporâneos que cita as capas de discos como fornecedoras do impulso de seguir o design gráfico como carreira: o designer e músico Tom Recchion, baseado na Califórnia, é típico. Em artigo recente ele escreveu: "A primeira capa de King Crimson me surpreendeu e me forçou a comprar o disco como cara mercadoria importada sem ouvir uma nota" ("The Inner Sleeve", em *The Wire*, n. 248, outubro de 2004). O que confirma o design da capa de disco como um fator resistente e substancial em design: ainda assim, os gráficos musicais não foram tratados com o mesmo respeito ou seriedade habitualmente reservado a outras formas de design pelos educadores e pela elite do design.

Consciência cultural

A segunda parte da definição de Helfand fornece a chave para produzir design gráfico significativo e expressivo: "deixas e trocadilhos e símbolos e alusões, de referências culturais e inferências perceptuais" são os elementos que conferem ao trabalho autoridade e ressonância. E, se você quiser introduzir esses elementos em seu trabalho, isso significa interessar-se por tudo que acontece em torno de você e ter curiosidade em outras áreas além do design gráfico: política, entretenimento, negócios, tecnologia, arte, boliche e luta livre na lama.

Essa consciência cultural (você pode chamá-la pesquisa, se quiser, mas na verdade é algo mais amplo) tem mais importância do que a habilidade técnica e as qualificações acadêmicas no portfólio de atributos do designer. Quando perguntaram ao escritor britânico Iain Sinclair se ele fazia pesquisas para seus livros, ele respondeu que a vida dele inteira era pesquisa. Não consigo pensar em adágio melhor para o designer. Sem esquadrinhar, escrutinar e absorver constantemente o que está acontecendo em torno de si, você não pode se tornar um designer de sucesso. Compreendi isso alguns anos atrás, em um seminário de design em Hong Kong. Depois de apresentações por vários designers britânicos, houve uma animada sessão de perguntas e respostas. Alguém na audiência me perguntou se eu gostaria de trabalhar para clientes em Hong Kong. Eu disse sim – sobretudo por questão de polidez, mas também porque pensei que era a resposta que a audiência esperava ouvir. Depois, pensei a respeito: eu estava enganando a mim mesmo. Chegara a Hong Kong havia apenas 24 horas, não falava o idioma, meu conhecimento da história e dos costumes era insignificante, para dizer o mínimo, e, ainda assim, lá estava eu me atrevendo a pensar que conseguiria criar design significativo. Mas a

Imagens da sequência da apresentação de *As virgens suicidas*, de Geoff McFetridge
Cortesia de Geoff McFetridge

maior lição de todas foi dar-me conta de que eu passara a hora anterior demonstrando ao público como os trabalhos de design de minha empresa estavam carregados de sutis alusões culturais – coisas que você tem de ser culturalmente perspicaz para perceber. Como eu poderia conseguir a mesma coisa em Hong Kong sem estudo, pesquisa e conhecimento da cultura?

A consciência cultural é vital para o designer moderno, e a maior parte dos designers são pessoas culturalmente conscientes. É por isso que os designers com frequência são espirituosos, com sofisticado senso de humor (não deveríamos nos surpreender com isso: os designers são observadores, e o melhor humor vem da observação microscópica). Veja o desenho da capa de Peter Saville para o CD da banda Gay Dad. Geralmente não se pensa em Saville como humorista gráfico, mas sua engenhosa apropriação da silhueta do "pequeno homem verde" do sinal de trânsito para andar para a capa de um CD de uma debochada banda de *rock* é inesperada e divertida. Todo mundo conhece esse símbolo. De fato, é tão familiar que mal o notamos. Ainda assim, é necessário o espírito astucioso de um designer gráfico para extraí-lo do ambiente banal e colocá-lo nessa posição improvável. Espirituoso, você pode dizer.

Li uma vez que os arrombadores de cofres lixam a ponta dos dedos para aumentar a sensibilidade tátil. Isso torna seus dedos ultrassensíveis e os capacita a sentir as nuanças das engrenagens do mecanismo da fechadura, conforme rodam o disco à procura da mágica combinação que abrirá o cofre. Acontece o mesmo com o design gráfico: quanto mais sensível você se tornar em relação ao mundo que o circunda, melhor funcionará. Isso significa estudar design em todas as suas manifestações contemporâneas, assim como a história do design e as artes visuais em geral. Mas também significa estudar o mundo além do design gráfico. Os designers, algumas vezes, imaginam que o mundo gira em torno do design gráfico e, quando você trabalha catorze horas por dia, é difícil lembrar-se de que não é assim. Mas os melhores designers têm um saudável interesse pela vida para além de sua matéria: o design pode constituir seu principal envolvimento, e pode fornecer-lhes uma carreira absorvente e estimulante, mas não eclipsa outros interesses.[3]

---

3 A designer Lorraine Wild descreve os benefícios de compreender o "contexto mais amplo" em que se situa seu trabalho: "Eu fazia mais pesquisa e agora sou mais intuitiva. Compreendo melhor os materiais que recebo de escritores, editores, curadores, artistas e arquitetos, etc. Sempre fui conscienciosa a respeito de conhecer o material, mas agora acumulei uma biblioteca na cabeça que me ajuda a ler o contexto mais amplo que circunda o assunto com que vou trabalhar..." (Lorraine Wild, em "Reputations", *Eye*, nº 36, verão de 2000).

Sei que você está pensando: "OK, mas como é que isso ajuda a me tornar um designer melhor e fazer com que meu trabalho seja aceito?". Aqui está: a coisa mais importante que você pode fazer quando estiver discutindo um trabalho com um cliente novo ou potencial é demonstrar compreensão, abertura e receptividade. O designer que demonstra apenas sinais de autoabsorção e estreitamento de foco não vai inspirar o cliente. Pode parecer óbvio, mas é surpreendente como muitos designers usam reuniões com clientes para falar de si e de seu trabalho. Muitas vezes, são esses mesmos que reclamam que seus trabalhos são rejeitados com frequência ou que nunca lhes permitem "fazer o que querem". Não surpreende. Eles são culpados do pior crime que um designer gráfico pode cometer: revelam-se autocentrados e possuidores de uma perspectiva estreita. Para o designer ambicioso, isso é fatal.

Se você puder demonstrar algum conhecimento sobre o campo de atividade do cliente, se puder falar sobre o projeto à mão e se puder ouvir em lugar de tagarelar a seu próprio respeito, ficará espantado de ver como seu novo cliente se tornará receptivo a você e às suas ideias. É um enorme paradoxo, mas, quanto menos você fizer o relacionamento cliente-designer girar em torno de si, mais o cliente se inclinará a seu favor. Tente, vai funcionar.

É claro que nem sempre é suficiente contar com o conhecimento. Você precisa apoiá-lo com pesquisas específicas. Uma vez fui a uma reunião de uma galeria de arte que estava procurando uma nova empresa de design. Arrogante, não fiz nenhuma pesquisa. Contava com uma frágil noção de quem eu achava que era meu potencial cliente. Na verdade, eu confundira a galeria com uma outra. Quando meu erro foi percebido, recebi uma resposta gélida e, nem é preciso dizer, não consegui coisa alguma.

Comunicação

Além de possuir consciência cultural e do mundo para além do design gráfico, o designer moderno precisa ser um comunicador habilidoso. Não é a mesma coisa que saber fazer discursos eloquentes em conferências sobre design. É possuir a habilidade de falar sobre seu trabalho, sobretudo com clientes e pessoas que não são designers, de modo coerente, convincente e objetivo, sem recorrer à linguagem e jargão que você usa com seus pares. E, como a comunicação é uma via de duas mãos, também envolve ouvir.

O design gráfico é uma mídia não verbal. Espera-se que comunique sem o benefício de comentários descrevendo as intenções do designer: você não pode ficar ao lado de seu pôster na rua chamando a atenção para o uso sutil que fez do Akzidenz* e ressaltando como evoca veladamente a racionalidade e veracidade modernistas, pode? Ainda assim,

* Tipo gráfico que precedeu o Helvetica. (N. T.)

os designers precisam de palavras, e raramente precisam delas tanto como quando estão apresentando um novo trabalho. Como nota Norman Potter em seu inspirador texto *What is a Designer* [O que é um designer]: "Esse aspecto do trabalho de design frequentemente é subestimado: a habilidade de usar as palavras clara, sugestiva e persuasivamente é sempre relevante para o trabalho de design".[4]

Persuadir clientes de que suas ideias estão corretas e que o dinheiro deles está sendo gasto com sabedoria requer muitos argumentos cuidadosamente formulados. Apresentar trabalhos para novos clientes e para aqueles que não conhecem design está entre as tarefas mais difíceis que o profissional tem de encarar. Surpreendentemente, considerando a importância disso, os designers muitas vezes não são bons em falar a respeito de seu trabalho. Em capítulo posterior vou discutir os pontos mais delicados para fazer uma boa apresentação (há arte nisso: pense na coisa como sendo o equivalente, para o designer gráfico, da cerimônia do chá japonesa), mas, por enquanto, vou me limitar a sublinhar o ponto de que saber como falar sobre seu trabalho é fundamental para se tornar um designer de sucesso.

Para ajudar os designers a desenvolver habilidades verbais, algumas vezes peço-lhes que descrevam o que fizeram *antes* de me mostrar o que fizeram. Peço-lhes que descrevam seu trabalho com tal grau de exatidão que não seja necessário ver o trabalho para saber o que eles fizeram. É um bom exercício e vale a pena tentar fazê-lo com seu próprio trabalho. Na Intro, essa habilidade de "dizer, mas não mostrar", foi bastante útil quando me disseram que um novo cliente importante chegara à empresa inesperadamente. "Eu estava passando...", ele disse, "e pensei em dar uma chegadinha para ver como você está indo." Minha agenda dizia que ele só deveria visitar-nos dentro de três dias. Além disso, nossa apresentação não estava pronta – não tínhamos nem começado. Mas ele era um desses clientes impacien-

What is a Designer, Norman Potter, capa de Françoise Berserik
Cortesia de Hyphen Press

4 Norman Potter, *What Is a Designer* (Londres: Hyphen Press), 2002.

tes que imaginam que, depois de ter dado instruções a um designer, este não faria nada além de trabalhar em seu projeto. Eu estava diante de um dilema: devia dizer a ele para ir embora ou falar-lhe sobre nossas ideias sem mostrar coisa alguma?

Malcolm McLaren, *The Largest Movie House in Paris*, de Mat Cook da Intro
Cortesia da Intro

Falei com Mat Cook, o designer da Intro que estava trabalhando no projeto. Mat olhou-me calmamente e disse que resolveria o problema. Sentamos com o cliente e observei, com a boca seca, Mat (diretor de arte inspirado) descrevendo suas intenções. Ele tinha um plano elaborado e ambicioso de fotografar um aquecedor antiquado no meio de um bloco de gelo: o aquecedor seria ligado e brilharia dentro do bloco gelado. Mat descreveu a imagem, devagar e metodicamente, criando uma representação mental da fotografia, sua colocação e o provável efeito sobre o público-alvo. Ele fez isso com tamanha vivacidade e confiança que nosso cliente aprovou a ideia de imediato – sem ver coisa alguma. Não recomendo isso como estratégia universal; em geral, é melhor ter boas representações visuais de suas ideias, mas é uma excelente demonstração da vantagem de conseguir falar com eficácia sobre seu trabalho.

O modo como os designers apresentam ideias é tão importante quanto elas próprias. Quando uma boa ideia é rejeitada, muitas vezes é sua apresentação que está sendo rejeitada, não a ideia em si. O predomínio dos computadores significou que os layouts feitos à mão, que antes eram chamados roughs, agora são enormemente redundantes. Perdemos a oportunidade de "esboçar" ideias no rascunho;[5] antes os clientes ficariam satisfeitos com modelos aproximados do design terminado, mas, agora, eles esperam e exigem vê-lo terminado. A tecnologia digital torna isso possível, e a vida fica mais fácil para o designer gráfico. Mas nem toda ideia pode ser executada dessa maneira, e uma das consequências disso é que acabamos por apresentar apenas aquelas que podemos

5 Há muito tenho um cliente na indústria musical (Daniel Miller, da Mute Records) que invariavelmente prefere os roughs aos trabalhos terminados. É a mesma coisa com a música: em geral, ele prefere a amostra à faixa pronta e gravada.

imitar confortavelmente usando um escâner e Photoshop. Em outras palavras, evitamos ideias que não possam ser facilmente executadas pelos meios digitais: os designers não devem permitir que as capacidades tecnológicas definam seus pensamentos.

Ainda assim, se quisermos apresentar ideias complexas como aquecedores dentro de blocos de gelo, muitas vezes tentar replicar a ideia usando imagens abaixo do padrão reunidas no Photoshop não convence o bastante. Nossas tentativas não vão funcionar. Se pudermos retirar a necessidade de preparar roughs imprecisos usando a linguagem para descrever nossas ideias, em geral nos livraremos de muitos desgostos. Certamente há o perigo de que nosso cliente tenha uma ideia errada, por isso nossa linguagem deve ser precisa.

Portanto, a comunicação falada é um componente vital da bagagem do designer moderno. Porém, existe uma habilidade de comunicação ainda mais importante do que ser capaz de falar de modo convincente sobre o seu trabalho: ouvir. Estou falando sobre reconhecer que a comunicação é uma via de duas mãos, e que seu cliente tem um ponto de vista que você precisa ouvir com muita atenção para detectar pistas e mensagens não faladas. Se você pudesse entrar dentro da cabeça de seu cliente, ficaria surpreso com o que encontraria: alguém preocupado com gastar dinheiro em alguma coisa que não pode ver ou tocar. Imagine ir a uma loja chique e concordar em comprar um sofá que não se pode ver. Você não o compraria. Mas isso, *grosso modo*, é o que se requer dos clientes quando compram design – especialmente de um designer gráfico novo e ainda não testado. Eles realmente não sabem o que estão comprando até que seja entregue. Isso torna difícil a contratação de um designer e, mais do que qualquer outro fator, leva a aborrecimento e trabalhos fracassados. Entretanto, ouvindo com atenção, você muitas vezes pode identificar os fatores que mais os preocupam.

Na realidade, estamos falando sobre ouvir o ponto de vista do cliente. Essa é a primeira regra de comunicação para o designer gráfico. Sei o que você está pensando. Algumas páginas atrás, eu disse que o designer deveria desenvolver e manter uma opinião pessoal. Bem, certamente não vou abandonar essa opinião. Mas, se você quer que suas opiniões como designer sejam levadas a sério, tem de permitir que seu cliente também tenha a opinião dele. Em outras palavras, deve haver um equilíbrio de interesses. E o equilíbrio de interesses em geral tem de ser conseguido por meio de negociação. Isso não vai acontecer naturalmente. Há pouco vi um exemplo dessa inabilidade de negociar um equilíbrio entre cliente e designer em um programa de televisão que acompanhava uma designer de interiores enquanto ela tentava trabalhar um apartamento para um cliente. O cliente era arrogante e indeciso, a designer de interiores hesitante e facilmente intimidada. A relação profissional deles se tornou incontrolável quase de imediato. A resposta da designer de interiores às exigências desarrazoadas e flutuantes de seu cliente foi oferecer-se para "continuar a mostrar-lhe coisas até que você esteja satisfeito". Enorme erro.

Então, o que ela deveria ter feito? Deveria ter ouvido as instruções dele e depois respondido com suas próprias ideias. Se, nesse estágio, o cliente permanecesse indeciso e continuasse interferindo, ela teria uma escolha – largar o serviço ou insistir em esboçar novas instruções. Ela não fez nada disso, ofereceu-se para fazer "o que quer que fosse" que seu cliente quisesse, e o resultado foi um feio e prolongado desastre. O cliente acabou por dirigir o projeto a despeito de declarar repetidas vezes que não sabia nada a respeito de design, e a designer ficou zangada e derrotista. Ainda assim, culpo a designer: ela começou corretamente, permitindo que seu cliente tivesse um ponto de vista, mas esqueceu de ter o seu – para começar, talvez nunca o tenha tido. Todo grande trabalho acontece quando os pontos de vista são equilibrados: em outras palavras, quando o cliente e o designer sentem que o outro o está ouvindo. Consiga isso – encontre o ponto de equilíbrio no relacionamento – e você conseguirá resultados.

O designer Rudy VanderLans identifica um outro problema frequente no relacionamento designer-cliente. "Você tem de ouvir com muita atenção o que o cliente quer", nota VanderLans, "e ter cuidado para não abordar o projeto com uma ideia preconcebida de como ele deve ser. Na minha experiência, com demasiada frequência abordei um trabalho de design querendo usar uma certa fonte ou um maneirismo tipográfico, simplesmente porque me sentia confortável com aquilo na época. Mas nem sempre era o que o cliente queria."

A situação é uma batata quente para o designer ambicioso e independente. Bons designers têm montes de ideias e estão loucos para usá-las. Mas, como VanderLans sublinha, é um erro impingi-las aos clientes. Em geral, isso acaba em lágrimas – um cliente descontente e um designer insatisfeito. Uma outra causa frequente de rompimento entre cliente e designer está relacionada de perto com o seguinte problema: os designers, muitas vezes, cometem o erro de dizer a seus clientes: "Fiz assim *porque gosto disso assim*". É um ponto de vista compreensível: os designers não podem se impedir de colocar seus gostos e sensibilidades pessoais em seu trabalho.

Designers usam fontes, cores, layouts e imagens porque gostam delas: seria um designer estranho aquele que usasse elementos de design de que *não* gostasse. Mesmo quando os designers estão sendo totalmente subservientes às instruções recebidas, ainda usam estilos e modos de expressão de que pessoalmente gostam. Segue-se, portanto, que não há nada de errado em fazer coisas porque você "gosta" delas. Mas há algo errado em dizer aos clientes que isso é o que você fez; de fato, é a pior coisa que você pode dizer a eles. Pode sair dessa impunemente se for um designer luminar, ou se tiver uma relação confiante e descontraída com seu cliente. Mas, se estiver estabelecendo um novo relacionamento profissional, você tem de saber articular uma base racional genuína para seu trabalho.[6]

Digo genuína porque aqui não estamos falando sobre aperfeiçoar alguma sórdida técnica de "relações com o cliente". Na verdade, pretendemos mostrar como enfrentar um problema comum em design: o fato de fazermos os clientes sentir (de modo acertado ou errôneo) que estamos agradando a nós mesmos à custa deles. É bem sabido em publicidade, por exemplo, que ganhar prêmios especializados é algumas vezes a preocupação primária do setor criativo de uma agência e, por causa disso, os clientes com frequência acusam as agências de ignorar suas necessidades e criar trabalhos que agradem à comissão julgadora dos prêmios, em geral formada por seus colegas de profissão. O novo diretor administrativo de uma gigantesca marca global recentemente causou furor nas agências publicitárias do Reino Unido quando seus comentários sobre os anúncios de sua empresa foram publicados na revista de publicidade britânica *Campaign*: "Não gosto de nenhum dos anúncios...", disse ele, "eles estão focalizados nos prêmios, não em vender mais produtos a mais gente, a preços mais altos".

Tenho consciência de que é difícil para os designers serem imparciais e objetivos quando falam a respeito de seu trabalho. Muitas vezes "sentem coisas" em uma esfera subverbal e relutam – ou não conseguem – em fornecer explicações para ações criativas. Alguns designers famosos, capazes de fazer trabalhos extremamente elegantes e articulados, não são muito bons em falar sobre o que fazem ou em explicar por que o fazem. Mas, se você puder aprender a falar do seu trabalho – sobretudo se não for um gênio do design deslocando paradigmas – e encontrar padrões de palavras que comuniquem significado e valor aos clientes, colherá os benefícios disso. E a maneira mais fácil de fazê-lo é remover da equação o que for pessoal. Faça isso e você verá os clientes mais interessados em aceitar suas ideias e sua orientação: em outras palavras, menos você significa mais você.

Falei muito sobre clientes neste capítulo: é difícil evitá-los. Eles compartilham o terreno conosco, portanto não surpreende que apareçam por toda parte. Com exceção dos projetos de iniciativa própria, não importa onde você esteja na paisagem do design gráfico, sempre terá clientes. Se trabalhar em uma corporação, pode ter de se reportar a

6 Há um grande filme de arquivo dos anos 1960 em que um professor de música de aparência feroz manda seus espectadores – em inglês europeu, com forte sotaque – ouvir a música de Pink Floyd. A banda toca uma das faixas psicodélico-sinuosas de seu disco, depois encontra o professor para uma discussão desagradável. O professor, mal contendo seu epicurista desgosto, pergunta a eles por que sua música tem de ser tão alta. O tocador de baixo Roger Waters cordialmente responde: "Porque gostamos assim" – e imediatamente perde a discussão.

alguém que não é designer; se trabalhar em um estúdio de design, deve se reportar a um diretor de criação ou a um designer sênior, mas todos eles são *clientes*, e o modo como você os trata determina como eles tratam seu trabalho. Para o designer ambicioso, saber comunicar-se com clientes é o passaporte para trabalhos de qualidade, e vale a pena tornar-se bom nisso.

Os clientes não são as únicas pessoas com quem você deve se comunicar com eficácia. Também precisa saber como falar com outros designers. Se tiver designers como sócios em uma pequena empresa, ou se empregar designers, então tem de comunicar-se com eles de tal maneira que não se sintam intimidados, ameaçados ou desestimulados por seus pontos de vista. Você tem de falar com fornecedores e colaboradores. E terá de falar com o pessoal da informática, gerentes de banco, fiscais de impostos e limpadores de janela.

Como fazemos isso depende de nossa personalidade e circunstâncias. Em um perfil do designer canadense Bruce Mau e seu estúdio, sua habilidade de comunicar-se foi elogiada por Cathy Jonasson, vice-presidente e diretora administrativa da Bruce Mau Design. "Bruce é exigente, mas não prescritivo", diz ela. Jonasson deixou um prestigioso cargo de curadora na Galeria de Arte de Ontário – e aceitou um salário 20% menor – para trabalhar no escritório de Mau. "Ele é muito bom quando examina o trabalho de alguém: sempre encontra o que há de melhor nele. Quando o deixam, as pessoas se sentem bem em relação aos seus trabalhos e sabem o que têm de fazer para torná-los ainda melhores. Ele enfatiza constantemente o problema e explora uma porção de soluções possíveis.[7]

Integridade

A integridade em design é um pouco como a obesidade em profissionais do balé – você não a vê com frequência. Não porque falte aos designers honestidade e decência, muito pelo contrário. Mas porque é difícil preservar a integridade no implacável clima de negócios moderno. Para os designers, a integridade muitas vezes se torna um fator de negociação. Nós a cedemos em troca de um trabalho que vem com muito dinheiro, ou a mantemos e fazemos o trabalho que queremos fazer por muito pouco dinheiro. É difícil manter a integridade e ganhar a vida. Mas não é impossível.

Há leis para impedir atitudes fraudulentas. Delitos específicos, tais como roubo de copyright e más práticas no local de trabalho são passíveis de punição. Ainda assim, como

7 Scott Kirsner, "Bruce Mau", em *Fast Company*, nº 39, outubro de 2000.

designers, somos tão livres quanto o mercado nos permite ser. Entretanto, como regra geral, o designer que se comporta dentro dos padrões morais se sairá melhor do que aquele que não o faz – porque o design é uma atividade social, com consequências sociais. Ao longo dos anos, muitas associações de design profissionais tentaram estabelecer códigos de ética. Há muito a dizer a favor dessas tentativas de estabelecer regras e orientações para a conduta apropriada dos designers. Infelizmente, elas tendem a ser solapadas por mudanças na moralidade pública e profissional, ou superadas por rápidas mudanças tecnológicas.

Na edição de 1971 de seu livro *The Professional Practice of Design* [A prática profissional do design], a escritora britânica Dorothy Goslett escreveu sobre os códigos de conduta profissionais defendidos pelo SIAD [sigla inglesa da Sociedade de Artistas e Designers Industriais, agora chamada Chartered Society of Designers – Sociedade de Designers Qualificados]. Ela notou a seguinte instrução:

> Agora há uma outra cláusula, Número 8, no Código de Conduta Profissional do SIAD, que também pode ser invocada durante sua primeira reunião com um possível cliente. Essa cláusula diz: "Um membro (do SIAD) não aceitará propositadamente qualquer encomenda profissional em que um outro designer tenha trabalhado ou esteja trabalhando, exceto com a aceitação do outro designer ou até que ele considere que a indicação anterior foi terminada adequadamente".

Essa proibição é charmosa, está fora de moda, e é claramente insustentável no mercado moderno, no qual a competição é valorizada acima de qualquer outra coisa. Mas é tão obsoleta assim? Recentemente eu estava falando com um amigo designer e mencionei que tinha ouvido que um grande e requintado varejista no centro de Londres – um nome mundialmente famoso – estava procurando novos designers para trabalhar em diversos projetos. Meu amigo disse que não poderia se aproximar desse cliente, porque um designer amigo dele já trabalhava regularmente para esse varejista. Fiquei pasmo ao ver a sua lealdade antiquada. Isso é o que eu quero dizer quando falo de integridade: uma filosofia pessoal que não é abandonada ao primeiro sinal de dificuldade.

Do lado mais funcional, a integridade poderia ser tão simples quanto o amor pelo design expressado de tal maneira que os clientes possam ver que, para você, o design é algo mais do que conveniência profissional. Outra alternativa é que poderia tomar uma forma mais prática, como uma recusa em tomar parte em "*free pitches*".* Essa prática é discutida

* Situação em que o cliente solicita trabalhos de amostra gratuitos, já relacionados ao tema, de uma ou mais empresas ou de designers freelancers, antes de ter qualquer contrato assinado, a fim de decidir qual empresa "ganhará" a conta. (N. T.)

intensamente no design contemporâneo. Poucos trabalhos de qualquer porte são atribuídos sem um competitivo *pitch* e, frequentemente, esses *pitches* não são pagos. Como já notamos, você pode dizer não a eles, muitos designers o fazem. Mas, na era de transparência pós-Enron em relatórios financeiros e de novas regras de concorrência na Europa, quase todas as instituições públicas (e muitas empresas) são obrigadas a fazer licitações antes de assinar contratos a fim de evitar acusações de corrupção e má administração.

Quando os designers se reúnem para discutir a profissão, o assunto do *pitching* gratuito aparece: várias instituições profissionais em todo o mundo tentaram formular uma resposta correta ao convite pelos clientes ao *pitch* gratuito, mas sem muito sucesso. Agora o sistema é tão prevalente que é quase impossível evitar tomar parte nele se você quiser receber trabalhos maiores e mais bem remunerados. Ainda assim, a única maneira de executar um trabalho genuinamente bom é quando o designer e o cliente formam uma sociedade e exploram juntos todos os ângulos de maneira mutuamente confiável e aberta. Isso não é possível em um *pitch* competitivo. Não importa quanto o briefing tenha sido bom, o designer não está enfocando as exigências do cliente: está meramente tomando parte em um desfile de beleza. Apesar de tudo, os clientes obtêm benefícios substanciais recebendo – sem nenhum custo – um leque de respostas ao seu briefing. Isso os ajuda a fazer e justificar a escolha final (têm algumas amostras para comparar umas às outras), e, no caso de clientes inescrupulosos (existem em menor quantidade do que os designers imaginam), lhes dá uma oportunidade de roubar ideias. Em outras palavras, os clientes estão recebendo sem pagar um benefício quantificável. Mas isso não se torna mais desculpável pela disposição dos designers em tomar parte em *pitches* gratuitos.

Não há muita probabilidade de o *pitching* se tornar menos comum. De fato, está acontecendo o oposto, até com pequenos projetos sendo oferecidos para *pitch*. E, embora seja louvável evitar a corrupção, os designers de quem se espera a produção de trabalho criativo sem pagamento parecem indevidamente penalizados por esse novo trajeto para a transparência fiscal. Mas, dizendo não ao *free pitching*,[8] os estúdios e os indivíduos

---

8 Nossa política na Intro era participar de *pitches* não pagos se abrissem portas que, de outra maneira, permaneceriam fechadas para nós. Como não éramos um grupo convencional de design, com frequência éramos acrescentados a uma lista de *pitch* como curinga, de modo que o cliente pudesse demonstrar que tinha pedido a diversos estúdios para competir. Usávamos essas oportunidades a nosso favor, muitas vezes conseguindo trabalhos fazendo nosso dever de casa tão bem quanto os outros, mas também trazendo um frescor para o que era território novo para nós e, portanto, expondo a natureza mediana de nossos competidores experientes em setores mais específicos. Mas, antes de concordar em

estão assumindo uma postura de princípio – podem também estar perdendo oportunidades, mas o respeito que conseguem por tomar tal postura tem mais valor do que a perda ocasional de negócios.

Se não acreditarmos em nada, nossos clientes não terão nenhuma razão para acreditar em nós. Caso sigamos a moral do mercado, seremos tratados como uma mercadoria – e nossos serviços pagos a preço de liquidação. E aqui está uma coisa estranha: em um mundo sem princípios, as pessoas frequentemente respeitam aquelas que têm alguns.

Não é só com o trabalho em si que precisamos mostrar integridade. Temos de ter integridade no modo como lidamos com outros designers, com fornecedores (gráficas, programadores, técnicos) e com pessoas que encontramos na vida profissional. Devemos ter integridade na maneira como lidamos com o trabalho de outros designers e pessoas criativas, como fotógrafos e ilustradores. Muitos de nós podemos não nos ter preocupado muito, em alguma altura da vida profissional, em utilizar sem pagar fontes, fotógrafo ou software gráfico – mas isso é roubo, como se tivéssemos ido à casa de alguém e levado seus pertences. Temos de mostrar integridade às três "audiências" para as quais o design é geralmente feito: nossos clientes, nosso público-alvo e nós mesmos. Haverá diferenças entre os designers em relação à ordem de importância em que colocam essa trindade: meu ponto de vista é que as exigências e as responsabilidades dos três têm de ser equilibradas.

Para Neville Brody, a integridade pessoal em design é o que diferencia o "bom do mau". E ele está certo. Defendendo suas ideias, tendo crenças (criativas e éticas) e, talvez mais importante que tudo, questionando o que lhe pedem para fazer como designer, você pode adquirir autorrespeito, que é o primeiro passo para ganhar o respeito dos clientes e de seus pares. Você também pode ser despedido, mas isso é integridade – há um preço a ser pago por ela.[9] Lembre-se: sempre é menos do que o preço de seu autorrespeito. Eu poderia até dizer, o preço de sua alma.

---

participar de um *free pitch*, sempre pedimos uma taxa de *pitch* (algumas vezes, para nossa surpresa, a conseguíamos, outras, não). Insistíamos em saber contra quem era o *pitching* e fazíamos um protesto amigável (com os dentes cerrados) sobre os *pitches* não serem a maneira mais aconselhável de encomendar design.

9 Peter Saville disse ao *Times*, de Londres (15-9-2004): "O problema com o design gráfico hoje é: quando você pode acreditar nele? Não é mais a mensagem do designer. Todo artista aplicado termina vendendo sua alma em algum momento. Eu não fiz isso e olhe para mim. As pessoas me qualificam como um dos mais famosos designers do mundo e não tenho dinheiro nenhum".

Prometi conselhos práticos e até agora lidamos apenas com noções elevadas, abstratas. Em capítulos subsequentes abordaremos assuntos mais triviais. Ainda assim, sem os atributos da consciência cultural, habilidades de comunicação e integridade profissional e pessoal, é impossível progredir como designer. Até agora, você pode notar, não mencionei a palavra "talento". Talento é necessário para ser um designer gráfico, mas talento em design gráfico vem sob inúmeras formas. Não há padrões de medida, e uma das grandes alegrias desse ofício é que ele acomoda diferentes tipos de "talento". Por exemplo, você não precisa saber desenhar para ser um grande tipógrafo. O design é uma matriz de oportunidades muito generosa e complacente, e, sim, você precisará de talento para ser um designer gráfico de sucesso, mas com um pouco de talento pode ir bem longe se for apoiado pelos atributos listados acima. Alguns designers nascem com consciência cultural, habilidades de comunicação e integridade pessoal, ao passo que outros têm de se esforçar para consegui-las: isso leva tempo e haverá decepções e reveses pelo caminho.

Neville Brody

Neville Brody nasceu em Londres, em 1957. Por mais de duas décadas foi uma figura-chave no design gráfico. Brody forjou sua reputação com o trabalho revolucionário como diretor de arte da revista *The Face*. Em 1988, publicou a primeira de duas monografias. Em 1994, Brody inaugurou o Research Studios, em Londres, seguido por estúdios em Paris e Berlim. Seus clientes são de todo tipo de mídia, da web à impressa, e do design ambiental e varejista a desenhos animados e títulos de filmes. Uma empresa irmã, Research Publishing, produz e publica trabalhos de multimídia experimental de autoria de jovens artistas. Ele também organiza o Projeto FUSE, renomada conferência e publicação trimestral enfocada nas inovações na linguagem digital.

www.researchstudios.com

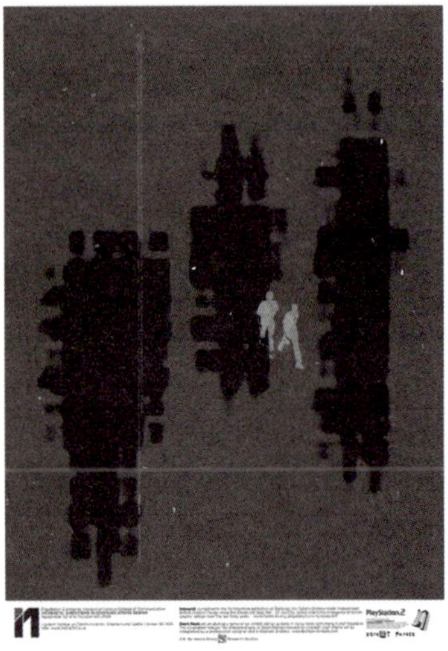

Design de Neville Brody

Cortesia de Neville Brody

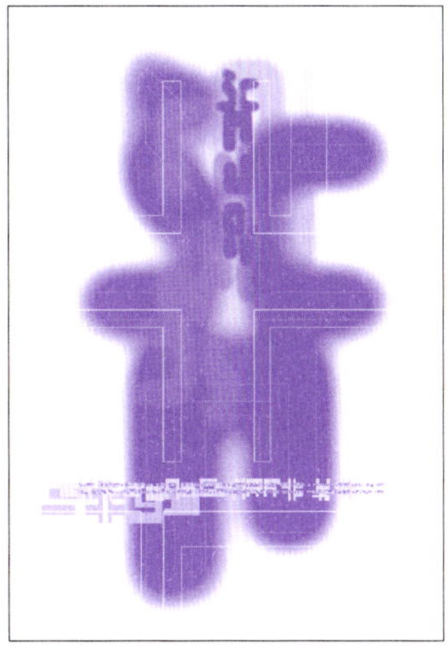

entrevista Neville Brody

AS Fale-me de sua educação em design.

NB Fiz um curso básico na Hornsey Art School [Escola de Arte Hornsey], que foi um foco de rebelião nos anos 1960, mas Margaret Thatcher a fechou quando se tornou primeira-ministra. Ela demoliu a ação social de massa e vendeu tudo a quem pagasse mais. Depois disso, fui para o London College of Printing – LCP [Faculdade de Impressão de Londres], porque tinha a reputação de ser rigoroso e tradicional. Eu queria aprender minha profissão. Realmente acredito no aprendizado.

AS Você disse em entrevistas que foi acusado de "não ser comercial". Como a LCP o preparou para a vida profissional?

NB O único conselho que me deram foi usar gravata nas entrevistas. Saí e passei quatro anos na pobreza mais absoluta. As pessoas me incitavam a procurar trabalho em publicidade – mas eu me apeguei ao que acreditava. E, se você acredita em algo, precisa seguir isso. Não conseguir trabalho não significa que você não é bom. As coisas vão acontecer.

AS O que o inspirou a estabelecer-se por conta própria e lutar por suas ideias?

NB Quando comecei, achava que podia mudar as coisas. Havia um sentimento de revolução. As pessoas gostavam de Nick Logan (fundador de *The Face*) e até pessoas como Richard Branson tinham essa sensação de que a mudança era possível. O *punk* era um grande liberador. Então vieram Thatcher e Reagan e disseram que o risco era perigoso. Eles "esterilizaram" a sociedade. Introduziram o genericismo – estilos de vida padronizados. A resposta deles a qualquer pessoa era que, se você se sente deprimido, vá e compre alguma coisa. Hoje não há equivalência ao *punk*. A sensação era de que qualquer coisa era possível.

AS Qual a diferença entre os designers de hoje e os de sua geração – os que saíram do *punk* e do pós-*punk*?

NB Os designers jovens dizem que querem que seu trabalho seja visto. Essa é a mensagem deles, essa é a razão para que façam alguma coisa – ganhar reconhecimento. Não era a minha, eu tinha ideias que foram escolhidas. Não comecei para ser famoso, comecei com algumas ideias e uma filosofia. Hoje, o design gira em torno da celebridade, pelo bem da celebridade. Mas ser um designer famoso não o torna rico. Os clientes lhe dão o fora. E algumas vezes você tem de se livrar dos clientes.

AS Qual é o seu conselho para um designer que está se estabelecendo hoje?

NB Se tiver integridade, você diz não às coisas. Deve dizer não a coisas que estão moralmente incorretas. Eu não trabalharia para um fabricante de cigarros, por exemplo. Mas também acredito em tentar trabalhar com os clientes. A Microsoft domina 90% do mercado de computadores – mas, trabalhando para eles, estou dizendo que a guerra acabou. Quero tentar e fazer com que eles humanizem seu processo, dizer-lhes que têm de ser uma empresa de baixo para cima – não de cima para baixo. Muitas grandes marcas hoje estão antiquadas. A distribuição digital está mudando tudo: há uma nova fome – uma geração pós-marca a respeito da qual estou muito otimista.

AS Uma palavra final?

NB O principal é ter integridade pessoal. É o que diferencia o bom do ruim. Oh, e o design gráfico tradicional arruinou a minha vista.

capítulo 2

Como encontrar emprego

"Quero um emprego onde tenha muita liberdade e possa fazer coisas que recebam prêmios."

Não lhe dizem isso na escola de design, mas a razão pela qual você vai à escola é para aprender como aprender. Nenhuma escola de design pode fazer muito mais que isso. Mas aprender a aprender é muito útil, porque, quando sair depois de três, talvez cinco anos, de árduos estudos,[1] você voltará ao princípio e começará tudo de novo. Na minha experiência, alguém que acaba de sair da escola leva entre seis e dezoito meses para se tornar alguém que efetivamente contribui em um estúdio – e isso com orientação cuidadosa e muita atenção. Há, ocasionalmente, quem se forme e saia de um curso em tempo integral como indivíduo bem equilibrado pronto para lidar com a vida profissional. Mas são raros: é mais seguro admitir que você precisa voltar para a linha inicial e começar tudo de novo.

Todo mundo precisa de emprego. Precisamos de emprego para ganhar dinheiro e pagar casa, comida, livros, música e outras coisas essenciais para manter a vida. Mas para os designers há uma consideração bem mais importante: precisamos começar a aprender no trabalho; precisamos ganhar experiência. Precisamos começar a aprender como ser um designer gráfico.

Como encontrar aquele primeiro emprego e como saber qual é o emprego certo para você? A primeira coisa a lembrar é que, para um primeiro emprego, não há empregos errados. Mesmo nos piores lugares, onde você é tratado como um cidadão de segunda classe destituído de cérebro, há lições a serem aprendidas e coisas básicas a serem registradas. Não é o mesmo que dizer: "Vou aceitar o primeiro emprego que aparecer". Mas é como dizer: "Preciso construir uma robusta filosofia pessoal da vida profissional, preciso de

1 Como o escritor de design Steven Heller notou em um artigo sobre o site da AIGA (www.journal.aiga.org): "Leva-se facilmente um ano ou mais para dominar de modo rudimentar as tecnologias necessárias, para não mencionar uma grande quantidade de técnicas opcionais. Adquirir fluência nas linguagens do design, sobretudo fontes, é um processo em andamento. Então há instrução e prática em enorme quantidade de mídias velhas e novas – impressa e web, editorial e publicitária, estática e em movimento, para não mencionar desenho e fotografia. Tudo isso leva tempo para aprender, e não menos para aperfeiçoar. E as artes liberais, então: escrita, história e crítica?

A teoria também é uma base útil se for ensinada corretamente, mas com frequência é superficialmente espremida nas aulas de estúdio. Como pode um estudante de design funcionar sem destreza verbal, para não falar da habilidade de ler e pesquisar? Isso também deve ser ensinado de maneira eficiente, e leva tempo. E aí há o básico tino para os negócios: todo designer deve compreender os procedimentos fundamentais nos negócios, que são virtualmente ignorados na perseguição do portfólio comercializável final".

experiência e preciso trabalhar. E tudo o que vejo e toco me torna um designer melhor". Se você já pensa assim, pode parar de ler este capítulo e passar para o seguinte.

Poucas tarefas vão exigir mais do designer novato do que encontrar o primeiro emprego. É uma tarefa injustamente severa a ser encarada logo no início de sua carreira, quando você está menos preparado para lidar com isso.[2] Algumas pessoas a realizam sem esforço, outras levam anos para encontrar seu nicho: algumas nunca o encontram. Mas nas próximas páginas vou lhe fornecer indicadores para ajudá-lo a tornar a procura de emprego menos difícil. Vale a pena mencionar que os dois melhores designers que empreguei romperam todas as regras que vou lhe dar dentro em pouco: nem se comportaram nas entrevistas de trabalho da maneira que eu recomendaria. Ainda assim, ambos tinham qualidades que brilhavam apesar da falta de experiência em entrevistas: ambos exibiram convicções fortes que me desarmaram e, contra meu julgamento racional, convenceram-me a empregá-los. Para piorar as coisas, ambos levaram longo tempo para se tornar eficazes, embora no final tenham se revelado autênticas estrelas. Meu ponto, aqui, é que acredito que haja quase sempre uma alternativa válida para fazer tudo, e se, fazendo as coisas de seu jeito e seguindo seus instintos, você escolhe percorrer um caminho diferente, então vá em frente. Em um mundo de conformidade, "diferente" pode ser revigorante e tão bem-vindo como um copo de água para um viajante perdido no deserto.

Neste capítulo examinaremos como encontrar emprego em um estúdio *in-house* de uma corporação ou instituição, e também modos de conseguir emprego em um estúdio de design independente. Vamos pesar os prós e os contras de cada um e discutir maneiras de abordar as duas opções.

Algumas vezes, quando é o momento de procurar emprego, o caminho certo para você já foi escolhido. Se quiser ser designer de revista, por exemplo, quase certamente terá de trabalhar em uma editora, pois a maior parte das revistas é desenhada *in-house*, embora existam alguns estúdios de design independentes que produzem revistas para clientes do setor editorial. O mesmo se aplica se você estiver interessado em embalagens. De modo semelhante, muitas empresas empregam designers de web *in-house*; emissoras e estúdios de televisão com frequência têm equipes de designers para imagens animadas; museus, galerias e organizações culturais em geral empregam grandes equipes *in-house*.

---

2 O designer e blogger Armin Vit escreve: "Ser um designer gráfico jovem não é fácil, nem física nem emocionalmente. Entramos nesse campo exibindo talento, potencial e personalidade como ativos primários com uma idade (em média 23 anos) em que não somos exatamente crianças, mas certamente também não somos ainda adultos responsáveis" ("The Young and Not So Restless", em *Voice*: *AIGA Journal of Design*, 4-6-2004).

"O trabalho *in-house*" muitas vezes é rejeitado como uma opção inferior a trabalhar em um estúdio independente, mas pode ser igualmente compensador. Você aprende sobre o mundo dos negócios, familiariza-se com as convenções do local de trabalho e ganha uma educação que o colocará em boa posição mais tarde, caso se estabeleça por conta própria. Também pode ganhar mais dinheiro do que se trabalhar em um estúdio de design independente, e vai gozar de um período de segurança financeira em uma época em que precisa devotar todas as suas energias para aprender sua profissão e não ser distraído pelos problemas que podem afligir pequenos estúdios de design (débitos, o trabalho de encontrar novas encomendas, prazos apertados, etc.).

A revista *Design Week* recentemente publicou um artigo investigando os prós e os contras de trabalhar *in-house* no Reino Unido. Listou os seguintes benefícios: "Horas de trabalho mais civilizadas... melhor equilíbrio entre trabalho e vida"; e listou desvantagens como: "Muitas vezes afastado do centro urbano, onde o design acontece... pode vir com estigmas anexos".[3] O designer inglês Chris Ashworth trabalhou dos dois lados da cerca. Depois de graduar-se, montou seu próprio estúdio. Mais tarde, trabalhou para um estúdio de design independente e para a MTV, antes de suceder David Carson como diretor de arte da revista *Raygun*. Agora, é diretor de criação da Gerry Images, a gigantesca biblioteca de imagens. Ashworth vê as duas experiências como altamente contrastantes. Compara a vida no estúdio independente com trabalhar *in-house* usando uma série de adjetivos contrastantes: "Instabilidade, estabilidade; isolamento, interação; liberdade, colaboração; local, global; notas, briefings".

Quando pressionado a dizer se tinha mais liberdade trabalhando por conta própria, ele responde, enigmaticamente: "Tinha. Mas liberdade nem sempre é uma boa coisa".

O argumento oferecido com maior frequência contra trabalhar *in-house* é que se exige que o designer trabalhe no mesmo estreito leque de projetos. Isso muitas vezes é verdade, mas nem sempre. Além disso, nos estágios iniciais de sua carreira, não prejudica muito trabalhar com persistência na mesma tarefa repetidamente. Isso lhe permite desenvolver procedimentos de trabalho e ensina numerosas e valiosas lições. Trabalhar *in-house* algumas vezes pode não ter a efervescência e o *glamour* da vida em um estúdio independente, onde trabalhar sem uma rede de segurança metafórica pode ser estimulante, mas, como primeiro passo em uma carreira, raramente é o passo incorreto.

Só encontrando pessoas nos dois ambientes você vai ganhar discernimento suficiente que lhe permita decidir o que é melhor. De fato, aqui está outra pequena panaceia a acrescentar à lista que estamos acumulando: má entrevista não existe. Mesmo as entre-

---

3 Hannah Booth, "Good Company", em *Design Week*, 23-9-2004.

vistas ruins são boas; aprendi muito sobre design e vida sendo entrevistado por idiotas. No mínimo isso me ensinou como tratar candidatos quando, anos mais tarde, eu mesmo tinha de entrevistar designers. Mas também me ensinou como cada empregador procura por algo diferente, e como as relações humanas são importantes no processo de procurar emprego. Recomendo que você vá à maior quantidade possível de entrevistas – mesmo aquelas que não prometem (você sempre pode dizer não, se alguém lhe oferecer o emprego) – para pesar as vantagens e desvantagens da vida *in-house* em relação à vida no segmento independente e para adquirir valiosas habilidades de entrevista.

Trabalhando para um estúdio de design independente

Os estúdios de design são uma mistura de campo de escravos e *playground* encantado: os bons mantêm um equilíbrio entre essas duas polaridades. Você não pode evitar a semelhança com um campo de escravos – terá de trabalhar longas horas sem um grande salário e com pouco reconhecimento. Mas não vai se importar com isso porque, entre toda a pressão implacável, vai vislumbrar momentos de encantamento. Verá o prazer que se obtém executando um bom trabalho e fazendo uma contribuição (sozinho ou em colaboração com outros) para a produção do estúdio. E há a camaradagem de estar com pessoas que compartilham da mesma opinião. A vida no estúdio com frequência é tão boa quanto consegue ser a vida profissional.[4]

Naturalmente, na vida de estúdio há decepções, rejeições pessoais abruptas e fracassos coletivos. Mas lembre-se sempre de que há milhões de pessoas que, se pudessem, trocariam de emprego com você. Pare pessoas na rua e pergunte que tipo de trabalho elas gostariam de ter e a maioria responderá: "alguma coisa criativa". No nosso mundo pós-industrial, ninguém quer executar trabalho que não o gratifique. Todos queremos o

4 Em seu perfil de Bruce Mau, em *Fast Company* (outubro de 2000), Scott Kirsner cria um sedutor instantâneo da vida no estúdio: "Dentro do alto teto do sótão na borda de Chinatown em Toronto estão altas prateleiras de metal, pranchetas de desenho, ilhas de edição digital de vídeo, modelos arquitetônicos e uma porção de profissionais trabalhando duro. A pressão do prazo é palpável, e os mensageiros ofegantes entram e saem a tarde inteira. Mesmo quando as 18 horas se aproximam, nenhum funcionário toma a iniciativa de ir para casa. Ao contrário, todo mundo se agrupa em torno de uma bandeja de frutas frescas trazida por Cathy Jonasson, a vice-presidente e diretora administrativa da firma".

privilégio de "dar uma contribuição". Como designers, somos privilegiados: fazemos alguma coisa e somos pagos para ter ideias inteligentes que afetam as vidas de, talvez, milhões de nossos companheiros cidadãos. E lembrar isso torna a recusa mais fácil de engolir e mais fácil conviver com o fato de que sempre vamos ganhar menos do que os banqueiros.

Estágio

É uma palavra meio fora de moda, com conotações de subserviência e pobreza, mas, não importa como você o chame, fazer estágio é um passo necessário e inevitável no caminho para se tornar um designer maduro. E não é preciso que seja uma experiência desanimadora. É revigorante aprender com designers mais experientes. Na escola de design, você é atirado com os outros na mesma situação difícil. Todos têm aproximadamente a mesma idade, e todos estão se dedicando à luta para encontrar uma voz e um apoio para o pé na carreira de design: também, todos estão trabalhando, na maior parte do tempo, no reino hipotético. Mas, quando você começa a trabalhar, o hipotético se torna real, e de repente você está trabalhando ao lado de pessoas que podem estar bem avançadas na carreira e que podem ser designers sofisticados e eloquentes que encontraram sua própria voz. Isso pode intimidar. Alguns designers jovens nunca se refazem do choque de trabalhar próximo de designers experientes e retrocedem, inseguros, sentindo-se inadequados. É um momento decisivo na educação do designer: o modo como você lida com ele molda o seu futuro. Felizmente, a maior parte acha o contato com designers experientes inspirador, que fornece um impulso oportuno para o desenvolvimento pessoal.

Trabalhar ao lado de um designer experiente vai lhe ensinar mais do que qualquer outra coisa na prática, sobretudo se o designer for um indivíduo generoso e prestativo – e você pode se animar com o fato de que a maioria dos designers é generosa e prestativa. Esse é o momento em que você se dá conta de que há lacunas enormes em seus conhecimentos; de que não sabe como organizar seu trabalho; de que sua tipografia é surpreendentemente fria e crua; de que fica mudo diante dos clientes, e os briefings parecem dolorosamente restritivos. É o momento em que percebe que, na realidade, você não é tão bom quanto pensou ser.

Alguns designers, quando chegam a essa conclusão, erigem uma parede protetora para esconder o fato de que são deficientes em certas áreas. Isso é perigoso. É muito melhor pedir ajuda. Poucos designers, mesmo quando estiverem às voltas com prazos extremamente apertados, se negarão a ajudar um novo designer. Mas você deve insistir ao pedir ajuda: está estagiando, mas é um estágio moderno, e terá de ser chato se quiser que o ouçam. Você terá de mostrar boa vontade e entusiasmo sem limites e demonstrar que quer aprender.[5]

Encontrando trabalho em um estúdio de design

Antes de conseguir trabalho, você precisa saber onde procurar emprego. Alguns sortudos são escolhidos por força de seus resultados escolares, ou impressionando um designer que foi convidado a fazer uma palestra na escola do estudante. Mas, para a maioria, é questão de procurar vagas. Há várias maneiras de descobrir quem está contratando. Procure na imprensa especializada em design, pesquise na internet e pergunte onde puder. Também pode considerar ir a uma agência de empregos que procura pessoal para estúdios.[6]

De fato, muitos chefes de estúdio, quando precisam contratar alguém, telefonam para conhecidos e perguntam-lhes se viram algum talento notável. Amigos que procuravam designers me fizeram essa pergunta muitas vezes. Isso significa que nunca é uma perda de tempo mostrar seu portfólio a qualquer pessoa que queira vê-lo – porque, quem sabe, você pode não conseguir um emprego, mas, dez minutos depois de sua entrevista, seu entrevistador pode receber um telefonema de alguém que pergunta se ele conhece um bom profissional.[7]

5 Armin Vit escreve: "Como designers juniores – a plataforma de lançamento mais comum para os designers –, espera-se que cumpramos nossa obrigação trabalhando longas horas em trabalhos ingratos que, em nossa opinião, não oferecem um desafio profissional real, enquanto aprendemos os procedimentos estabelecidos à sombra de Designers Seniores, Diretores de Criação e Diretores. Funcionou assim por décadas... mas, se tivermos a sorte de conseguir trabalho com um designer muito conhecido, podemos chamá-lo de estágio e recordar a experiência carinhosamente" ("The Young and Not So Restless", em *Voice: AIGA Journal of Design*, 4-6-2004).

6 Algumas agências de empregos são consideradas boas. Minha filosofia como empregador de talentos em design sempre foi procurar talento por meu próprio esforço. A simples procura (assistindo a cerimônias de graduação, visitando escolas, etc.) é, por si só, um exercício gratificante e informativo. Mais ainda, sempre acreditei que falta alguma coisa em uma empresa de design que não atraia à sua porta um fluxo constante de talentos.

7 Cerca de uma hora depois de escrever essas palavras, um amigo designer me telefonou perguntando se eu tinha visto alguém bom recentemente. Você vê, isso acontece o tempo todo!

O modo mais provável de encontrar emprego é pelo suor de sua testa, e você precisa abordar estúdios, independentemente de eles estarem recrutando ou não. Pode começar fazendo uma lista de seus favoritos. Entretanto, lembre-se de que seus favoritos provavelmente são os favoritos de todo mundo. Assim, não se limite a abordar apenas os estúdios bacanas, da moda, ou mais conhecidos. Muita gente boa os aborda, portanto seja esperto e procure nos cantos menos iluminados do mundo do design.

Para muitos designers jovens, a maneira de obter empregos em tempo integral é por meio de estágios. Um estágio bem realizado muitas vezes leva a ofertas de trabalho. Contratei muitos designers desse modo. Se não tenho certeza sobre alguém, um estágio é uma forma de testá-lo com baixo risco. O designer a quem se oferece um estágio deve, em primeiro lugar, usá-lo como uma oportunidade para aprender – mas também como uma oportunidade sem rival para impressionar. Procure maneiras de se tornar indispensável.

Se for um estúdio pequeno, atenda o telefone se o ouvir tocar e anote os recados minuciosamente; ofereça-se para comprar sanduíches para colegas sobrecarregados de trabalho na hora do almoço. Design tem tudo a ver com compromisso: se você quer ter um trabalho das 9 às 17 horas, procure emprego em uma repartição pública. Já sublinhamos que a vida de um designer é privilegiada – mas há um preço a pagar por esse privilégio e esse preço é implacável compromisso. Você tem de estar preparado para fazer sacrifícios.

Abordando um estúdio de design

Ao abordar um estúdio, nunca se esqueça de que será julgado pela qualidade de sua abordagem. Seu telefonema, seu e-mail, sua carta será examinada como um cão farejador procura por contrabando na esteira de bagagem do aeroporto. Se você acertar, tem meio caminho andado; se errar, a perspectiva de ficar repondo mercadorias em prateleiras de supermercados começa a se tornar mais próxima. É surpreendente a quantidade de gente que estraga a abordagem inicial. Já recebi cartas manuscritas em folhas arrancadas de caderno espiral. Recebi cartas em que o designer não tinha se dado ao trabalho de desenhar seu próprio papel timbrado. Recebi cartas em que o remetente nem tinha se preocupado em escrever meu nome corretamente.[8] E, mais abominável do que tudo, recebi cartas que

8 Não é vaidade. Meu nome não é fácil de soletrar. Mas, se um candidato não se preocupa em escrevê-lo certo, isso sugere que pode ser descuidado ou preguiçoso em outros detalhes – uma falha inaceitável em um designer gráfico.

começavam com Prezado Senhor ou Senhora. Jogo no cesto de lixo tudo que começa com Prezado Senhor ou Senhora. Isso me diz tudo que preciso saber sobre o indivíduo que escreveu a carta – diz-me que o remetente não se preocupou em descobrir como soletrar meu nome difícil, e também me diz que não preciso ir adiante com isso.

É fácil fazer a coisa certa. Você decide que abordagem quer usar – uma carta, um telefonema ou e-mail – e o faz adequadamente. Pense nisso como seu primeiro trabalho profissional – vender a si mesmo. Não são muitos os designers que aprenderam isso na escola de design, portanto terá de aprender a fazê-lo sozinho. Mas não é difícil.

Sou a favor da antiquada carta. É o método de abordagem menos intrusivo e permite que você prepare sua proposta meticulosamente. Mais importante ainda, uma carta é uma forma elementar de comunicação gráfica. É um bom teste de suas habilidades para formular uma mensagem. Faça-o bem e será beneficiado; faça-o mal e vai reduzir muito suas chances de encontrar emprego.

Primeiro, você precisa ter um papel timbrado. Não é preciso ter texto em relevo com dezoito cores Pantone. Um simples documento DTP em preto e branco é suficiente – mas gaste lágrimas, suor e sangue sobre ele para torná-lo visualmente atraente e fazê-lo funcionar bem profissionalmente. Papéis timbrados são parte do DNA do design gráfico. Você não é designer gráfico a menos que tenha feito um bom papel timbrado, e o aparecimento do e-mail não o tornou menos importante. E, quando você estiver desenhando um papel timbrado, sempre o desenhe com o texto da carta na página. É um erro comum, mas os designers, em geral, criam papéis timbrados deixando a área de texto em branco. Isso parece legal e muito profissional, mas o papel timbrado é feito para receber texto, e o destinatário de uma carta nunca verá a versão em branco.

Depois de escolher um estúdio (ou, melhor ainda, estúdios), você precisa descobrir quem é o responsável pelo recrutamento. Será necessário telefonar para conseguir o nome da pessoa a quem você precisa escrever (e aprender a soletrá-lo). Quando estiver telefonando, vale a pena lembrar que, se a empresa tiver certo tamanho, terá uma recepcionista. As recepcionistas são importantes em empresas de design. Com frequência também trabalham na administração e em geral são figuras influentes, com um senso muito bem desenvolvido de quem deve ter acesso a seus empregadores. Como regra geral, vale a pena ser polido com recepcionistas (aliás, como regra geral, vale a pena ser polido com todo mundo), mas é duplamente verdade no caso de recepcionistas de empresas de design. São pessoas poderosas, com instintos certeiros sobre quem vai "se encaixar" bem e quem não vai.

Depois de descobrir o nome da pessoa responsável pelo recrutamento, agora será preciso escrever uma boa carta. As regras são simples. Tem de ser curta (apenas uma

Cabeçalho e cartões de visita da Bibliothèque

Cortesia da Bibliothèque

página). Deve ser educada, claramente definida e relevante: diga quem você é, o que faz e o que quer. Nada mais. Bem, há uma outra coisa que você pode adicionar: uma ou duas linhas de ligeira lisonja. Diga que tem conhecimento do maravilhoso trabalho que o Estúdio X fez para o Cliente Y, e que você o achou inspirador. Não exagere, mas os designers são vaidosos e responderão com saliva pavloviana a um elogio suave, mas honesto. Isso também traz o benefício adicional de demonstrar que você sabe alguma coisa sobre o trabalho da empresa para a qual quer trabalhar.

Peça uma entrevista, não um emprego. Se não houver vagas (altamente provável), é fácil para o empregador dispensá-lo com um: "Desculpe, não há vagas". É muito mais difícil recusar um pedido de entrevista. (Talvez ajude se disser que, mesmo que não haja vagas, você gostaria de ter a oportunidade de encontrá-lo e ter um julgamento sobre seu portfólio.) Os designers, na maioria, são tipos simpáticos e amáveis que percorreram o mesmo caminho que você percorre agora e, com um pouco de lisonja, vão concordar em examinar seu portfólio. Explore a amabilidade inata deles.

A próxima coisa a fazer é incluir algumas amostras de trabalho. Se você for um designer de imagens móveis, um webdesigner ou multimídia designer pode achar necessário incluir DVDs, CD-ROMs e videocassetes. Tente resistir a essa tentação. Em lugar disso, anexe algumas folhas de papel A4 mostrando *stills*, ou fotografias de seu trabalho distribuídas de maneira clara e precisa. Os designers de estúdios atarefados (e você deve concordar que eles todos estão atarefados – se não estiverem é claro que não contratarão ninguém) raramente têm tempo para parar e olhar discos e fitas. Toma tempo demais. É muito melhor dar a eles algo para provocar uma resposta instantânea e incitá-los a querer vê-lo. Se concordarem em vê-lo, então você pode mostrar discos ou fitas. Enviar um e-mail com um link para um site é aceitável.

Se você está à procura de emprego em um período em que o design está estagnado (em minha experiência, mais ou menos a cada dez anos), então pode ter de escrever tantas cartas e comparecer a tantas entrevistas inúteis que começará a ponderar se é inteligente querer se tornar um designer. Mas persistência, tenacidade e um pouco de cara de pau podem valer a pena.[9]

A pior coisa que pode acontecer é o desânimo. Se a procura de emprego estiver indo mal, você precisa reavaliar a situação com urgência. Precisa procurar maneiras de refinar sua apresentação. Tente aprimorar sua carta e trocar as amostras de trabalho que está enviando. Se não estão obtendo resposta, talvez não sejam tão boas ou eficazes quanto você pensa. Também pode ser que esteja se dirigindo às pessoas erradas, por isso volte a pensar em sua lista de empregadores em potencial. A reavaliação e a autoapreciação são as chaves para se ser um bom designer.

Também vale a pena considerar fazer coisas que atraiam a atenção e tragam empregadores potenciais para você. Nos anos 1960, o maravilhoso designer italiano Germano Facetti decorou o forro da livraria de um amigo em Londres. Ele foi visto pelo fundador da Penguin Books, Allen Lane, que o escolheu para refazer o imprint da Penguin – pelo qual se tornou, com justiça, famoso. Contudo, você pode escolher evitar o ardil usado pelo designer que enviou uma caixa de gafanhotos vivos ao diretor de criação de uma conhecida agência de publicidade britânica, tentando ser notado. Esse diretor de criação convidou o jovem esperançoso para uma entrevista, em que revelou ser um ardente defensor dos animais e começou a ralhar com o infeliz entrevistado por sua crueldade com criaturas vivas.

A entrevista

Se você fizer a abordagem correta, será convidado para uma entrevista. Considere cada uma como uma vitória substancial. Pense sobre o que alcançou obtendo a entrevista: persuadiu um ocupadíssimo diretor de criação, designer sênior ou chefe de estúdio a parar o que estava fazendo e lhe dar seu tempo e atenção. Congratulações. Você deve estar satisfeito.

9 Entretanto, não recomendo que você apareça nos estúdios sem marcar hora. Embora uma vez um jovem designer tenha aparecido e exigido que eu o entrevistasse: fiquei impressionado com aquela audácia, por isso concordei. Acabei lhe oferecendo emprego na mesma hora – mas ele era uma espécie de gênio.

Nas entrevistas, seu caráter está sendo examinado tanto quanto seu trabalho. Como você se comporta é tão importante quanto o trabalho que mostra. Comece sendo pontual, amigável e atencioso. Se isso parece óbvio, desculpe, mas já entrevistei muitos candidatos que acham que esses detalhes não são nada importantes. Nem suponha que você tem tempo ilimitado. Seu entrevistador pode especificar um limite de tempo, mas certifique-se de que sua apresentação possa ser feita em menos de quinze minutos (isso inclui conversa fiada e comentários admirados sobre o folheto do estúdio, de muito bom gosto, que você viu na recepção).

Agora vou dizer uma coisa que é tão óbvia que você ficará tentado a parar de ler este livro e jogá-lo fora. Mesmo que não seja culpado por esse crime, passe a informação adiante porque há muitos infratores; eu sei porque entrevistei dúzias de designers que cometeram esse delito monstruoso. Do que é que estou falando? Cuspir no entrevistador? Duvidar da higiene pessoal dele? Não, pior. Estou falando de designers que mostram o portfólio para si mesmos. Eu costumava me calar a esse respeito. Quando um designer se sentava à minha frente e me mostrava metade de seu portfólio, enquanto ele olhava a outra metade, eu ficava em silêncio e espichava o pescoço. Agora digo, na minha melhor voz professoral: "Desculpe, mas para quem você está mostrando o portfólio?". Em geral essa frase causa espanto e só quando agarro o portfólio e o giro para mim é que percebem o erro. Assim, aqui está a regra: quando estiver mostrando o portfólio, gire-o de modo que ele fique de frente para o entrevistador. Se seu trabalho estiver num notebook, faça o mesmo – posicione o monitor diante do entrevistador (é perfeitamente aceitável que você se sente ao lado do entrevistador, de modo que possa operar a máquina). Eu lhe disse que era simples, mas você ficaria assombrado se soubesse quantos designers não se preocupam em girar o trabalho para que fique de frente para a pessoa, ou pessoas, a quem o estão mostrando.[10] Entrevistar alguém que faz isso é um pouco como ir a um *show* e ter

10 Pouco depois de ter escrito essas palavras, fiz uma palestra para alguns estudantes em uma das maiores escolas de design inglesas. Mencionei que jovens designers muitas vezes "mostravam seus portfólios a eles mesmos". Um ou dois estudantes riram, incrédulos. Mais tarde, naquele mesmo dia, fiz uma série de *workshops* com quatro ou cinco grupos de estudantes. A maioria deles estava trabalhando em um projeto estabelecido pela estação de rádio local. Concordei em fazer uma crítica do trabalho feito até o momento. A primeira estudante a me mostrar seus esforços colocou o trabalho diante dela tornando impossível que qualquer outra pessoa o visse. Eu a fiz ver isso e disse-lhe como estava satisfeito por ela ter feito aquilo, porque duvidava que minha audiência tivesse acreditado em mim antes, quando eu dissera que era um erro comum cometido por designers jovens.

uma coluna na sua frente. A primeira lei da apresentação é permitir que seu entrevistador assista ao espetáculo.

Durante a entrevista, fale sucintamente sobre seu trabalho. Evite detalhes excessivos e permita que o entrevistador faça perguntas: aquele que não as fizer provavelmente não está interessado em seu trabalho. Esteja alerta para o microclima da entrevista: sinais de falta de atenção e distração no entrevistador significam que você não está conseguindo dar o recado. Ou então o seu trabalho, sua personalidade não o estão cativando, por isso você precisa alterar sua abordagem. A causa mais provável é que você esteja dando informações demais. Seu entrevistador será capaz de avaliar seu trabalho sem longas e desconexas descrições, por isso dê apenas informações suficientes para sustentar o que ele pode ver por si mesmo. Percorra o trabalho rapidamente, mas não se apresse, e permita que o entrevistador estabeleça o passo. Mostre-se passional e orgulhoso de seu trabalho, demonstre que gosta profundamente do que faz, mas também mostre que não é acomodado e que se esforça para melhorar.

Depois de mostrar seu trabalho, espere que o entrevistador faça comentários. Se tiver sorte, conseguirá um veredito instantâneo. Mesmo que o veredito não seja favorável, você está recebendo informações valiosas, por isso use-as para realinhar sua abordagem, aprontando-se para a próxima entrevista. Se o veredito for favorável, a conversação pode se encaminhar para dinheiro. Estúdios bem administrados têm uma política sobre o que pagam a estagiários ou designers juniores. Raramente é uma quantia grande, então não comece a planejar como cair na maior farra de gastos, mas, o que quer que você faça, não se ofereça para trabalhar de graça. Não vale a pena trabalhar para nenhum estúdio que não pague seus estagiários (esses são os mesmos estúdios que reclamam sobre clientes que exigem *pitches* gratuitos). Você até pode ignorar esse conselho, mas, depois de trabalhar por algumas semanas sem ser pago, vai entender o que quero dizer. Já mencionei que todos os empregos são bons. Deveria ter dito que todos os empregos *que oferecem remuneração* são bons.

Se você impressionou bem e seu entrevistador estiver interessado em contratá-lo, pode ser que ele lhe pergunte que salário deseja. Vá com cuidado, essa pergunta significa que o estúdio não tem política de salários. Não entre nessa. Diga que você precisa de dinheiro suficiente para viver e que está aberto a ofertas razoáveis, e deixe como está. A maioria dos estúdios sabe o que pode pagar e está apenas tentando conseguir você por um preço mais baixo.

Se na mesma hora lhe oferecerem trabalho – isso acontece –, você foi muito bem. Mas deve pedir confirmação por escrito (um bom estúdio fará isso, de qualquer forma) e agora você pode comemorar. Um cenário mais provável é que o entrevistador lhe peça para "manter-se em contato". Esse também é um bom sinal. Mostra que você impressionou, mas, mais importante ainda, proporciona-lhe um "contato". Em outras palavras, aqui está alguém de quem pode se aproximar com legitimidade de novo, depois de alguns meses. Depois de uma dúzia de boas entrevistas você pode não ter nenhuma oferta de emprego, mas terá acumulado uma grande agenda de endereços. Todo mundo que você vê se torna um contato.

O acompanhamento

Depois de cada entrevista você precisa deixar alguma coisa. O ideal é alguma coisa pequena, chamativa e fácil de guardar. Basta um cartão de visitas com detalhes de contato pregado em uma folha de papel A4 mostrando dois ou três de seus melhores trabalhos. Ou você pode ser aventureiro e produzir algo inovador – um livreto feito à mão (ou impresso), por exemplo. No final de uma entrevista conduzida com um jovem designer, recebi um pôster A3, coberto com um emaranhado de equações e símbolos gráficos. Era um gráfico complexo mapeando suas tentativas de encontrar emprego, e listava todos os designers e estúdios que ele abordara (incluindo alguns nomes famosos). O pôster trazia palavra por palavra conversas telefônicas e reproduzia e-mails (incluindo um meu), alguns dos quais mostravam os remetentes sob bons aspectos. Fiquei impressionado com sua audácia e diligência gráfica, mas também não pude evitar ficar um pouco ofendido por ver meu e-mail particular reproduzido. Ele não conseguiu o emprego, o que não quer dizer que não fosse bom.

A tarefa de promover a si mesmo na rede de contatos que adquiriu recentemente é crítica. Você não deve ficar entusiasmado demais: precisa ser econômico, mas eficaz. Os e-mails e as cartas são melhores – embora telefonemas também possam funcionar agora, pois seu alvo o conhece e estará menos relutante para falar-lhe do que antes. Aqui você verá os benefícios de cultivar relacionamentos com recepcionistas de estúdio. Mas não se torne uma peste. Há um limite sutil entre ser um chato e manter os empregadores em potencial informados sobre suas atividades.

Considere desenhar algum tipo de brochura. Tem de ser algo chamativo e firme, que mostre que você fez progressos desde a entrevista anterior. Para conseguir isso, você pode precisar iniciar alguns projetos por si mesmo e alimentá-los com novos trabalhos. Crie papéis timbrados para seus amigos, sites para bandas ainda não contratadas por gravadoras, qualquer coisa para continuar envolvido e em contato, e para expandir seu portfólio.

Portfólios pessoais

Seu portfólio é sua vitrina. Não importa se é um portfólio impresso ou uma apresentação em laptop, as regras são as mesmas: faça-o tão convincente e revelador quanto possível. Esforce-se. Não pense: "Ah, isto aqui basta". Não vai bastar. Depois de sua personalidade, seu portfólio é a segunda ferramenta mais valiosa para ajudá-lo a encontrar trabalho.

Um portfólio de oito a dez trabalhos é ideal. Com mais do que isso, você se arrisca a arrastar a entrevista. Evite duplicações: se tiver dois projetos semelhantes, não hesite em mostrar apenas um. O ideal é que seu trabalho seja impresso em jato de tinta de alta qualidade, em cores. A vantagem disso é que é barato e permite atualizações frequentes. Certifique-se de que tenha, de fato, a mais alta qualidade. As folhas devem ser soltas, o que permite que o entrevistador as segure e examine livremente. Folhas soltas, cobertas por acetato substituível, são preferíveis a folhas presas em um classificador com fecho de metal (tirar e recolocar na pasta pode distrair).[11] Cada página é um miniportfólio, que pode mostrar o trabalho terminado ou em desenvolvimento. Não recomendo nada maior do que A2. Há qualquer coisa de desagradável em um portfólio enorme – além de ser um risco para a saúde se você sair em um dia de ventania forte.

As folhas de seu portfólio devem exibir certo grau de uniformidade. Crie uma grade e certifique-se de que cada projeto adere a ela. Isso será difícil, porque pode estar mostrando vários projetos (2D e 3D), mas é preciso fazê-lo corretamente, porque você será julgado também pela maneira como seu trabalho é apresentado tanto quanto pelo trabalho em si. Um portfólio que apresenta unidade e estrutura subjacentes obterá mais pontos (e pode ser mais agradável de examinar) do que um sem estrutura ou coesão.

Designers de impressos, naturalmente, vão querer mostrar peças terminadas – livros impressos, folhetos, papéis timbrados, etc. Passe esses materiais para o entrevistador imediatamente: não os folheie admirando-os como se os estivesse vendo pela primeira vez – há quem faça isso, juro.

Eu evitaria cadernos de rascunho. Para empregadores experientes, todos tendem a parecer iguais. São como pais novatos mostrando uma foto de seu filho: encantador para eles, bem menos para quem não tem ligação biológica com o adorado bebê. Entretanto, estou certo de que há empregadores que gostam de olhar cadernos de rascunho, por

11 Um amigo designer recentemente me contou que não consideraria empregar um designer em seu estúdio – não importa quão talentoso fosse – se seu trabalho fosse apresentado em um portfólio com fechos de metal. "Acho melhor empregar alguém com rabo pontiagudo e chifres", disse ele.

isso, se você tem um de que se orgulha especialmente, leve-o consigo, mas mostre-o só se alguém pedir. Estudos e esboços são mais úteis. Alguns designers lhes dão grande importância. Mas nem todos os itens de trabalho precisam ser acompanhados por esboços. Dois ou três, no máximo, serão suficientes, e só se mostrarem claramente um pensamento evolutivo.

Que tipo de portfólio físico você deve ter? Uma pasta ou caixa que seja fácil de abrir, que permita que o seu trabalho seja visto com facilidade e que proteja o trabalho enquanto você corre de entrevista a entrevista. Mantenha-o limpo. Não deve parecer que é guardado num porão coberto de mofo quando não está sendo usado. Nenhum empregador espera uma pasta de grife criada sob medida por Philippe Starck, mas você pode ganhar pontos valiosos se levar o material em uma pasta decente. Lembre-se de que, provavelmente há anos, seu entrevistador olha para idênticas pastas de portfólio pretas e delgadas, por isso uma caixa bem desenhada, sem ostentação, será uma nota refrescante.

Uma última coisa: marque seu portfólio de alguma maneira para que, quando você o abrir, esteja pronto para ser visto. Ver um portfólio abrir-se de ponta-cabeça e ter de esperar enquanto é colocado na posição correta pode distrair. É um pequeno detalhe, mas seu sucesso pode depender de pequenos detalhes. Falaremos mais sobre portfólios quando chegarmos ao tema de portfólios de estúdio (em que a abordagem é diferente).

O que os empregadores realmente querem?

Faça essa pergunta a cem empregadores e obterá cem diferentes respostas, mas acho que todos eles procuram alguém com quem se entendam. No espaço íntimo e psicologicamente revelador de um estúdio de design temos de "nos entender" com as pessoas com que trabalhamos. Tenha isso em mente quando estiver sendo entrevistado. Procure maneiras de assegurar a um empregador potencial que você é trabalhador, adaptável e socialmente bem ajustado. Não é preciso estender-se demais sobre seu talento – um designer experiente avaliará seus méritos como designer poucos segundos depois de abrir seu portfólio. Avaliar sua personalidade é mais difícil – o mínimo que você pode fazer é ajudar. Sublinhe que não se incomoda se lhe derem um trabalho monótono e pode ajudar designers seniores; mostre boa vontade para entender a cultura do estúdio; demonstre que já sabe alguma coisa sobre o trabalho que o estúdio faz e, o mais importante de tudo, confie em sua personalidade e em seu trabalho.

Contratar alguém recém-graduado ou um designer júnior não é livre de riscos. Tente se colocar no lugar do empregador. Que riscos ele está avaliando? O risco para o empregador é sobretudo financeiro: mesmo um salário baixo pode pesar bastante em um estúdio pequeno. Há também outras considerações. Será que o novo funcionário vai exigir muita atenção? Será que vai se adaptar à cultura do estúdio? A preocupação mais comum quando se avalia um novo recrutado é calcular quanto tempo vai levar para que ele se torne eficiente. O período de seis a dezoito meses que estimo como o tempo que pode ser necessário para um recém-graduado se tornar eficiente é terrivelmente longo para uma empresa pequena.

Abordando um estúdio *in-house*

Tudo isso se aplica igualmente quando procurar emprego em uma empresa que opera como um estúdio *in-house*, com a possível exceção de que você pode ser entrevistado por alguém que não é designer. Por exemplo, pode ser um gerente de marketing ou de comunicações, ou até mesmo o diretor da companhia. Ser entrevistado por alguém que não é designer requer uma abordagem ligeiramente diferente. Seu entrevistador quase certamente terá algum conhecimento de design – mas pode ser um interesse egocêntrico e não ir além de sua própria empresa ou produtos. Você terá de compensar isso usando linguagem simples e evitando o jargão dos designers. Não precisa chegar ao meio-termo – simplesmente leve em consideração o fato de que seu entrevistador não é designer.

Para concluir, eu diria: aprenda a gostar de entrevistas. Encare-as como oportunidades preciosas para estudar a maneira de pensar e de trabalhar dos designers e dos estúdios, como oportunidades de ter seu trabalho criticado por seus pares, como modos de mensurar seu progresso. Não tenha receio de pedir uma avaliação franca sobre seu trabalho, e, se os comentários parecerem válidos, trate de corrigir as falhas rapidamente.

Futuramente, em alguma altura, talvez você tenha de entrevistar designers e pensará na provação de ser entrevistado de uma perspectiva diferente. Pode ser também que haja ocasiões em que suas primeiras tentativas de recrutar designers voltem a confrontá-lo. Recentemente fui apresentado ao designer Fred Deakin – sócio da londrina Airside, e membro da Lemon Jelly. Ele me disse que eu o tinha entrevistado muitos anos atrás. Fiquei tenso. Eu não me lembrava da entrevista (o que não exalta minhas qualidades de caça-talentos). Perguntei a ele se a entrevista tinha ido bem: "Foi", disse ele. "Você foi muito prestativo." Fiquei aliviado.

Natalie Hunter

Após graduar-se na Universidade de Edimburgo, onde estudou psicologia da interface humano-computador, Nat trabalhou em Edimburgo como designer gráfica na indústria musical. Em 1993, continuou seus estudos no Royal College of Art, participando do primeiro programa de mestrado em multimídia interativa. Depois de graduar-se, ela trabalhou como freelancer por muitos anos e se envolveu na criação de efeitos especiais para o filme *Perdidos no espaço*, produzindo CD-ROMs e desenhando instalações e desempenhos interativos. Em 1999, com Alex Maclean e Fred Deakin, fundou a Airside – empresa de design altamente respeitada, muito famosa pelo trabalho que fez para a Lemon Jelly (de que Fred Deakin é membro). Eles têm um leque de clientes diversificado, incluindo a BBC, Carhartt, Canal 4, Greenpeace, a Galeria Hayward, o Metrô de Londres, Médécins du Monde, MTV Europa, o Royal College of Art, a Galeria Serpentine, a VW Radio e a Galeria White Cube.

www.airside.co.uk

Dot Com Refugees - Plastic figures shown with packaging

airside

Dot Com Refugees – Figuras plásticas mostradas com a embalagem
Design de Airside
Cortesia da Airside

entrevista Natalie Hunter

AS O que você aprendeu na faculdade de design que a ajuda hoje?

NH Não fui para a faculdade de design diretamente – estudei psicologia. A parte do curso que me inspirou totalmente foi o módulo Interface Humano-Computador. Era sobre como os computadores estavam sendo usados para mudar a interação das pessoas com outras pessoas em situações como pacientes depois de um derrame cerebral ou crianças que estavam fracassando na escola. Percebi como a dinâmica que poderia se estabelecer entre pessoas e máquinas era de valor inestimável e fiquei empolgada. Então aprendi a programar computadores em um banco, mas era um ambiente horrível, por isso consegui emprego em uma pequena empresa de design gráfico: inicialmente fiz a contabilidade, mas logo me tornei designer júnior e fui treinada para trabalhar em design, tipografia e uso da *process camera*(!). Tudo era trabalho para a indústria musical e eu adorava. Alguns anos depois, a empresa quebrou e fui para o Royal College of Art fazer mestrado em multimídia interativa. Era um velho curso engraçado, mas aprendi como trabalhar eficazmente em equipe e que o sucesso de um trabalho muitas vezes não é tanto devido ao conteúdo e sim pela maneira como você o apresenta.

AS O que a induziu a estabelecer a Airside?

NH O trabalho de freelancer era empolgante e em grande quantidade, mas errático. Era raro que eu me envolvesse no processo criativo desde o início. Eu queria criar um ambiente em que trabalhasse com pessoas de que gostasse e respeitasse, onde poderia me divertir e brincar com ideias.

AS Quais foram os maiores problemas nos estágios iniciais?

NH Administrar a carga de trabalho era duro, e pensar de onde viria o próximo cliente. E também empregar pessoas pela primeira vez nos abriu os olhos – nossa habilidade de contratar teve de melhorar bem rápido.

AS A Airside é famosa por sua abordagem *cross-media* ao design – essa versatilidade traz problemas?

NH Não queremos ter uma identidade estilística forte. Somos conduzidos por ideias. Sempre começamos com uma ideia, e depois seguimos com a implementação. Algumas vezes fazemos trabalhos que não se parecem com as ideias preconcebidas que as pessoas têm de nós, e algumas vezes não – só depende de como o processo ocorre. A coisa mais irritante é quando a pessoa pede que façamos um trabalho em determinado estilo, em geral um estilo de que estamos tentando desesperadamente nos afastar.

AS Como a Airside encontra clientes?

NH A maior parte do tempo pelo boca a boca. Ocasionalmente vamos a agências de propaganda e lhes mostramos nosso portfólio, mas em geral respondemos a pessoas que telefonam pedindo-o. Agora estamos começando a ser mais proativos em lugar de reativos, pois é melhor para nós ter mais controle sobre o tipo de clientes para quem trabalhamos.

AS A Airside é incomum pelo fato de ter um site que vende seus próprios produtos e produz renda adicional para a empresa. Esse é um caminho viável que outros podem seguir?

NH É, acho que qualquer empresa de design poderia fazer isso, e muitas fazem. É uma forma de autoexpressão dentro da companhia, que permite aos funcionários fazer trabalhos não baseados em clientes. Também é uma pesquisa útil, para nós, ter contato direto, no varejo, com um mercado para o qual com frequência os clientes nos pedem para desenhar.

AS Qual é sua filosofia ou *éthos* da empresa?

NH Tratar todo mundo como você gostaria de ser tratado. Divertir-se o máximo possível enquanto trabalha. Comunicar-se com todo mundo honesta e abertamente.

AS O que você faz para cultivar um bom perfil empresarial?

NH Fazemos o melhor trabalho para as pessoas para quem queremos trabalhar. Não acho que cultivamos alguma coisa conscientemente, mas nossa escolha de clientes fala alto a nosso respeito. O trabalho que fizemos para a Lemon Jelly provavelmente seja a maneira mais útil de cultivar o perfil de nossa empresa.

AS Qual sua visão da empresa no longo prazo?

NH Mais trabalho no Japão, maior volume de negócios, mais lucro, pequeno crescimento até quinze pessoas e, talvez, escritórios satélites no exterior, pois os Airsiders gostam de movimento.

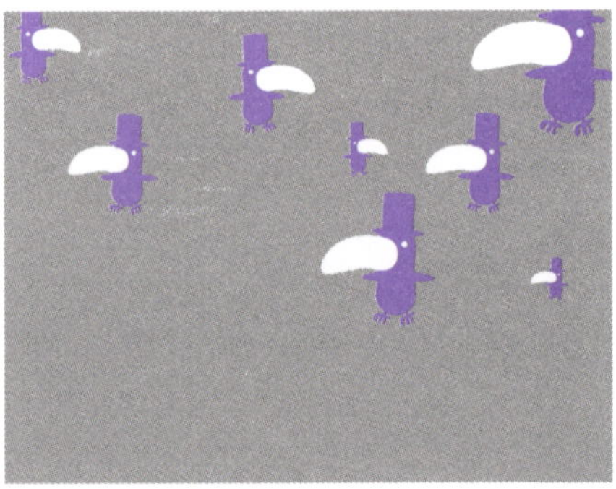

Design de Airside
Cortesia da Airside

capítulo 3

Ser freelancer

"Quero trabalhar por mim e para mim."

O relatório do Departamento do Trabalho dos Estados Unidos citado na introdução deste livro registra que, de mais de 500 mil designers (gráficos, industriais, de interiores, etc.), um terço compõe-se de "autônomos – quase cinco vezes a proporção para todos os outros profissionais e profissões relacionados". O relatório prossegue dizendo: "A expectativa de concorrência acirrada ocorre na maioria dos empregos, a despeito do crescimento da média de emprego projetada, porque muitos indivíduos talentosos são atraídos para carreiras como designers".

Então, é oficial: o mundo do design é duro e competitivo. E, para piorar as coisas, as faculdades de design anualmente descarregam milhares de estudantes no mercado de trabalho; como resultado simplesmente não há empregos suficientes para todos. Assim, por que tornar as coisas mais difíceis para você estabelecendo-se por conta própria como designer autônomo, com os riscos e as incertezas inerentes? Para alguns, é questão de escolha pessoal: acham que seu temperamento se ajusta à vida de freelancer. Para outros, a existência como freelancer é, cada vez mais, a única opção.

O design pode ser uma atividade solitária ou comunal, dependendo de sua perspectiva estética e característica psicológica. Entretanto, fico surpreso com a quantidade de vezes que o "trabalho em colaboração" é citado por designers como uma meta desejável. Com frequência é mencionado por designers como o aspecto mais recompensador do design, mais importante até do que o resultado final. Também não é um ponto de vista expresso apenas por jovens designers procurando pelo suporte emocional e prático que surge quando se trabalha em grupo. Muitas vezes é expresso por designers experientes, que saboreiam a reação em cadeia criativa movida pelo processo de colaboração. Contudo, há indivíduos que apreciam a abordagem solitária ao design, e, para esses indivíduos, executar trabalhos como freelancers e sozinhos é uma necessidade criativa.

Pela minha experiência, a vida de freelancer convém a dois tipos de designers. O primeiro é o indivíduo muito capaz e cheio de recursos, com habilidades de especialista – profundo conhecedor do Photoshop, tipógrafo habilidoso, mago de efeitos especiais, criador de animações em Flash, etc. Ele pode cobrar quantias consideráveis por seus serviços, sabendo que, quando sua tarefa terminar, estará livre para seguir adiante ou para ficar em casa uma semana fazendo o que quiser. Inicialmente, pode lutar para adquirir um fluxo de trabalho sustentável, mas, com o tempo, esse indivíduo constrói uma base de clientes que resulta em solicitações regulares.

O segundo tipo é mais bem caracterizado como o criativo solitário. Trata-se de indivíduos com uma forte visão pessoal que não podem ser encaixados com conforto na estrutura de um grupo de design ou de um estúdio *in-house*. Muitas vezes são designers que não querem comprometimento em seu trabalho. O designer norueguês Kim Hiorthøy exemplifica todas as melhores qualidades de um designer freelancer de vocação independente. Ele trabalha sozinho porque: "Sempre fiz isso e me sinto tranquilo assim". Pedi a ele em uma entrevista por e-mail que descrevesse as vantagens e desvantagens da vida de freelancer: "Com frequência eu mudo as coisas completamente, quando me dá na veneta", declarou, "e muitas vezes bem perto do final do trabalho. Não ter de explicar ou discutir é uma vantagem, penso eu. Também sei que isso pode parecer uma desvantagem, mas até agora senti que era melhor assim".

Design de Kim Hiorthøy
Cortesia de Kim Hiorthøy

Mesmo que você não se encaixe em nenhuma das categorias descritas, ainda pode se sentir atraído pela vida de freelancer, mas estabelecer-se como designer freelancer logo ao sair da faculdade requer muita resistência, autoconfiança e perspicácia nos negócios. Para a maior parte das pessoas, é melhor trabalhar um par de anos em um estúdio antes de se estabelecer como autônomo: com a experiência de um estúdio bem administrado, você estará mais bem equipado para lidar com a precariedade da vida de freelancer.

Para designers freelancers, uma opção cada vez mais viável é alugar um estúdio com outros designers freelancers da mesma opinião. Isso lhes permitirá reter o controle criativo e fiscal sobre sua vida e, ao mesmo tempo, trocar ideias e compartilhar recursos. Também é possível tirar vantagem da tendência cada vez maior, nos estúdios grandes e pequenos, de contratar talentos freelancers. Os estúdios sempre fizeram isso, mas em tempos difíceis, quando os negócios andam devagar, tornou-se lugar-comum trazer talentos para a empresa somente quando for necessário. Para o jovem designer freelancer, isso é uma boa alternativa, pois lhe permite experimentar a vida de estúdio, dá-lhe um insight de como diferentes estúdios funcionam e lhe fornece uma porção de contatos a quem poderá telefonar sempre.

Se você for psicologicamente adequado a esse tipo de vida e fizer tudo certo, a vida como freelancer pode ser criativamente recompensadora e financeiramente benéfica. Se você tiver bons clientes, que lhe pagam adequadamente e em dia, então os benefícios monetários por ser autônomo são consideráveis. Consultores financeiros e especialistas tributários lhe dirão que é a situação mais vantajosa que existe: com planejamento cuidadoso e administração meticulosa você pode maximizar os benefícios de ser autônomo.

Você pode trabalhar em casa – na garagem,[1] no sótão ou num cômodo desocupado, mas isso só é adequado para alguns. Muita gente acha pouco atraente a ideia de ficar em casa o dia inteiro, todos os dias: a perspectiva de ter apenas a si como companhia por longas e ininterruptas horas de trabalho pode ser desanimadora. Mas, para outros, trabalhar em casa é altamente desejável: não há aluguel de estúdio a pagar, nem o tempo e as despesas de transporte diários para o escritório. Você precisa certificar-se de que os clientes podem visitá-lo com facilidade e pensar no que seu endereço diz a seu respeito: um endereço obviamente doméstico faz você parecer barato e pouco confiável? Com conexão rápida de internet, telefones celulares e serviços de motoboy baratos é cada vez mais viável basear-se em qualquer lugar do mundo. Então, por que não em casa?

Talvez o único aspecto mais importante de ser autônomo é que você retém flexibilidade: permanecendo pequeno (não há nada menor do que trabalhar sozinho), está livre para recusar trabalhos e livre para fazer apenas o trabalho que quiser. A pressão para assumir tarefas pouco atraentes é muito menor quando você só tem a si para alimentar. O designer inglês Michael C. Place trabalhou para a Designers Republic por quase uma década, mas saiu para fundar a Build, um estúdio só dele baseado em Londres. Como ele explica: "Era algo que eu planejava fazer há tempos, e simplesmente parecia ser a coisa certa. Trabalhar para outra pessoa não era uma opção a considerar. Aprendi a dar valor à satisfação de conseguir trabalho por meu próprio mérito, porque trabalho duro e não porque trabalho em uma agência famosa. O fato de a Build ser só minha e de que a criei do nada significa muito para mim".

Já mencionei o inconveniente de não ter outros designers para trocar ideias. De um ponto de vista prático, trabalhar em um estúdio quer dizer que, quando encontrar um

1 Em uma entrevista a *Eye* (verão de 2000), a designer Lorraine Wild notou o charme de trabalhar na garagem: "Há alguma coisa de muito confortável e produtiva sobre a garagem. Estar lá tem tanto a ver com ajustar-se às realidades de ser mãe de uma criança bem pequena como com a análise do que é – e não é – necessário para a produção de trabalhos interessantes. É um tipo de antiescritório no sentido de que você não se entrega inteiramente à manutenção do padrão corporativo contemporâneo da produção de design. O espaço é configurado ao trabalho que eu quero fazer. Talvez isso tenha a ver com minha criação em Detroit, onde as garagens são, muitas vezes, locais de grande criatividade (tanto automotivas como musicais), ou a influência de meu professor, Paul Rand, que trabalhou em sua cozinha durante anos".

daqueles espinhosos problemas de software que todos os designers têm de encarar, você pode ir até a escrivaninha mais próxima e conseguir uma resposta na hora. Se estiver sozinho, pode ter de ler o manual – e todos sabemos como isso é torturante (quem diagrama aquelas coisas?).

Você vai ter de se preparar para administrar suas próprias finanças – planejamento tributário, faturamento, controle de fluxo de caixa, cobrança e controle bancário. Em seu livro *The Professional Practice of Design* [A prática profissional de design], Dorothy Goslett nota: "Muitos designers, embora admitindo essa necessidade, acham que a administração do design é aborrecida, uma tarefa cansativa a ser colocada de lado e ser feita em segundo lugar, se alguma coisa mais interes-

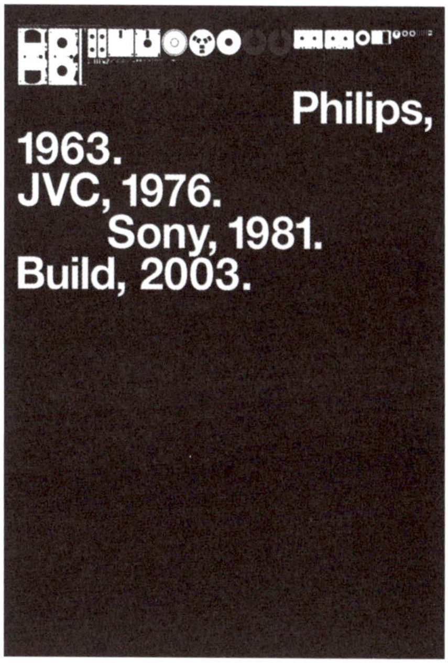

Poster e revista da Build
Cortesia da Build

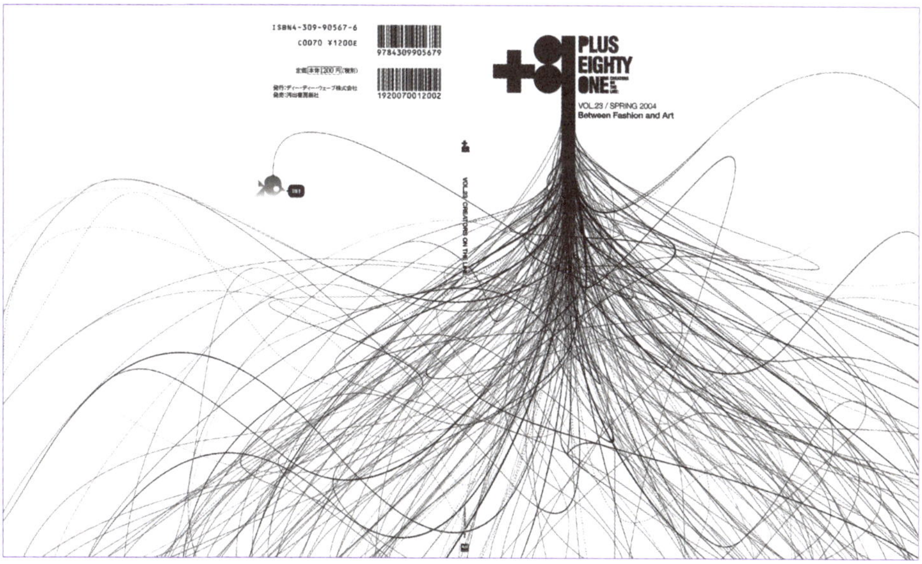

sante surgir para ser feita antes. Mas bom design + boa administração = bons e merecidos honorários". A equação de Goslett (escrita pela primeira vez em 1960) pode desencorajar certos indivíduos, mas é indiscutivelmente verdadeira. Todo mundo concorda que os designers não são muito bons em administração. Muitas vezes isso é verdade, mas não é universal de modo algum. As habilidades administrativas podem ser adquiridas e se tornarem um hábito.

Encontrar trabalho quando você é autônomo é duro. Certa vez, um amigo impressor me disse que, se você só começar a procurar trabalho quando precisar dele, então já é tarde demais. Ele queria dizer que é preciso procurar trabalho mesmo quando se está muito ocupado. Fácil de dizer e fácil de fazer se for um grande estúdio com montes de gente – mas, sozinho, torna-se uma tarefa onerosa. Como Goslett nota: "Isso [encontrar clientes] será a principal batalha de toda sua carreira de freelancer: não só encontrar clientes para começar, mas constantemente, para ir adiante. É uma batalha que tem de ser empreendida quase sem descanso, até que você se aposente, e que nunca lhe permitirá deitar-se sobre os louros".

Você é disciplinado o bastante para trabalhar por conta própria? Na maior parte dos estúdios há um saudável senso de atividade comunal que motiva quase por contágio – você não pode ficar sentado fazendo nada quando todo mundo está trabalhando adoidado. Como nota Michael Place: "Algumas vezes sinto falta do fato de poder perguntar a alguém o que acha de um trabalho, mas agora tenho uma rede de contatos a que posso enviar um e-mail e obter uma opinião ou uma crítica. A gozação também me faz falta. Mas isso é compensado de outras maneiras. Em geral trabalho longas horas; por isso, ter o estúdio em casa significa que posso me concentrar no trabalho sem a chateação do transporte diário".

Por sua própria conta, você tem de ser mais disciplinado, não menos. Tem de fazer seus próprios cronogramas, resistir à atração da geladeira e da televisão diurna (na verdade, se você não conseguir resistir à televisão diurna, deve considerar uma mudança de carreira). Além disso, o ato de sair de casa todos os dias para ir ao local de trabalho e ficar pelo mundo é bom para a criatividade – pôsteres nas ruas, arquitetura, lojas favoritas, faces na multidão, galerias, livrarias, lanchonetes na hora do almoço, tudo contribui para a criação de uma sensibilidade alerta para o design. Até mesmo as coisas feias – os cartazes grosseiros e as horríveis revistas em bancas – influenciam o modo como pensamos nosso trabalho.

O funcionário assalariado recebe um cheque mensalmente; o freelancer tem de enviar faturas e esperar que os clientes paguem. Depois, há o problema perene dos pagamentos atrasados. Como é pouco provável que os freelancers ameacem uma corporação que paga atrasado – por que arriscar uma fonte de trabalho sendo agressivo? –, nenhuma firma vai se preocupar muito se deixar um freelancer esperar por seu dinheiro. Isso vai comprometer o fluxo de caixa (e os nervos) e é causa da grande quantidade de problemas não criativos para o designer autônomo. Uma atividade vital e desagradável para o designer freelancer é gastar tempo procurando obter pagamentos pendentes.[2]

Se você está se estabelecendo por conta própria, vai precisar comprar equipamento, software, mobília e materiais. Tudo isso requer um certo grau de planejamento financeiro, e talvez você precise de ajuda para isso. Também vai precisar calcular o custo dos projetos e aprender a cobrar. Esses temas mais práticos são examinados no capítulo dedicado à administração de um estúdio.

Clientes

Que espécie de clientes usam designers freelancers? Os clientes são atraídos por designers freelancers pelas mesmas três razões que os atraem para estúdios ou firmas de design:

1. Razões criativas – *Esta pessoa faz o tipo de trabalho que eu quero?*
2. Razões financeiras – *Os freelancers são mais baratos do que os grandes estúdios.*
3. Razões pessoais – *Eu me entendo bem com essa pessoa?*

Um cliente pode ter preferência pessoal por trabalhar com indivíduos em lugar de grandes estúdios com seus gerentes de conta e gerentes de projeto. Você pode acrescentar outros fatores, como conveniência ou especialidade, e é essencial que, quando se estabelecer como freelancer, você tenha razões para que os clientes venham para você: você precisa do fator X.

Em geral, o fator X é pessoal, e sempre desempenha algum papel em qualquer relação designer-cliente – nunca o subestime. Os clientes, invariavelmente, trabalham com as pessoas de que gostam. Uma vez recebi um telefonema de um rapaz que administrava uma empresa de porte médio: todo ano ele encomendava uma quantidade considerável de design gráfico. Fui convidado a ir vê-lo. Ele explicou que trabalhara com um talentoso

2 No mundo dos negócios moderno, o comportamento agressivo é considerado necessário. Se um pagamento estiver atrasado, você teria de gritar com alguém. Sugiro que você faça o oposto. Aborde os indivíduos em questão com a máxima polidez: torne-se amigo dos departamentos financeiros de seus clientes, pois raramente eles são os vilões. Quando conseguir receber um cheque, agradeça-lhes. Os designers gostam de ser elogiados por seu trabalho, e assim é com os funcionários do departamento de contabilidade.

designer durante o ano anterior, mas que o relacionamento deles tinha azedado. "O trabalho dele é excelente", explicou-me, "mas estou cansado de ouvi-lo resmungar o tempo todo." Pareceu-me que o designer tinha tornado o relacionamento desagradável, e por isso perdera o cliente. O cliente não tinha queixas sobre o trabalho, simplesmente não gostava da atitude do designer.

Se "razões pessoais" e "razões criativas" são autoexplicativas (o cliente tem de gostar de você *e* de seu trabalho), "razões financeiras" são menos fáceis de mensurar. Aos olhos de muitos clientes, um designer freelancer será uma opção menos cara do que contratar um estúdio com despesas mais elevadas. O freelancer pode usar isso como vantagem. Sublinhando que pode oferecer todas as habilidades e criatividade de um estúdio maior, mas a um custo menor, algumas vezes você pode conseguir roubar o trabalho de estúdios maiores. Entretanto, o tamanho pequeno também pode funcionar contra você: alguns clientes evitam designers freelancers porque preferem o conforto de um estúdio com várias pessoas dedicadas, e pagam os preços mais altos com satisfação.

A habilidade de atrair e manter clientes é, talvez, o teste mais básico por que você precisa passar se quiser sobreviver como freelancer. Mas, admitindo que possa fazer isso – e muitos designers o conseguem –, ainda há outros fatores a considerar. Por exemplo, considere o nome. Você vai usar seu próprio nome ou vai dar a si mesmo o nome de um estúdio? Usar seu próprio nome tem a virtude de proclamar sua qualidade de freelancer ("Bob Smith" parece e soa como... bem, Bob Smith), mas isso pode soar de modo desagradável a alguns clientes. O nome de um estúdio tem a virtude de fazer com que você pareça um grupo ou conjunto de pessoas, e pode atrair interesse de início. Há também outra vantagem, mais prática, de ter um "nome de grupo", como sublinha Michael Place: "Quando for o momento certo, eu gostaria de empregar pessoas, e, tendo o nome de um estúdio, posso fazer isso com mais facilidade do que o faria se o estúdio tivesse apenas meu nome".

Começar como designer freelancer requer coragem. Sem passar um período em um estúdio aprendendo a mecânica de administrar uma empresa, será uma escalada íngreme e amedrontadora. Você precisa avaliar cuidadosamente todos os fatores relevantes antes de embarcar na vida de freelancer, mas, se decidir que ela é boa para você, então há algumas decisões práticas a tomar. De muitas maneiras, estabelecer-se como freelancer é semelhante a começar uma empresa – a única diferença é que você é o presidente, designer sênior, designer júnior e contínuo, tudo numa só pessoa. Nos próximos dois capítulos você encontrará algumas das informações de que precisa para continuar. Certifique-se apenas de que seus ombros são grandes o bastante para aguentar a pressão.

Rudy VanderLans

Rudy VanderLans nasceu em Haia, na Holanda. Originalmente queria ser ilustrador, mas matriculou-se no departamento de design gráfico da Royal Academy of Fine Art (Academia Real de Belas-Artes). Depois de um estágio no estúdio Wim Crouwel's Total Design, VanderLans trabalhou na Vorm Vijf e Tel Design. Em 1981, mudou-se para a Califórnia para fazer pós-graduação na Universidade da Califórnia, em Berkeley, onde conheceu a desenhista de tipos Zuzana Licko, com quem mais tarde se casou. Em 1983, VanderLans começou a trabalhar no *Chronicle*, de San Francisco (ele pensou que estava se candidatando para um trabalho na Chronicle Books). Foi contratado pelo editor de arte para fazer ilustrações, design de capas e gráficos. Desiludiu-se rapidamente com as exigências de um jornal diário e procurou alguma coisa mais criativa. Em 1984 Rudy VanderLans se tornou cofundador da Emigre, uma fundição digital de tipos e editora de software relacionado a design gráfico e material impresso. A revista *Emigre*, editada por VanderLans, oferece um levantamento crítico incomparável de temas do design contemporâneo. VanderLans é autor de três livros sobre músicos alternativos (Captain Beefheart, Van Dyke Parks e Gram Parsons). Vive e trabalha na Califórnia.

www.emigre.com

Design de Rudy VanderLans
Cortesia de Rudy VanderLans

entrevista Rudy VanderLans

AS Antes de se mudar para os Estados Unidos, você trabalhou na Holanda. É cada vez mais comum designers saírem de seu país natal. Quais são as vantagens disso?

RV Depois de me graduar na escola de arte e trabalhar com vários estúdios de design na Holanda fiquei desiludido com o design gráfico. Não era o que eu esperava. Especialmente ao trabalhar para clientes com quem eu tinha pouca afinidade tornou-se muito difícil para mim sentir-me conectado, que dirá motivado. Assim, mudei-me para a Califórnia para me afastar desse trabalho durante algum tempo e estudar fotografia em Berkeley. O que não esperava era que a Califórnia fosse, naquele tempo, um lugar superempolgante para o design gráfico. A assim chamada New Wave, com designers como April Greiman, estava começando a florescer, e a CalArts estava começando a se desenvolver como uma estufa de design experimental com Jeffrey Keedy, Ed Fella e Lorraine Wild ensinando lá. E Henk Elenga e Rick Vermeulen, da Hard Werken, estavam em Los Angeles. Todos os "deslocados" do design gráfico terminavam na Califórnia e, então, o computador Macintosh entrou nessa mistura e a coisa toda explodiu. No final, mudei para lá num momento bem vantajoso, mas foi por pura coincidência que eu estava no lugar certo, no momento certo. Por outro lado, como até certo ponto seu trabalho é determinado por seu ambiente, uma mudança de ambiente pode fazer maravilhas por sua criatividade.

AS Quando você olha para trás, para sua educação, havia aspectos de que não gostava, na época, mas que agora se dá conta de que lhe foram muito úteis?

RV Havia certas coisas de que eu gostava menos do que outras, como as intermináveis horas de caligrafia, sob a orientação de Gerrit Noordzij. Nem nos meus sonhos mais loucos imaginei que acabaria desenhando tipos, imagine coadministrar uma fundição de tipos, por isso esses exercícios não me interessavam muito. Mas, depois, dei-me conta de que tudo que me ensinaram durante aquelas aulas do Noordzij formou uma base sólida para que eu compreendesse como o tipo é estruturado. Nunca imaginei que aquelas aulas se tornariam tão valiosas para mim. Essa é uma característica do design gráfico: há tantas direções e possibilidades diferentes dentro da profissão que é melhor tornar-se tão versátil quanto possível, porque você nunca sabe o que mais vai gostar de fazer.

AS Você disse que gostaria de ter aprendido teoria na escola. Emigre, em sua nova encarnação, é quase totalmente devotada à teoria. Em sua opinião, como a teoria ajuda o designer moderno?

RV Não estou certo de que a teoria me ajuda no design, mas certamente me ajuda a pensar de modo crítico sobre todo tipo de assunto relacionado ao design. Acho que esse é o principal objetivo da teoria.

AS Você é um exemplo de designer que não fica satisfeito em ser simplesmente contratado. É muito modesto a esse respeito, mas existe um lado empreendedor em você. É fotógrafo, escritor, editor, *publisher* e sócio de uma fundição de tipos. Esse não é o caminho típico da carreira de um designer gráfico. Você acha que os designers que querem fazer um trabalho sério vão ter de ser mais empreendedores no futuro?

RV Não necessariamente. Acho que os designers podem fazer trabalho sério para os outros, desde que escolham trabalhar para clientes sérios.

AS Como o jovem designer aprende o lado administrativo do design gráfico?

RV Aceitando tantos trabalhos e clientes quanto possível ao começar e mantendo os olhos e os ouvidos abertos. Quando um designer trabalha para clientes, está na posição privilegiada de poder espreitar atrás dos bastidores e entender como os outros gastam o dinheiro e administram suas empresas. Vendo como os outros estavam lutando me deu a coragem de começar por conta própria. Mas, no final, aprendi a administrar uma empresa dando cabeçadas. Isso, e tendo uma sócia, minha mulher Zuzana, que é fantástica com detalhes e contabilidade, e isso é absolutamente essencial. Contar os centavos é a chave mestra para o sucesso de qualquer empresa.

O que aprendi trabalhando para outros foi que parece haver dois modos de administrar uma empresa. Ou você delega tudo, o que significa contratar funcionários e tornar-se um administrador, ou faz tanto quanto puder você mesmo, o que significa que controla quase tudo, mas sua produção será limitada pelo fato de que passará dias ocupado com uma porção de outras coisas além do design. Nós realmente gostamos deste último, e tem funcionado muito bem.

AS Quando vou a faculdades de design para falar a estudantes, eles sempre me perguntam como impeço que os clientes interfiram no trabalho. Eu respondo que não existe uma resposta fácil. Você tem uma resposta?

RV Tenho, e acho que a resposta é bem simples. Você tem de ouvir com muito cuidado o que o cliente quer, e tomar cuidado para não abordar o projeto com uma ideia preconcebida do que ele deve ser. Na minha experiência, muitas vezes abordei um trabalho de design querendo usar uma certa fonte ou um determinado maneirismo tipográfico, simplesmente porque era o que eu tinha em mente àquela altura. Mas nem sempre aquilo era o que cliente queria.

O design não tem de enfiar cavilhas quadradas em cavidades redondas. Muitas vezes se diz que, como designers, deveríamos "educar" nossos clientes para que possam ver como podem se beneficiar com nosso senso de estilo e bom gosto. Trabalhei em inúmeros projetos que odiei no início, porque tinha de comprometer minhas ideias preconcebidas e acabava me dando conta, mais tarde, de que o resultado final era melhor por causa das sugestões do cliente.

AS Os designers jovens parecem obcecados com a fama ou, pelo menos, pelo reconhecimento de seus pares. Segundo Neville Brody, essa é a motivação primária para muitos jovens designers. O que você acha dessa tendência?

RV É natural querer ser reverenciado por seus pares. Não há nada de errado com essa ambição. Além disso, a fama, em geral, se traduz em mais gente querendo contratar seus serviços. Assim, desse ponto de vista, a fama pode ser bem útil. Mas não tenho ideia de como se faz para ficar famoso. Não é alguma coisa que você possa fazer acontecer. E ficar obcecado com isso não vai tornar a missão mais fácil.

AS Você coloca muita ênfase na técnica do design gráfico em tudo o que faz. Mas, no cenário da mídia em que vivemos, a mensagem é rainha. Não interessa com que a mensagem "se parece", só importa o que ela diz. O que você diria a alguém que afirma que não faz mais sentido aprender a técnica do design?

RV Eu lhe diria que deveria considerar uma carreira em publicidade. Esse tipo de afirmação é difícil de compreender. Fazer design gráfico sem ter interesse no ofício é como ser um jogador de futebol sem saber o básico sobre o controle da bola. Qualquer um pode chutar uma bola, mas, sem controlar a bola, você não vai ser muito eficaz.

AS Sou um grande fã de seus três livros sobre músicos e suas paisagens. Há algo de romanesco na maneira como você segue essas figuras (Captain Beefheart, Van Dyke Parks e Gram Parsons) através da paisagem californiana. É isso que os críticos chamam de autoria gráfica?

RV É, acredito que sim. Mas, não importa como o chame, quando combina escrita, fotografia, desenho de tipos e design gráfico, você se coloca numa terra de ninguém. Autoria gráfica soa impressionante, mas não é uma categoria que as livrarias ou as galerias de arte saibam como classificar. Assim, fico muito feliz se as pessoas se referirem ao meu trabalho como design gráfico ou fotografia, ou até mesmo arte.

Design de Rudy VanderLans

Cortesia de Rudy VanderLans

capítulo 4

Montando um estúdio

"Quero administrar meu próprio estúdio. Gosto de calcular impostos e de trabalhar dezoito horas por dia."

O estúdio de design gráfico pode ser um local iluminador e fértil para se trabalhar, com um senso de liberdade quase utópico. Em seu estado ideal, é uma fábrica de cultura cujos funcionários são visionários, onde a matéria-prima são ideias e o produto final a realização criativa. Sei que outros tipos de empresa podem reivindicar ser recompensadores e satisfatórios – qualquer empresa que seja bem administrada e operada com cuidado e respeito pelas outras pessoas será um bom local de trabalho. Mas, egoisticamente, sempre pensei que a excitação que você tem por ser parte de um estúdio de design eficaz e produtivo é difícil de ser superada. Há algo particularmente satisfatório em ser parte de um grupo de pessoas dedicadas à criação de um produto em que os indivíduos podem exigir autoria total, partilhada ou parcial.

Meus maiores momentos de orgulho na Intro era quando visitantes – clientes, fornecedores ou amigos – olhavam em volta e diziam: "Eu gostaria de trabalhar aqui". Trabalhávamos duro para criar a cultura e a atmosfera; dávamos às pessoas uma liberdade excepcional para que conduzissem suas vidas profissionais e, como resultado, elas eram felizes e produtivas. Quando isso era reconhecido por gente de fora, para mim era muito mais gratificante do que ganhar prêmios de design ou ser o assunto de algum artigo elogioso na imprensa especializada.

A autoria – individual e coletiva – é a chave mestra para o sucesso de uma empresa de design. A satisfação que a "autoria" dá é uma exigência fundamental da vida moderna. Muitas empresas negam isso a seus funcionários; procuram reduzir a semana de trabalho a uma rotina mecânica, produzindo manuais de regras que ditam o comportamento e a atitude. Embora isso convenha a algumas pessoas, para outras é anátema. O bom estúdio de design é movido pela noção de que todos queremos fazer trabalhos criativos e significativos dos quais podemos exigir autoria. No mundo pós-industrial, queremos usar nosso cérebro, não nossos músculos; queremos suar ideias, não fluidos corporais. O que também ajuda é que a vida de estúdio é uma atividade comunal, e em bons estúdios todo mundo curte um tipo de igualdade que raramente se encontra em outros lugares.

Talvez tudo isso soe idealista demais. Na realidade, os estúdios de design, na maioria, são lugares caracterizados por estresse, trabalho duro e longas horas, entremeados por ocasionais momentos de ligeira euforia que as façanhas criativas trazem. Colocado dessa forma, é difícil imaginar por qual razão qualquer pessoa desejaria montar e administrar um estúdio de design. Ainda assim, os designers continuam a começar a trabalhar por sua própria conta e a montar estúdios em uma perpétua busca de autonomia. O exemplo da Bibliothèque é típico de muitos designers que chegam a um ponto em suas carreiras em que seus anseios por autonomia se tornam um impulso para a ação. "A Bibliothèque aconteceu *by default*", explica o sócio fundador Mason Wells. E continua:

A decisão de começar nosso próprio negócio foi criativa, não financeira. Nós três já tínhamos trabalhado em estúdios (Jon Jeffrey na Farrow e Tim Beard e eu na North) por cerca de oito anos e as coisas estavam começando a estagnar. Não importa quanta criatividade você use, ainda tem de responder a alguém mais. Essa frustração geral por não ter o controle se tornou um catalisador para tocar adiante. Nem preciso dizer que nossa frustração se tornou uma energia positiva e a empresa se desenvolveu.

Nós três tínhamos ideias que não se encaixavam nos nossos empregos anteriores. Agora temos o controle e é incrível como isso libera. Trabalhamos de forma diferente e não temos de responder a ninguém mais, só a nós. É um processo muito mais orgânico, que nos permite controlar todos os aspectos do trabalho, a cada passo. Um ano depois, trabalhamos em projetos com que nunca teríamos nem sonhado. Construímos uma excelente lista de clientes e obtivemos uma estabilidade financeira que não conseguiríamos em nossos empregos anteriores. Mais importante ainda, começar a Bibliothèque reacendeu nossa paixão por design.

O desejo de maior liberdade (que traz consigo maior responsabilidade) é apenas uma das razões pelas quais o designer monta um estúdio. Ele o faz por muitas razões: porque chegou a uma idade em que uma voz interior lhe diz para assumir o controle de seu destino financeiro; quando percebe que não quer passar o resto da vida trabalhando para outra pessoa; quando surge o desencanto com seu emprego; quando pensa que pode fazer melhor do que o idiota que o emprega; quando aparece um cliente, ou circunstâncias que tornam possível montar um estúdio; ou quando encontra alguém em quem reconhece os mesmos gostos e com quem pode associar-se. E isso nos leva à primeira regra de ouro ao formar uma empresa de design. Não faça isso sozinho. Encontre um sócio ou sócios.

Como diz o ilustrador eletrônico Peter Stemmler, da Quickhoney e da e-boy, em outra parte deste livro: "Não trabalhe sozinho". Stemmler é o paradigma da aplicação e da automotivação, e seu conselho é acertado: se você quer montar uma empresa de design de sucesso, faça isso com um ou mais sócios, gente que pense como você. Afinal é muito mais fácil compartilhar problemas do que carregá-los sozinho, e qualquer coisa que possa aumentar o leque de habilidades que o estúdio pode oferecer é valiosa.

Uma vez que tiver decidido que ter um sócio – ou sócios – é uma boa ideia, você terá de encontrar a(s) pessoa(s) certa(s). Para começar, precisa encontrar pessoas com quem se entenda. Não é preciso que sejam os melhores amigos (é recomendável terem vidas separadas fora do estúdio), mas você deve escolher pessoas com quem possa trabalhar com um nível de intimidade que algumas vezes é alarmante. De vez em quando, será necessário que você e seus sócios se abram para ser minuciosamente examinados um pelo outro. Em geral, isso não acontece quando as coisas vão bem; quando há fundos suficientes para tocar adiante, todo mundo pode ser generoso. Mas, quando as coisas ficam difíceis (como frequentemente ficam), a magnanimidade é mais difícil. Quando o dinheiro é escasso, os sócios da empresa começam a questionar um ao outro e a detectar ou imaginar sinais de desigualdade e injustiça. Por isso, você precisa escolher com cuidado: associar-se com as pessoas erradas pode ser caro e emocionalmente destrutivo.

Se você compartilhar um ponto de vista ideológico com seus sócios, vai ser mais fácil. É preciso que haja um terreno comum, tanto criativamente (o tipo de trabalho que o estúdio vai fazer e uma política abrangente relacionada à direção criativa) como na maneira com que você tenciona conduzir sua empresa (ética em negócios e como tratar o pessoal, os fornecedores e as pessoas com que se entra em contato). Mas não sou partidário da rigidez: você nunca vai encontrar sócios que compartilhem de todos os seus pontos de vista e, na verdade, é desejável um certo grau de desentendimento saudável. Mas vocês precisam compartilhar princípios gerais, porque, se não for assim, os conflitos serão inevitáveis.

Mesmo quando encontrar seu perfeito sócio, o trabalho duro está só começando. As sociedades têm de ser cuidadas, alimentadas e consertadas quando se danificam. No início, com a excitação de administrar seu próprio estúdio, as relações com os sócios não precisam de muitos cuidados – você está ocupado demais para se preocupar com elas. Mas lembre-se: as pessoas mudam, e aqueles ideais que todos assinaram no começo podem não ser os mesmos dentro de cinco ou dez anos. Portanto, seja flexível e esteja pronto para a mudança, em si e nos outros.

As sociedades também precisam ser protegidas por contratos escritos: química emocional não é suficiente. Um contrato entre os diretores, escrito por um advogado, é uma salvaguarda importante e uma exigência legal na maior parte dos países. Pode ser que vá contra o espírito de empenho em comum com que sua empresa foi criada, mas uma estratégia de saída que envolva obrigações contratuais é fundamental. Durante os primeiros treze anos da Intro, nem uma vez considerei sair: a empresa era a minha vida. (Minha mulher muitas vezes dizia que gostaria de ser um de meus clientes: "Aí eu o veria com mais frequência".) Mas, em alguma indefinível altura, eu mudei e me dei conta de que queria sair e fazer outras coisas. Minha saída foi inteiramente amigável e administrada sem nenhum litígio. Mas, se houvesse qualquer desacordo sobre os termos de minha saída, então pelo menos os diretores teriam um documento que definia os termos de nossa sociedade. Menciono esse ponto apenas para sublinhar o fato de que é fácil imaginar que, como coproprietário, você ficará ligado à empresa para sempre. Mas esse pode não ser o caso.

As sociedades não precisam ser iguais. É possível ter números de ações diferentes, distribuídas entre dois ou mais sócios. Essa área é altamente sensível, com grande potencial para insatisfação e descontentamento. Você deve se aconselhar sobre esse aspecto com algum especialista. É muito difícil mudar a estrutura acionária das empresas depois de montadas. Vá com cuidado e ouça atenciosamente os conselhos que lhe derem. Desafie qualquer conselho que não achar correto ou justo, mas, faça o que fizer, não comece com a estrutura acionária errada.

Provavelmente fiz a procura e a escolha de sócios da empresa soarem mais complicadas – e arriscadas – do que realmente são. Na prática, a maior parte das pessoas faz isso sem problemas. Em muitos casos, os designers escolhem sócios com quem já trabalharam. Isso faz sentido, pois já provaram um ao outro de que podem funcionar como equipe. Foi isso que fiz antes de começar na Intro; eu tinha trabalhado para uma empresa de design de tamanho médio, e depois de alguns anos percebi que podia fazer as coisas melhor do que as pessoas que me empregavam e que meu passo seguinte seria administrar meu próprio estúdio. Mas não era tão convencido a ponto de pensar que podia fazer isso sem ajuda: conhecia meus pontos fracos.

Na época, trabalhava na mesma empresa uma mulher brilhante e cheia de energia chamada Katy Richardson. Não tínhamos muito que fazer um com o outro, mas, de vez em quando, discutíamos os defeitos de nosso empregador. Descobrimos que compartilhávamos da mesma visão comercial e criativa de como uma empresa devia ser administrada e – mais importante ainda – como seus funcionários deviam ser tratados. Um dia Katy disse: "Você gostaria de fundar uma empresa junto comigo?". Pensei sobre isso por meio segundo e respondi que sim. Reconheci nela as habilidades que me faltavam. Ela possuía uma combinação de talentos pouco usual. Quando eu entrara na empresa, ela era a contadora da firma. Depois de um par de anos tinha aprendido por conta própria a produção de filmes e foi promovida a chefe de produção da equipe de filme e animação. Mais importante do que tudo, Katy tinha duas qualidades de valor inestimável: era financeiramente astuta e conhecia a produção de filmes. Eu era financeiramente retardado,[1]

---

1 Em sua conferência "Tomato – a New Model for Creative Entreprise" [Tomato – um novo modelo para a empresa de criação], na Royal Society of Arts, o diretor Steve Barker disse o seguinte: "Muitas vezes fui motivado vendo potencial frustrado e por longo tempo pensei que a maior parte das pessoas criativas tem extrema dificuldade em explorar seu próprio talento. Muitas delas têm problemas tremendos para manusear dinheiro e, algumas vezes, ficam constrangidas só por ter de falar a respeito dele. Elas em geral se vendem por preço mais baixo ou, ocasionalmente, vão para o extremo oposto, pedindo preços fora

mas sabia bem design. Eureca! – a combinação perfeita com que montar uma empresa de design gráfico e animação.

Essa "divisão de responsabilidades" era a chave-mestra do nosso sucesso como sociedade. Como me disse um de nossos clientes: "Ela é dinheiro, você é arte". À medida que crescemos e empregamos outras pessoas, essa divisão de deveres se tornou mais sofisticada. Com o correr do tempo, empregamos um contador, uma pessoa de tecnologia da informação e gerentes de projeto (supervisionados por Katy), também designers e uma pessoa para prospectar clientes (supervisionados por mim).

Há um enorme equívoco, muito comum, de que os designers são ruins para fazer negócios. Não é assim. Na verdade, os designers muitas vezes são bons em negócios, e muitas empresas de design são paradigmas de eficiência e prática progressiva. Mas, se pensar em fluxo de caixa, projeção de vendas, lidar com o banco e com os fiscais do imposto de renda o deixa receoso e relutante, então você vai precisar de ajuda. Alguém tem de assumir a responsabilidade pelo setor financeiro no dia a dia e, com isso, vem uma grande responsabilidade. Essa pessoa deve ser de confiança, aberta e responsável. Quando começar a ter lucro, você pode empregar um bom contador externo e um bom escriturário na empresa para ajudar, mas, até lá, você ou um de seus sócios vai ter de fazer isso. A competência na área financeira é tão importante para uma empresa de design quanto o bom design, como Rudy VanderLans nota em outra parte deste livro. VanderLans elogia calorosamente sua mulher Zuzana Licko, que "tem uma habilidade fantástica para detalhes e contabilidade, e isso é absolutamente essencial. Contar os centavos é a chave-mestra para o sucesso de qualquer empresa".

Para assegurar eficiência, cada um dos sócios deve assumir responsabilidade por diferentes áreas. Por exemplo, se houver três sócios, você pode escolher alocar suas responsabilidades conforme segue (é claro que isso pode ser reformulado):

Sócio 1 Direção de criação, clientes, prospecção de clientes e relações com a imprensa.

Sócio 2 Área financeira, gerente do estúdio, custos e relações humanas.

Sócio 3 Design, gerenciamento de projetos, tecnologia da informação e política ambiental.

Essa alocação de responsabilidades permite que as empresas cresçam e funcionem sem que os sócios pisem nos calos uns dos outros. Não significa que você não se comunica ou que para de compartilhar tomadas de decisão. Também não significa que não haja sobreposições. Pelo contrário, quando um estúdio está lutando para levantar voo,

de mercado, e fica impossível negociar com elas". Em Royal Society of Arts, *On Design and Innovation* (Londres: Gower, 1999), p. 57.

todo mundo precisa estar preparado para fazer o que quer que seja mais urgente. Mas a vida se tornará mais fácil se cada sócio assumir responsabilidade por determinada área.

Se, por exemplo, um computador do estúdio precisar ser substituído, o Sócio 3 deve lidar com isso. Ele precisa decidir de que tipo será a nova máquina, e comunicar-se com o Sócio 2 a respeito do custo. O Sócio 1 será então informado sobre a decisão deles e, se os três concordarem, o Sócio 3 encomendará o computador novo e assumirá responsabilidade por sua integração com o estúdio. E, como o Sócio 3 também é responsável pela "política ambiental" da empresa, deverá fiscalizar o descarte responsável – e legal – do equipamento substituído. Enquanto isso, o Sócio 1 vai procurar arranjar mais trabalhos, ou os Sócios 2 e 3 vão ter motivos para reclamar.

Quando cada sócio conhece suas responsabilidades, é fácil fazer as coisas com eficiência, reduzindo a probabilidade de acusações de inatividade serem atiradas de uns para os outros. À medida que a empresa cresce, podem ser necessárias técnicas organizacionais e gerenciamento mais sofisticados, mas, no início da existência de um estúdio, vocês precisarão de procedimentos simples que lhes permitam receber trabalhos e entregá-los com a máxima eficiência como produto terminado pelo preço que podem cobrar. E com uma qualidade de que possam se orgulhar.

Tendo elogiado os benefícios da sociedade, é preciso reconhecer que muitas boas empresas de design são de apenas um dono. Se você é o tipo de designer superconfiante, que não precisa de um sócio, boa sorte. Entretanto, minha aposta é que, algumas vezes, vai se sentir sozinho: todas aquelas tomadas de decisão e ninguém para compartilhá-las. E há outros modelos para o grupo de design. Você precisa estudar todos e decidir qual se ajusta melhor às suas conveniências. Todos têm implicações legais, por isso você deve decidir com muito cuidado. Steve Baker, da Tomato, descreve a natureza coletivista da celebrada empresa londrina:

> A Tomato funciona de modo semelhante a uma agência, negociando pagamentos, faturando e cobrando os pagamentos, e retendo uma percentagem antes de pagar as pessoas envolvidas. Muito da maneira como a Tomato funciona é baseado na confiança. Não há necessidade de complicados contratos escritos entre nós, e o contrato de nossos acionistas, que temos de ter por lei, inclui frases como "autointeresse informado" e "amor". É claro que essa é uma forma pouco convencional de fazer negócios e muitas vezes tenho de encarar os olhares inexpressivos de pessoas que simplesmente não entendem.[2]

---

2 *Ibid.*, p. 58.

Criando um plano de trabalho

Para financiar a formação de um estúdio, você pode precisar levantar fundos. Tente evitar tomar emprestadas grandes quantias, a menos que esteja extremamente confiante sobre sua habilidade de gerar dinheiro para pagá-las. É muito melhor começar pequeno e, se possível, usar economias para financiar as compras iniciais. Uma das grandes vantagens do design gráfico é que você não precisa de muito dinheiro para começar. Precisa de um computador, alguns softwares, uma impressora em cores, um escâner e um lugar para trabalhar. Também vai precisar de uma boa conexão banda larga com a internet, papel timbrado elegante e um estoque de estimulantes (cafeína ou outro qualquer) para mantê-lo acordado quando tiver de trabalhar a noite toda. Mas mesmo essas despesas modestas não devem ser subestimadas. Se houver dois ou três de vocês, é necessário multiplicar os custos proporcionalmente. Como designers, temos sorte; o preço da entrada na vida profissional não é proibitivo. Mas também não é irrisório. Se tiver de levantar dinheiro em um banco, vai precisar de um plano de trabalho. De qualquer forma, mesmo que não precise de financiamento, prepare um plano de trabalho. Nada o fará voltar à realidade mais depressa do que um plano de trabalho benfeito. Mas é só fazendo cálculos minuciosos – faturamento projetado contra despesas projetadas, com ampla margem para os imprevistos – que você vai saber o que é necessário para sobreviver. Será desanimador, e você deve ser inflexivelmente honesto consigo mesmo. Espere o pior. Tenha consciência de que vai faturar muito pouco e que terá despesas substanciais. Isso o fará estremecer, mas essa é a visão brutal da realidade que precisará ter antes de embarcar na vida como proprietário de uma empresa de design. Você pode conseguir ajuda com planos de trabalho em várias agências comerciais e governamentais. Estas últimas fornecem instruções sobre como organizar um plano de trabalho – e gratuitamente. Veja o apêndice no final do livro com os endereços de alguns sites úteis.

Um bom contador pode preparar um plano de trabalho, mas tente fazê-lo sozinho e contrate um contador para fazer a checagem. Fazê-lo sozinho vai torná-lo mais relevante para você, e mais real. Seja duro consigo, saiba que acontecerão coisas ruins.[3] Esteja

3 O especialista independente em modificações bruscas nos negócios John Dewhirst, que foi diretor financeiro de uma empresa líder de design, escreveu em *Design Week* (24-7-2003): "Há três lições fundamentais a aprender sobre o fracasso nos negócios. A primeira é que o fracasso se deve à falta de dinheiro e não à falta de lucro informado (dinheiro vivo é questão de realidade, ao passo que o lucro é uma questão de opinião). A segunda é que, uma vez que uma empresa está tendendo ao subdesempenho, muitas vezes há uma rápida aceleração para a crise e o fechamento definitivo. A terceira é que o fracasso

preparado para ter mais despesas do que entradas; saiba que terá menos clientes do que esperava; tenha consciência de que será pago mais lentamente do que gostaria; espere ter pelo menos um grande débito em seu primeiro ano. O segredo do plano de trabalho é não enganar a si mesmo. Se você for realista e pragmático ao administrar sua empresa, poderá permitir-se ser mais atrevido no lado criativo.

Consultores profissionais e serviços

Você vai precisar de um banco, disso não há como escapar. Certamente já é cliente de um e há vantagens (e desvantagens) em continuar com uma instituição que já o conhece. Claro, uma conta empresarial é diferente de uma pessoal, e, para abrir uma conta empresarial, você precisa falar com um gerente. Peça a amigos e a outros designers que lhe recomendem alguém: arranje um encontro com alguns gerentes antes de decidir que banco lhe convém. Os gerentes de banco deixaram de ser aquelas figuras que pareciam monstros. Tornaram-se parte do setor de serviços e querem sua empresa como cliente. Os dias de sentir-se pequeno e insignificante diante de seu gerente bancário não existem mais. A maior parte dos bancos tem pacotes muito úteis para novas empresas, e um bom gerente o orientará nos primeiros passos do negócio – se ele não o fizer, abandone-o e encontre um que o faça.

Para a empresa de design nascente, ter um bom contador é como ter um bom psicanalista. Também é exigência legal que uma sociedade anônima apresente a contabilidade feita por profissionais, portanto não se pode deixar de ter um contador. O principal benefício, entretanto, é ter alguém para conversar e que vai ouvir suas preocupações com a empresa. Um bom contador deveria representar mais economia de dinheiro do que o custo de seus serviços; por isso, vale a pena conseguir um realmente bom, mesmo se for mais caro do que os medíocres. Recomendo que sua escolha seja feita com base em recomendações de colegas e química pessoal. Como sempre, peça aos amigos que lhe forneçam alguns nomes. Você precisa de alguém que seja amigável mas absolutamente imparcial. Alguém que sempre lhe diga a verdade, mesmo quando doa. Alguém que não seja condescendente: um contador que o trata como um idiota é inútil. Livre-se dele.

---

nos negócios raramente se deve a uma catástrofe súbita e imprevista – repetidamente as mesmas falhas levam ao declínio: erros na administração, controles e sistemas financeiros inadequados, compromissos demais e deficiências estratégicas ou estruturais".

Como no caso do gerente do banco, também é uma boa ideia ter um contador que tenha outros designers como clientes. Embora isso não seja obrigatório, vale a pena, no início de sua carreira, escolher um que saiba sobre design. E não seja intimidado por ele. Pergunte quanto cobra e quando cobra (às vezes os contadores faturam por ano). Pergunte se você pode falar com um ou dois de seus clientes para obter referências (suspeite se disserem que não), e faça com que lhe diga exatamente o que fará para você.

Você também vai precisar de um advogado. Encontram-se advogados exatamente da mesma maneira como se encontram contadores. Com um pouco de sorte, só raramente falará com ele. Falar com advogados é caro e tendemos a fazê-lo só quando estamos encrencados.

Começando

Você encontrou um sócio – ou sócios – e negociou um contrato de sociedade. Fez um plano de trabalho. Encontrou um banco e conseguiu um contador. Depois disso tudo, pensa que agora pode começar a ganhar a vida fazendo o que faz melhor – design. Ainda não, primeiro tem de cuidar de algumas questões práticas. Seu contador lhe dirá quais são elas, como e quando fazê-las; mas vale a pena olhar uma lista das coisas mais importantes necessárias para abrir uma empresa.

1. Registrar sua empresa no órgão competente.
2. Registrar o nome de sua empresa e obter um domínio de internet.
3. Estabelecer uma folha de pagamento adequada e o tipo de pessoa jurídica (CFOP).
4. Fazer contratos de trabalho para o pessoal.
5. Criar contratos para os clientes a fim de proteger a propriedade intelectual.

Pedi a uma contadora com experiência em consultoria a estúdios de design que resumisse os pontos essenciais de bom gerenciamento financeiro para um estúdio de design gráfico. Amand Merron é sócia da empresa de contabilidade Willott Kingston Smith, que tem numerosos clientes na área de design e relacionados à mídia e regularmente oferece orientação nas páginas de *Design Week*. Sempre achei suas sugestões claras, compreensíveis e úteis. Todos os contadores deviam ser bons assim. Ela sugere enfocar claramente o que a empresa oferece e como isso pode ser oferecido com eficácia. Saber isso ajudará muito a assegurar o sucesso de uma empresa de design. No que se refere a gerenciar suas finanças, ela sublinha que há três áreas-chave.

1. Planejamento

Com frequência, fazer o planejamento e o orçamento é considerado difícil, até assustador, um processo que só os contadores podem encarar. Isso está longe da verdade. Trata-se simplesmente de dizer o que você acha provável que aconteça em termos de custo e receita, e passá-lo para o papel. Não é um processo exato – de fato, a coisa mais precisa que você pode afirmar é que estará errado. Faz sentido considerar qual das suposições feitas mudará com mais probabilidade e avaliar o impacto disso.

2. Apresentar relatórios

Tendo formulado um planejamento razoável, o desempenho real da empresa deve ser comparado com o que você pensou que ia acontecer. Tentar mensurar o desempenho isoladamente, na prática, é impossível. Um faturamento de R$ 100.000,00 anuais é bom? Não se você esperava R$ 200.000,00, mas, se você tinha planejado R$ 75.000,00, pode ficar satisfeito. O que deve ser colocado no relatório? Elementos-chave conforme segue:

	Planejado R$	Real R$	Diferença R$
Renda	100.000	80.000	(20.000)
Despesas	(50.000)	(50.000)	-
Lucro	50.000	30.000	(20.000)
Saldo bancário	40.000	20.000	(20.000)

Assim como olhar para trás para examinar o que aconteceu, também é vital olhar para a frente para considerar que novos trabalhos podem estar entrando, quanto dinheiro provavelmente será necessário e assim por diante, com regularidade.

3. Reação

Qualquer desvio significativo do planejado deve ser investigado para se tomar alguma atitude a respeito. Por exemplo, se a receita for menor do que a projetada, você pode aumentar seus preços ou cortar alguns custos.

Procurando um local

Você vai precisar de um local de trabalho. Se houver espaço, pode começar trabalhando em casa. De qualquer maneira, considere trabalhar em casa, mesmo se não tiver espaço. Estabeleça-se no quarto de dormir, na garagem, no galpão do jardim ou na cozinha até que algum dinheiro esteja fluindo na direção de sua conta bancária. Só então você deve pensar em adquirir um local de trabalho, ou pessoal, ou aquela máquina de café Gaggia. A maior parte dos clientes não dará importância ao fato de você trabalhar em casa; eles podem ser surpreendentemente generosos e estimuladores para quem começa, e muitas vezes gostam de ser vistos ajudando jovens equipes de design – especialmente se pensam que você vai cobrar menos do que as empresas estabelecidas. De qualquer maneira, enquanto estiver disposto a visitá-los toda vez que quiserem uma reunião, eles nem precisam saber onde você trabalha. No novo mundo wi-fi,* podemos estar em qualquer lugar.

Mas em algum momento você vai querer encontrar um local de trabalho que lhe permita montar um estúdio da maneira adequada. Um bom modo de começar é falando com outros designers, especialmente aqueles que já alugam escritórios. Ocasionalmente, eles tomam conhecimento de oportunidades disponíveis por intermédio do proprietário de seu local de trabalho. Às vezes, estúdios maiores sublocam espaço. De novo, isso funcionará enquanto você estiver estabelecendo seu estúdio, mas, à medida que sua empresa cresce, a existência dentro de outro estúdio será insatisfatória, e você vai querer se mudar. Há uma situação em um livro de Dave Eggers que muitos designers vão achar familiar. Ele descreve as complicações de alugar espaço para um estúdio onde produzir uma revista. Fazendo isso, ele apresenta outro tipo de arranjo (que é ligeiramente excêntrico, temos de admitir) para uma empresa de design gráfico iniciante:

> Mudamos nosso escritório do armazém condenado pela prefeitura para o quinto andar de um edifício envidraçado no centro da cidade. O departamento de promoções do (San Francisco) *Chronicle*, querendo-nos por perto, de modo que Moodie e eu forneçamos serviços com a rapidez de um raio, permitiu que nos mudássemos com eles... dando-nos cerca de 75 metros quadrados, com janelas do chão ao forro, por US$ 1.000 por mês – que Moodie e eu pagamos com facilidade cobrando deles a mais por nosso trabalho em design.**

* Tecnologia sem fios que permite conectar computadores portáteis e celulares à internet em qualquer lugar onde tal conexão esteja disponível. (N. T.)

** David Eggers, *A Heartbreaking Work of Staggering Genius* (Nova York: Simon & Schuster, 2000), p. 132. (N. T.)

Esse tipo de arranjo é uma boa ideia, mas só para quem está começando; depois disso, só em circunstâncias cuidadosamente controladas: a tolerância logo se exaure, dando lugar ao descontentamento. E não siga o exemplo da ficção de Eggers, cobrando a mais: com essa tática, o tiro sempre acaba saindo pela culatra.

Como você sabe de quanto espaço precisa? Pergunte a amigos designers que administram seus próprios estúdios. Visite pequenos estúdios para perceber o espaço em relação ao número de pessoas. Assim que tiver estabelecido uma boa proporção de pessoa por espaço, arranje-se com menos espaço do que gostaria: você não se incomodará em ficar amontoado nos primeiros poucos meses. Negocie um contrato curto, de modo que possa sair se tudo der errado, ou mudar-se para um lugar melhor se tudo der certo.

Fazer amigos – e não inimigos – na vida profissional é uma boa política. Na Intro, começamos em um escritório minúsculo no topo de um enorme edifício. Sem ser elegantes, as salas eram adequadas para nossos primeiros dezoito meses. No final do contrato estávamos indo bem: tínhamos trabalho, uma renda regular e boas perspectivas (foi uma época de grande crescimento para o design no Reino Unido). Como consequência desse sucesso, nós nos sentimos confiantes o bastante para alugar um grande edifício de cinco andares no centro de Londres. O aluguel era alto, mas, se continuássemos a ir bem como até então, poderíamos pagá-lo com folga. E por um ano e pouco o fizemos. Gostamos muito de ter um lugar amplo que permitia que todos tivessem espaço de sobra, e nos revestiu, como empresa, de um pouco de vaidade. Grande erro. Batemos no declínio econômico do início da década de 1990 com uma força titânica. Nossa renda baixou e vimo-nos às voltas com um aluguel que mal podíamos pagar.

Mas tínhamos um trunfo. O jovem corretor que tinha encontrado o imóvel para nós se tornara nosso amigo. Tínhamos sido uma de suas primeiras transações: ele era ambicioso e dinâmico e gostara de nós. Fomos procurá-lo para que nos ajudasse. Ele foi aos proprietários do imóvel e negociou um aluguel reduzido em nosso nome. Fez isso porque o tínhamos tratado com respeito durante a transação, e porque podia ver que éramos um grupo de pessoas sério e ambicioso que, sem dúvida, logo sairia do buraco e, quando isso acontecesse, o encarregaríamos de encontrar um novo escritório para nós. Não espere que isso aconteça se você ficar encrencado: no mundo dos negócios, atos de bondade desinteressada são raros, e mais raros ainda no mundo dos imóveis. Tivemos sorte, e sem aquele jovem corretor poderíamos não ter sobrevivido. Mas o tínhamos transformado em um amigo. A lição, aqui, é que amigos são melhores que inimigos.

Escolhendo um nome

Você decidiu. Estabeleceu-se por conta própria, comprou um *kit* de computadores suficiente (seu contador o aconselhou sobre o melhor método de pagar por ele) para competir com a Nasa, e conseguiu um local para trabalhar (está ao lado de uma pizzaria aberta 24 horas, e havia um sujeito adormecido no degrau da entrada esta manhã, segurando uma garrafa de alguma coisa que cheirava a fluido de isqueiro misturado com urina, mas é seu escritório e você o adora). Agora precisa escolher um nome. A moda em nomes para grupos de design muda constantemente. Não posso dar grandes conselhos aqui, a não ser relembrá-lo de que vai ter de viver com o nome que escolher por longo tempo. Nos próximos anos você pode mudar a natureza de seu negócio, por isso não vai querer ficar ligado a um nome pouco apropriado. Vale a pena lembrar que os nomes, depois de algum tempo, passam para um tipo de neutralidade pouco visível. Como um novo par de sapatos, um novo nome parece duro e gritante no início, mas, quando você "se acostuma", os sapatos novos se tornam parte de sua pele, e o mesmo acontece com nomes. A menos, é certo, que você escolha um nome realmente cretino.

Criando uma identidade

Depois de arranjar um nome, você deve começar a trabalhar na identidade do estúdio. Arrastar com os dentes um piano de cauda monte Everest acima seria mais fácil, mas você vai ter de fazê-lo. Tente acertar porque ela não poderá ser facilmente modificada depois que você decidir. Poucas coisas vão irritá-lo tanto quanto criar a identidade de seu estúdio – isso expõe uma fraqueza na mentalidade da maior parte dos designers. Em geral, somos ruins no design para nós mesmos. Os designers passam a vida profissional dizendo a seus clientes como cultivar uma imagem adequada, mas parecem paralisar-se quando têm de fazê-lo para si. Sem dúvida, isso tem algo a ver com a arraigada noção de que, para ser designer, você precisa de um briefing. E, embora tenha crescido o número de designers que iniciam seus próprios projetos, ainda assim há um profundo impulso biológico na maioria deles que diz: "Não posso trabalhar sem um briefing".

Mas, se não convidar um amigo – ou contratar outra empresa de design –, você vai ter de fazer o design de sua própria identidade e fazê-lo muito bem. A melhor maneira é tratar o assunto como um trabalho encomendado por um cliente. Os sócios devem concordar sobre quem vai fazê-lo, depois escrever um briefing adequado com objetivos, cronograma e orçamento, e torná-lo um trabalho concreto. Quando estiver pronto, avalie os resultados com imparcialidade e objetividade. De fato, faça tudo o que faria com um trabalho externo, exceto enviar uma fatura para você mesmo.

Sistemas de estúdio

Os designers com frequência resistem à burocracia excessiva, e isso está certo. Se passar o seu dia preenchendo formulários e realizando outras tarefas administrativas aborrecidas, não lhe sobrará muito tempo – nem vontade – para o trabalho criativo. Mas é um outro paradoxo na vida do designer o fato de ficarmos muito mais livres quando estamos superorganizados.

Há vários bons livros e guias sobre a administração e gerenciamento de estúdios. Listei alguns na bibliografia no final deste livro. Mas mais importante ainda é que há pessoas que você pode empregar para lhe organizar o estúdio. Há indivíduos maravilhosos – e visionários – com a abençoada habilidade de organizar. Mas, até que tenha condições de pagar um desses deuses da administração (que muitas vezes podem ser contratados por meio período), é essencial que você mesmo se incumba das exigências básicas da organização.

Aqui está uma lista do que precisa fazer: são as necessidades organizacionais básicas para acompanhar seu trabalho, seus custos e seu faturamento. Conforme crescer, você chegará a isso sem nenhum esforço. Mas, para começar e manter-se informado sobre o desempenho de seu estúdio, aqui está o que você precisa:

1. Um sistema para registrar o trabalho que entra.
2. Um sistema de alocação de custos.
3. Um sistema para alocar números de projeto a todos os trabalhos.
4. Um sistema para alocar números de projeto a todos os trabalhos feitos externamente.
5. Um sistema para encomendar o que falta no estoque (CDs virgens, computadores e café/chá).
6. Um sistema para monitorar o fluxo de caixa que inclua cobrança.
7. Um sistema para pagar salários, fornecedores e aluguel.
8. Um sistema para monitorar o fluxo de trabalho.
9. Uma rede de tecnologia da informação com software para apoiar a administração e a contabilidade.

John Warwicker

John Warwicker se graduou na Camberwell School of Arts (Escola de Artes Camberwell), em Londres. Durante os anos 1980 foi, por pouco tempo, membro da banda Freueur (que mais tarde se tornou Underworld); era parte do grupo de design da Gama e foi diretor de arte da A&M Records. Depois de um período como chefe da "empresa de design e informação" Vivid, Warwicker formou o coletivo criativo Tomato, com Steve Baker, Dirk Van Dooren, Simon Taylor, Graham Wood, Jason Kedgley, Michael Horsham e os membros do Underworld Richard Smith e Karl Hyde. A Tomato trabalha com filmes, marcas, música, televisão, cinema, comerciais, publicidade, livros, arquitetura e mídia interativa. Já fez exibições internacionais e organiza muitos seminários e workshops. Entre seus clientes estão Sony, Nike, Levis, Coca-Cola e o Museu Victoria & Albert. Em 2005 Warwicker publicou *The Floating World: Ukiyo-e*, a primeira monografia sobre seu trabalho. Ali documenta suas experiências com voz autêntica, explorando os temas, ideias, histórias e memórias que o informaram e influenciaram nos últimos dez anos.

www.tomato.co.uk

entrevista John Warwicker

AS O que o levou a tornar-se designer gráfico?

JW Não sei se alguma vez pensei a meu respeito como "designer gráfico". Lembro-me de que, quando criança, ficava fascinado pelos cadernos matemáticos de meu avô e as estranhas formas de letras que havia nele. Tenho certeza de que meu interesse por tipografia nasceu aí. E também me lembro de que, com 9 ou 10 anos, desenhei meu próprio jornal nas aulas semanais de arte na escola primária. E, como qualquer outro adolescente, a música desempenhou um papel realmente importante na minha definição cultural. As capas de discos eram como bandeiras de lealdade e, no início dos anos 1970, simbolizavam o que o "design gráfico" era para a maior parte de nós, que estávamos crescendo naquela época. Na escola de arte eu tinha de "escolher" entre belas-artes e design gráfico. Meus pais me apoiaram o tempo todo durante minha educação, o que foi bem difícil para eles. Eu estava preocupado, achando que não ia conseguir ganhar dinheiro bastante com "belas-artes", pelo menos nos estágios iniciais, e não queria ser um fardo adicional para eles. Pensei que provavelmente ganharia o suficiente para me sustentar se trabalhasse como "designer gráfico". Para mim, o "design gráfico" era uma etiqueta que alguém tinha colocado no trabalho.

AS Olhando para trás, o que você acha de sua educação em design? Havia coisas de que você não gostava na época, mas que, em retrospecto, provaram ser benéficas?

JW Acho que não. Minha educação na Camberwell School of Arts era abrangente. Assumi a atitude, assim como muitos de meus colegas, de que a escola de arte era uma oportunidade a abraçar totalmente. Éramos muito automotivados e famintos por conhecimento.

AS Quais eram suas ambições no início de sua vida profissional?

JW As mesmas que tenho agora – fazer alguma coisa que não estou esperando e que me ensine algo sobre o mundo e o lugar que ocupo nele.

AS No início de sua carreira, você estava envolvido em design na indústria musical. Essa foi uma boa base para o que veio mais tarde?

JW Não. Apenas confirmou minhas suspeitas sobre qualquer grupo criativo que se autodenomina "indústria".

AS Você é famoso por ser um designer que desconsidera os limites convencionais do design. Faz livros, filmes, instalações e trabalho interativo. Escreve prosa e faz palestras e conferências. Fale um pouco a esse respeito.

JW Que limites? É a minha vida, e eu faço as coisas em que estou interessado ou que me intrigam. Se alguém mais estiver interessado, isso é bom – talvez possamos conversar a respeito.

AS Os membros da Tomato são celebrados por misturar projetos pessoais com trabalho comercial. O que isso dá ao indivíduo?

JW Sua individualidade!

Design da Tomato
Cortesia de John Warwicker

AS Qual foi a lição mais importante que você aprendeu como designer gráfico?

JW Que não existe uma coisa chamada "design gráfico". Só montes de livros sobre ele e uma suposição de que existe. E que o mundo gosta de tratar como *commodity*.

AS Que conselho você daria a um designer que começasse hoje?

JW Encontre sua própria voz. E descubra o que motiva os outros.

AS Li uma entrevista em que você disse: "Diga a seus clientes quando estão errados. Porque algumas vezes eles estão". Isso é um bom conselho para jovens designers? Eles não deveriam fazer o que lhes pedem?

JW Não. Eles devem pensar sobre o que está sendo proposto e ver se concordam. E, se não concordarem, devem dizer isso de maneira tranquila e razoável. Perguntem "Por quê?" a si mesmos e ao cliente. Se não fizer isso, você não vai aprender e o cliente também não. O importante é montar um portfólio que não tenha de ser qualificado, mas que fale por si. Sei disso através de amargas experiências. Nos anos 1980 ganhei prêmios e a "indústria" gostava de meu trabalho. Dei uma palestra em St. Martins e esse sujeito muito grande, cabeludo, com cavanhaque, abordou-me depois. Ele disse que realmente tinha gostado do que eu dissera, mas achava que meu trabalho era uma "meleca". Ele estava certo. E foi assim que conheci Graham (Wood), com quem mais tarde formei a Tomato. Tomei nota mentalmente de que devia jogar fora dez anos de trabalho, mas levei muitos anos para livrar-me completamente deles. Você tem de se levantar todos os dias e apagar velhos hábitos. Nunca fiquei satisfeito com qualquer dos trabalhos "comerciais" que fiz.

AS O que você vê de bom nos designers jovens e o que está faltando neles, se é que falta alguma coisa?

JW Os bons designers têm energia. Os não tão bons não têm disciplina, conhecimento, autocrítica e confiam demais na tecnologia. Mas acho que isso vale para todos os designers, não importa a idade.

capítulo 5

Administrando um estúdio

"Eu quero administrar um estúdio mundialmente famoso, fazer grandes trabalhos e ganhar rios de dinheiro."

O segredo do sucesso de uma empresa de design é tratar os empregados como deuses. Isso soa como o tipo de conversa mole que você encontra em livros baratos de administração ou manuais de funcionários corporativos, mas é verdade. A despeito da computadorização quase total de seu processo, o design ainda é produto de mentes individuais. É essa uma das razões pelas quais, hoje em dia, ele constitui uma proposta de carreira atraente. Nessa área, ao contrário de tantas outras da vida contemporânea, o individual ainda está no centro de tudo. Você pode construir um carro em uma fração do tempo que leva para fazer uma peça decente de design gráfico: isso porque a fabricação de carros, ao contrário da confecção do design gráfico, é completamente automatizada.[1] A despeito da ubiquidade do computador Apple, o design ainda é uma coisa que você faz com a mão, os olhos e o cérebro. É por isso que os designers ficam danados quando seu trabalho é mutilado por clientes, e essa é a razão pela qual se rejubilam quando o trabalho tem sucesso e é elogiado.

Se você quiser administrar um estúdio de design, vai precisar empregar pessoas. Não estou dizendo que tem de se tornar um vastíssimo império com um número infinito de funcionários, longe disso. É um assunto recorrente em entrevistas com bons designers que eles raramente expressam o desejo de ter um grande estúdio: "o negócio é ser pequeno" parece ser o *éthos* do designer de mente independente. E, se você quiser ser um destes (e não vender a alma no processo), então certamente vai querer continuar pequeno, empregando apenas alguns poucos designers.

O crescimento é a grande questão do design gráfico moderno. Os designers dizem a si mesmos: se eu me tornar grande, vou perder a independência e ser forçado a aceitar trabalhos que não quero fazer simplesmente para cobrir minhas despesas. Mas, como disse o grande Tibor Kalman:* "A coisa mais dura, quando se dirige um estúdio, é não crescer". Kalman devia ter acrescentado "se você for minimamente bom" a essa sentença – e "bom", aqui, é a palavra-chave. Se você for minimamente bom, vai atrair mais trabalho do que pode fazer com facilidade, e, se for minimamente bom, crescer – e por crescimento quero dizer contratar mais gente – é inevitável. Estou falando de ter a confiança de adicionar uma pequena equipe ao estúdio para lhe permitir fazer melhor o trabalho e lidar com as exigências crescentes de sobreviver em um duro ambiente de negócios. Como apontam todos os livros de administração, companhias só têm duas marchas: andar para a frente ou ir de ré, e ficar parado é o mesmo que ir para trás. Portanto, mesmo se o seu objetivo

1 OK, você realmente não consegue desenhar um carro em poucas horas, mas entende o que estou dizendo aqui: o design não pode ser automatizado.

* Referência a Tibor Kalman (1949-1999), influente designer gráfico americano de origem húngara. (N. T.)

for continuar pequeno e enfocado, você não pode permitir que sua empresa fique parada. Tem de ir adiante, e para fazer isso precisa enriquecer com frequência seu *pool* de genes criativos empregando pessoas que acrescentarão habilidades e cérebros ao estúdio.

Dirigir um estúdio significa trabalhar a noite inteira e maratonas diante da tela do computador – tentando desesperadamente manter os padrões de qualidade e de entrega o tempo todo. Os designers tendem a não reclamar disso. Se você lhes tirasse aquelas longas horas de trabalho, eles resistiriam. É parte da satisfação de fazer alguma coisa que adoram. Mas, por fim, o cansaço decorrente dessas sessões de trabalho o alcança e você pode começar a cometer erros, e os clientes identificarão a queda na qualidade. Contratar pessoal para ajudá-lo a administrar a demanda crescente não é uma sentença de morte – você só tem de saber como fazê-lo e fazê-lo bem.

Empregando pessoal criativo

Em um capítulo anterior mencionei como é duro para o designer principiante encontrar trabalho, mas pare um minuto para pensar no pobre empregador: para ele também é duro encontrar bons funcionários. Conseguir as pessoas certas – sócios, pessoas ligadas ao design, pessoas não ligadas ao design – é a única coisa que um estúdio de design que começa não pode deixar de fazer. É possível cometer erros em qualquer outra área e ainda assim prosperar, mas não no recrutamento. Neste capítulo falarei sobre as maneiras de encontrar, avaliar e segurar talentos. E depois discutirei como tratar as pessoas com quem trabalhamos, porque não é suficiente encontrar e contratar pessoas talentosas, também temos de incentivá-las.

Quando você se estabelece, oferecem-lhe montes de conselhos. Quando participei da fundação da Intro, ignorei a maior parte dos conselhos que recebi porque queria confiar no meu bom senso e na minha intuição. Queria encontrar maneiras novas de fazer as coisas, e achei que, se seguisse tudo que me foi dito, estaria engolindo à força uma grande quantidade de opiniões e regras fora de moda. Também achava que "design era diferente" e estava pouco inclinado a aceitar orientação de qualquer pessoa que não conhecesse design e as peculiaridades e a lógica ligeiramente retorcida desse mundo.[2] E

2 Num estágio crítico do desenvolvimento da Intro, experimentamos contratar um consultor administrativo: ele sugeriu uma forma de reestruturação que não parecia ajustar-se à nossa estrutura mais achatada, mais democrática. Perguntei a ele por que razão recomendara essa abordagem. Ele pareceu irritado e respondeu: "Bem, porque é o que todo mundo faz". Resposta ruim. Nem

certamente eu era mais arrogante do que sou agora, e imaginei, erradamente, que não precisava da ajuda de ninguém de fora.

Entretanto, um dos conselhos que recebi pareceu-me perversamente bom. De fato, tão bom que, muito mais tarde, achei que era o mais santo conselho que recebi em relação à administração de um estúdio de design. E também veio de uma fonte pouco provável – um conhecido que tinha feito numerosas tentativas de se tornar um homem de negócios de sucesso, todas terminadas em fracassos, e que não sabia coisa alguma sobre design ou designers. Ele me disse: "Empregue sempre pessoas que são *melhores do que você*".

A terra se moveu quando você leu isso? Isso não aconteceu para mim quando ouvi o conselho pela primeira vez, embora, no final, tenha se tornado minha primeira regra de recrutamento criativo. Desconfio que para designers, talvez recrutando pela primeira vez em suas carreiras, seja uma ideia difícil de aceitar. Os designers são muito vulneráveis: facilmente desencorajados, facilmente prejudicados e rápidos para se sentirem ameaçados. Não muitos concordam de boa vontade em deixar a ribalta para novos talentos em sua própria casa. Pessoalmente, lutei com essa ideia por longo tempo antes de encontrar a coragem de colocá-la em prática. Mas, assim que o fiz, vi que grande truísmo ela é. E, quando olhei para os benefícios de empregar designers com mais talento do que eu, pude concentrar-me nas coisas que fazia melhor (direção criativa e trabalho com clientes).

Agora tenho consciência de que formulações como "melhor do que" são completamente redundantes em design. O que significa se você disser que alguém é um "designer melhor" do que outro? Não muito: para ter qualquer significado teria de ser acompanhado de ressalvas e qualificadores elaborados. Mas o que a bem-intencionada pessoa que me aconselhou queria dizer era que empregar pessoas que tivessem habilidades e capacidades que eu não tinha era a única maneira de assegurar o crescimento e desenvolvimento do estúdio. Permitia-me oferecer mais aos clientes e delegar algumas das tarefas que eu lutava para desempenhar, possibilitando concentrar-me nas coisas que fazia melhor.

Isso nos leva à segunda regra do recrutamento criativo. Essa severa regra afirma que qualquer funcionário que seja bom vai sair. À primeira vista, isso não é bom: quem quer empregar pessoas, não importa quanto sejam talentosas, se elas vão acabar indo embora? Ainda assim, a ideia de talento que parte contém um benefício oculto, e esse benefício é que, como a saída do talento é inevitável, você fica obrigado a operar uma

---

é preciso dizer que não aceitamos sua recomendação, e, depois que ele nos mostrou um vídeo "instrucional" que usava as práticas corporativas da McDonald's como base, decidimos não contratar seus serviços.

perpétua procura por novos talentos. Empregadores e chefes de estúdios tendem a só entrevistar potenciais funcionários quando precisam. Isso demonstra miopia. Veja pessoas o tempo todo: veja todo designer que valha a pena e procure constantemente por gente boa. Se você fizer isso, vai reduzir em muito sua exposição, quando o inevitável ocorrer e membros-chave do seu pessoal deixarem a empresa.

A saída não desejada de pessoas-chave com frequência é traumática, mas não precisa ser permanentemente prejudicial. Lembre-se sempre de que você está em um dos mais ricos *pools* de talento do mundo moderno. Em nossa sociedade hipereducada, muita gente quer trabalhar nas indústrias criativas. As escolas de arte produzem um número recorde de graduados e isso significa que é pouco provável que haja falta de talentos – na verdade, existem em abundância. Pense grande, não tenha medo. Se você perder um membro-chave da equipe, há sempre alguém para substituí-lo.

Agora veja, não estou dizendo para ficar inerte e apenas esperar que o funcionário acabe saindo. Há muitas, muitas coisas que você pode fazer para reduzir esse risco, e é sensato fazê-las. Pode pagar melhores salários do que outros estúdios. Pode proporcionar melhores benefícios e condições de trabalho mais agradáveis. Pode oferecer ações da empresa a funcionários-chave. No início do funcionamento do estúdio, você não terá tempo para essas coisas, e mal vai conseguir considerá-las. Os benefícios fiscais devem ser planejados com cuidado e ser parte de um plano financeiro que englobe toda a empresa. Para isso, você vai precisar da ajuda de seu contador e seus passos deverão ser muito cuidadosos. Empregar pessoal é um pouco como ter filhos: de repente, você tem de se tornar menos egoísta.

Mas seu compromisso com o pessoal – especialmente com os designers – não termina nos assuntos fiscais. A coisa mais importante que se pode oferecer a um designer é bom trabalho. Isso vai eliminar muito desassossego, mesmo se algumas vezes significar que, como estúdio, você tenha de aceitar trabalho não lucrativo, mas que oferece aos designers a oportunidade de criar o tipo de trabalho que eles querem fazer.

Há outras coisas que você pode fazer para demonstrar seu compromisso com o pessoal. Por exemplo: algumas vezes é necessário apoiar um designer à custa de um cliente. Se o cliente está sendo pouco razoável, e se o designer fez tudo que podia para assegurar um resultado satisfatório, então você precisa apoiar o designer e se livrar do cliente. Fiz isso em algumas oportunidades e valeu a pena. Os designers reconhecem o sacrifício e retribuem o gesto com renovada energia e compromisso.[3] É claro que, nesses casos, você

3 Uma vez livrei-me de um cliente cujo comportamento em relação a uma de nossas designers era pouco razoável. Quando contei à designer o que tinha feito, ela

precisa ser cuidadoso, porque, se começar a largar clientes toda vez que eles aborrecerem um membro de sua equipe de designers, vai acabar fechando a empresa. Mas um mau cliente pode causar tanto prejuízo quanto um bom pode trazer benefícios. Saber quando dispensar um cliente é uma questão a ser julgada cuidadosamente.

Há alguma coisa menos drástica que você pode fazer para mostrar compromisso aos seus designers? Na Intro permitíamos que os designers tivessem créditos pessoais nos trabalhos que produziam, e nos certificávamos de que seus nomes fossem publicados quando o trabalho da empresa era abordado em revistas. Estimular designers a assinar seus trabalhos (o crédito seria: Design de John Smith, Intro) é contrário à prática convencional, que estabelece que você mantém seus designers escondidos. Você deveria sempre promover apenas a marca da firma e nunca permitir que os funcionários desenvolvam um perfil – eles podem ser "roubados" pela concorrência ou ficar muito convencidos. Mas, longe de estimular o "roubo" do designer ou seu convencimento, os créditos pessoais no trabalho e menções na imprensa especializada têm exatamente o efeito contrário. Criam lealdade e transparência. Com esse simples recurso, os designers conseguem o reconhecimento de seus pares e obtêm um sentimento de autoria pessoal, assim como têm alguma coisa tangível para mostrar às mães e aos amigos.

Essa política de estimular créditos pessoais tem de ser equilibrada pelo fato de que muitos grandes projetos de design são de autoria de várias pessoas; muitos indivíduos – designers e não designers – podem contribuir para o sucesso de um projeto (nesses casos, a assinatura no trabalho seria Design da Intro). Como precaução, conservei o direito de mudar um crédito se achasse que não era merecido. Na prática, nunca tive de fazer isso.

Isso me leva à terceira regra do recrutamento criativo. Foi um homem de negócios de sucesso, meu amigo, que me deu esse conselho. Como aquele que recebi de meu conhecido que não teve tanto êxito, esse parecia desprezar o senso comum. O que ele me disse foi: "As pessoas que querem ter seu próprio negócio são os melhores funcionários. Nunca tenha medo de empregar pessoas que, no final, querem começar seu próprio estúdio. Pense nisso", disse ele, "foi isso que você fez".[4]

---

me implorou para mudar de ideia e disse que, afinal de contas, não se incomodava que o cliente tornasse sua vida um inferno. Depois disso, sempre conversei com o designer antes de me livrar do cliente.

4 Meu conselheiro também me deu um outro pingo de sabedoria. Ele me disse para "empregar pessoas só quando forem casadas, com filhos e hipotecas – elas são mais confiáveis. É menos provável que causem problemas". Eu gosto de gente que causa problemas, por isso ignorei esse conselho.

Com certeza, as pessoas que querem começar seu próprio negócio vão deixá-lo em apuros assim que lhes convier, não é? Bom, pode ser. Mas a razão de este ser um bom conselho é que precisamos empregar pessoas competentes e ambiciosas (gente melhor do que nós). E, de qualquer maneira, na Intro tínhamos – desde o primeiro dia – uma política de entrevistar constantemente e procurar novos talentos, de modo que a substituição se tornava mais fácil.

Foi uma boa ideia instigar um programa regular de examinar portfólios. Veja duas ou três pessoas por mês. Você precisa ser franco com os entrevistados e dizer que concordou em vê-los porque está "planejando o futuro"; e precisa informar seus funcionários atuais, que podem se sentir ameaçados pela regularidade com que você examina o trabalho de outros designers, que é sua política examinar portfólios constantemente. É uma das maneiras pelas quais você pode evitar que seu estúdio se torne obsoleto.

Nos primeiros tempos da Intro (quando havia apenas quatro ou cinco de nós) fiz muitos trabalhos diferentes, de trocar lâmpadas a desentupir vasos sanitários. Fiquei acordado noites inteiras desenhando capas de discos para selos muito exigentes, que enviavam uma cópia às 9 horas da noite e queriam a arte da capa terminada doze horas depois. Fui até violentamente ameaçado por um limpador de janelas (menciono isso só para sublinhar que, ao começar uma empresa de design, você tem de fazer qualquer coisa e tudo – até lidar com limpadores de janelas inseguros). A maior parte dos estúdios de design começa assim: você faz tudo, até que possa pagar alguém para ajudar.

Mas como saber quando empregar mais funcionários? Isso é uma questão que merece um estudo cuidadoso. Você não quer empregar pessoas se não tiver trabalho para elas. Da mesma forma, não quer morrer de excesso de trabalho, ou perder oportunidades de aceitar novas e interessantes encomendas por não ter funcionários suficientes. Mais ainda, se fizer tudo (que é a coisa certa quando se começa), você não só ficará exausto, mas vai começar a produzir trabalhos abaixo do padrão e, inevitavelmente, perder clientes. Empregar gente nova em momentos-chave (mesmo se for apenas uma pessoa por ano) vai gerar crescimento e desenvolvimento: se não o fizer, na melhor das hipóteses, não terá gente suficiente para ajudá-lo a dirigir o estúdio e, na pior, correrá o risco de ficar permanentemente em ponto morto.

Nos primeiros dias da Intro, nossa política era apenas recrutar quando tínhamos um fluxo regular de trabalho garantido. Isso foi bom como política inicial, mas, como já observei, novos designers podem levar tempo para se adaptar, e essa estratégia teve sucesso apenas parcial. Depois de um tempo, quando nossa confiança cresceu e a situação financeira melhorou, contrataríamos funcionários *conforme antecipávamos essa necessidade*. Isso dava tempo aos novos funcionários de se adaptarem e significava que tínhamos um incentivo a mais para obter novos projetos.

É perigoso contratar novos funcionários sem cuidadoso planejamento financeiro e sem a absoluta certeza de que você vai gerar trabalho suficiente para eles. Minha sugestão é ser cauteloso, mas também corajoso. O que quer que você faça, faça alguma coisa.

Descobrindo talentos

Quando você entrevista um designer, está procurando três coisas: talento, adequação e potencial. Como descobrir essas qualidades? Estou tentado a dizer que, quando as vê, você as reconhece, mas isso parece um pouco informal demais. Ainda assim, a intuição – experiência – desempenha grande parte do papel. Talvez a melhor maneira de aprender a descobrir as qualidades de um indivíduo seja cometer alguns erros. Uma vez, uma escola de design britânica me pediu para montar um concurso e, num ataque de generosidade (estávamos indo bem), eu disse que também ofereceria emprego ao ganhador. Quando os resultados chegaram, havia dois trabalhos surpreendentes, era impossível escolher um. Vi-me às voltas com dois ganhadores. Entrevistei-os e acabei empregando os dois.

Um deles provou ser um indivíduo competente e talentoso, que ficou conosco por vários anos; o outro era um desastre e tivemos de despedi-lo no final da primeira semana. Eu fora seduzido pelo trabalho do designer (seu talento), e esqueci-me de avaliar adequadamente seu caráter (adequação e potencial). O que estou querendo dizer é: tenha cuidado ao empregar pessoas, e procure sinais além de seus portfólios. Peça referências aos empregadores anteriores, embora isso seja menos fácil no caso de recém-graduados, caso em que você precisa confiar na intuição. Nada afia mais seu julgamento do que um erro que lhe custou caro.[5]

Como podemos ver pelo exemplo acima, é essencial introduzir um período de experiência (em geral de três meses) para monitorar o desempenho de uma pessoa. Aqui estamos entrando nas areias movediças da lei trabalhista, em que todo cuidado é pouco. De modo geral, aderir à lei trabalhista significa nada mais do que fazer as coisas que, como

5 Já empreguei dúzias de designers, mas nenhuma vez levei em conta a qualificação acadêmica de um candidato. Podia considerar a escola que ele frequentou, mas não sou influenciado pela qualidade da graduação. Isso não quer dizer que outros empregadores não tenham em mente o *status* acadêmico, nem estou dizendo que não dou valor ao esforço que os estudantes fazem para obter um diploma. É só que eu sei que uma quantidade demasiado grande de bons designers se graduou a duras penas na escola de design, e sempre vale a pena olhar para além das notas acadêmicas.

empregadores responsáveis, gostaríamos de fazer. Elas variam de país para país, mas, em geral, e de modo correto, a legislação trabalhista apoia fortemente os direitos dos empregados. Assegure-se de que seus contratos de trabalho estejam absolutamente corretos e de que você obedece às leis de higiene e segurança.

Como você descobre talentos e se certifica de que encontrou a pessoa certa? Para encontrar pessoas que se encaixem, pode-se tentar fazer o mesmo que Bruce Mau – coloque em seu site um teste com quarenta trivialidades culturais e convide os candidatos a demonstrar que são adequados respondendo a tantas questões quantas puderem. Aqui estão algumas das perguntas que Mau fez: Qual é a diferença entre *oniguiri* e *sashimi*? Quem desenhou o logotipo da CNN? Que artista criou a Fundação Chinati em Marfa, Texas? Que texto de autoria de Guy Debord foi essencial para os eventos de maio de 1968?

Mas, na verdade, se você não o descobrir, ele o descobre. Pense nisso. Bons designers só se aproximam de bons estúdios: qualquer pessoa com talento só vai ser atraído por um estúdio ou firma com boa reputação. Se você tem boa reputação, o talento o encontrará.

Funcionários que não são de criação

Empregar funcionários que não são da área de criação (administradores, gerentes de estúdio, recepcionistas, gerentes de projeto, produtores, etc.) é exatamente como empregar funcionários de design. Você tem de escolher pessoas que gostem da cultura de seu estúdio, o que é muito mais fácil do que antigamente: agora que o design é visto como uma profissão mais glamorosa e desejável, os não designers ficam satisfeitos por trabalhar em estúdios de design.

Você só vai começar a pensar em empregar funcionários não criativos depois que tiver atingido um tamanho tal que sua carga de trabalho esteja ameaçando sufocá-lo, e quando se tornar economicamente viável empregar gente que, aparentemente, não gera renda. Foi uma surpresa descobrir que, quanto mais pessoas que não geravam renda contratávamos na Intro, mais nossos geradores de renda o faziam. No início, eu resistia em empregar não designers: não conseguia ver a lógica de empregar pessoas que não produziam renda. Com certeza isso reduziria nossos lucros, pensava. De fato, graças à visão de minha sócia, a maior eficácia decorrente de empregar talentosos e competentes funcionários de apoio significou maior produtividade (sem declínio da qualidade) e mais faturamento.

Provavelmente um escriturário deve ser seu primeiro funcionário não criativo. Depois disso, você pode pensar em algum tipo de gerente de produto, gerente de estúdio ou pessoa para a produção. Empregar alguém com habilidade para gerenciar projetos pode liberar designers de tarefas administrativas, de produção e financeiras. O modelo que tínhamos na Intro era baseado no modelo produtor/diretor comum em produção de filmes e animação. Não determinávamos um designer a um gerente de projeto, mas um gerente de projeto cuidava de dois ou três designers. Novamente, de início resisti a essa fórmula. Eu sempre tinha feito minha própria produção – lidava com gráficas, calculava os custos, negociava com clientes – e acreditava que, se os designers tivessem essa experiência, ficariam mais fortes. Ainda acredito que, no início da carreira, os designers se beneficiam se tiverem de cuidar de sua própria produção – mas é duvidoso que muitos deles sejam bons nisso, e os benefícios de designers trabalhando com gerentes de projeto são inquestionáveis.

Gerentes de projeto – ou um gerente do estúdio – devem controlar todas as questões da produção em relação a um trabalho (ajudando com apresentações, preparando os custos, negociando orçamentos, controlando a parte burocrática, fazendo a programação de acordo com outros trabalhos, monitorando o andamento, lidando com gráficas e outros fornecedores externos, faturando e lembrando-se de cobrar pelos extras – coisa que notoriamente os designers se esquecem de fazer). Essa também é uma boa forma de lidar com clientes difíceis. Os designers fazem papel de bonzinhos, os gerentes de projeto de mauzinhos. Os gerentes de projeto podem ter aquelas conversas difíceis com clientes sobre orçamentos, prazos estourados e encrencas com pagamentos, deixando os designers livres para falar sobre o projeto em questão.

Antigamente era muito difícil encontrar gerentes de projeto, mas hoje em dia há grande quantidade deles. À medida que a área de design cresce e as firmas de design proliferam, mais estúdios empregam os serviços de gerentes de projeto, e o *pool* de talentos com experiência cresceu. Os bons muitas vezes vêm de grandes grupos de design, nos quais foram bem treinados e onde ganharam experiência trabalhando em projetos de grande escala: ainda assim, talvez tenham sido frustrados pela natureza "corporativa" da vida em uma grande empresa de design.[6]

6 A ideia de oferecer escape a "refugiados" do inferno corporativo foi um dos meus princípios orientadores na Intro. Fazia questão de sempre entrevistar designers com *background* corporativo – eles invariavelmente eram indivíduos altamente competentes, disciplinados e, com frequência, morrendo de vontade de trabalhar em um ambiente mais expressivo e menos restritivo. Um período de tempo em um bom estúdio de design que produz trabalhos para clientes corporativos pode fornecer experiência incalculável para um jovem designer, fornecendo-lhe valiosas habilidades e disciplina.

As grandes empresas de design muitas vezes têm departamentos de atendimento, de que nunca fui fã. Com certeza há alguns bons, e sei que há clientes dispostos a pagar muito bem para ter um atendimento dedicado a cuidar deles, mas nunca fui adepto do conceito. Vi os problemas causados pelo atendimento quando lidei com agências de publicidade, onde esse departamento é poderoso. Trabalhei em projetos com equipes criativas em agências, e vi como o trabalho é enviado ao atendimento para ser apresentado ao cliente. Como eles não têm investimento pessoal no trabalho que apresentam, se o cliente não gosta do trabalho, não têm como defendê-lo: simplesmente o trazem de volta como um cachorro com um osso e o depositam aos pés da equipe de criação, dizendo "rejeitado". Comecei este livro sugerindo que os designers "se esforcem para ver o ponto de vista do cliente", o que não é a mesma coisa que ir para a cama com ele. Mas isso é o que o atendimento faz: sua lealdade se divide e raramente essa divisão é equilibrada – ela tende para o cliente.

O atendimento também tem o efeito de fazer os designers se sentirem deslocados do processo de design. O contato com o cliente é essencial se os designers quiserem fazer um trabalho significativo. Já notei como é benéfico para eles estarem afastados da responsabilidade direta de negociar com os clientes o preço e o prazo com a introdução de um bom gerente de projeto ou alguém da produção, mas, quando o designer perde o contato direto com o cliente, ele se torna menos eficaz e menos comprometido com o resultado.

A importância das recepcionistas

No local de trabalho moderno a noção de uma "recepcionista" é anacrônica, ligeiramente fora de moda. O executivo Ricardo Semler, que transformou sua empresa brasileira num anteprojeto de práticas de trabalho igualitárias e progressistas, escreveu:

> Não temos recepcionistas. Achamos que elas não são necessárias, a despeito de todos os nossos visitantes. Também não temos secretárias juniores ou seniores. Não acreditamos em sobrecarregar nossa folha de pagamentos com trabalhos insatisfatórios, sem perspectivas. Na Semco, todo mundo, mesmo os altos diretores, vão buscar os visitantes, vão à fotocopiadora, enviam faxes, digitam cartas e fazem telefonemas... Tudo isso faz parte de dirigir uma "empresa natural".[7]

7 Ricardo Semler, *Virando a própria mesa: uma história de sucesso empresarial made in Brazil* (Rio de Janeiro: Rocco, 1993), p. 261.

Na era do e-mail, telefones celulares e sofisticados sistemas de telefonia, eu diria que Semler tem razão em quase tudo. Mas há uma outra consideração. Com a pessoa adequada encarregada da "frente da casa", a capacidade do estúdio de lidar com seus clientes, visitantes e pedidos de informação aumenta significativamente. Pense quantas vezes você telefonou para uma loja, ou para o mecânico, ou para uma empresa de serviços e recebeu uma resposta malcriada. Como sua opinião sobre aquela empresa mudou depois disso?

Responder ao telefone rapidamente e de maneira simpática é essencial em qualquer empresa de serviços. Dar boas-vindas aos visitantes do estúdio e organizar a hospitalidade básica é importante (de fato, os funcionários criativos também podem fazer isso, mas em geral ainda estão acabando a apresentação que o cliente veio ver). Mas não é só para atender o telefone e cuidar dos visitantes que as recepcionistas são importantes: também é essencial haver alguém atuando como uma sentinela simpática para lidar com vendedores agressivos de fotocopiadoras e estudantes tímidos à procura de emprego. Acredito muito nos benefícios fora de moda que traz uma boa recepcionista. Trabalhei com muitas ao longo dos anos, e as boas sempre acrescentaram algo quantificável à maneira como o estúdio cuidava de seus clientes e funcionários.

Em que estágio você decide que precisa de uma recepcionista? Não há uma regra definida, mas pense da seguinte forma: como a maior parte dos papéis, você pode desempenhar esse sozinho ou compartilhar a tarefa com os outros, mas o telefonema não respondido ou mal atendido é tão eficaz quanto uma mensagem gravada dizendo: "Não queremos atendê-lo". Por isso é preciso pensar em recrutar uma recepcionista quando estiver gerando telefonemas suficientes para tornar essencial que você os transforme em trabalhos aceitos.

Aumentar o pessoal altera a dinâmica de uma empresa. Pode fazer com que você trabalhe mais, mas também amplia suas despesas tornando imperativo aumentar o volume de negócios. Isso pode significar perder um pouco de liberdade: a liberdade de rejeitar trabalhos maçantes. Todos esses fatores precisam ser considerados quando se decide aumentar o pessoal. Mas lembre-se: não adicionar talentos vai resultar em estagnação em algum momento no futuro, e novos talentos enriquecem o *pool* de genes do estúdio.

Filosofia

Além de pessoal bom – e bom trabalho –, os estúdios precisam ter uma filosofia, alguma coisa em que possam acreditar. E precisam também ter uma base ética sobre a qual operar. Na prática, isso em geral significa que os designers têm uma "filosofia criativa" apoiada por uma "ética profissional" – embora, quando se tratar de ser um designer gráfico em pleno exercício da profissão, as duas coisas estejam entrelaçadas.

A filosofia da Intro era de sempre fazer um trabalho excelente, independentemente do tamanho do orçamento. Dissemos a nós mesmos que não havia uma coisa chamada trabalho malfeito. Acreditávamos que todo trabalho tinha o potencial de ser uma oportunidade de acrescentar uma belíssima peça ao nosso portfólio, e também que belos trabalhos sempre são notados, e os que são notados levam a outros, melhores. Significava que fazíamos o trabalho de orçamento pequeno com o mesmo entusiasmo e compromisso que aplicávamos aos de orçamento grande, porque sabíamos que os primeiros (de qualquer modo eles nos ofereciam maior liberdade) eram o nosso passaporte para trabalhos maiores e melhores.

Também permitíamos que nossos designers perseguissem suas próprias visões criativas – não impúnhamos a eles uma camisa de força do estúdio. Em outras palavras, não havia estilo da casa. Os designers eram livres para, criativamente, serem eles mesmos, com apenas uma ressalva: devia haver clientes que quisessem o que eles faziam. Essa filosofia tornou a Intro difícil de promover. Nem sempre era fácil solicitar novos trabalhos com tantas vozes conceituais e estilísticas em oferta. Eu muitas vezes olhava para estúdios e indivíduos com um estilo consistente e os invejava. Com certeza a vida deles era muito mais fácil que a nossa, pensava. Conosco, os clientes não tinham certeza do que estávamos oferecendo, embora, devo acrescentar, alguns clientes gostassem muito disso.

Aqui estava um exemplo de uma filosofia criativa combinada a uma postura ética. Estimulando nossos designers a "serem eles mesmos", conseguíamos um design impressionante e pessoal e, ao mesmo tempo, permitíamos que os designers se sentissem liberados e respeitados por aquilo que faziam melhor. Essa noção de respeito, bem como o máximo de liberdade a cada indivíduo, estendia-se ao pessoal não criativo. Era fundamental à forma como abordávamos a vida criativa e de negócios e estava entremeada ao espírito da empresa.

É certo que há outros tipos de "filosofia" e outros tipos de ética. Muitos designers acreditam em escolas de design que vêm com noções inerentes de conduta ética. O modernismo, por exemplo, com seu alto tom moral de racionalidade e veracidade; "design de protesto", com sua função de campanhas e política; "design para o bem social", com sua rejeição de motivos puramente financeiros em favor do design que beneficia a sociedade. Outros acreditam em práticas de design sustentáveis: temas "verdes", como o uso de materiais reciclados para impressão e evitar design que apenas contribui para aumentar aterros sanitários,[8] estão preocupando os designers cada vez mais. Sei de designers que acreditam apaixonadamente nos méritos participativos e democratizadores do design digital interativo. E sei de designers que carregam uma espada para manter os padrões estéticos no design.

Além de pessoal bom – e fazendo bom trabalho –, os estúdios precisam ter uma filosofia: precisam ter alguma coisa em que possam acreditar criativamente, e precisam ter uma base ética sobre a qual operar como empresa. Trabalhei para uma pessoa que me disse que, se o orçamento fosse baixo, o cliente receberia trabalho de baixo padrão. Disse-me ela que, se o cliente pagara por um dia de meu tempo, isso era tudo que receberia. Eu era jovem e inexperiente, mas sabia que essa filosofia estava errada. Podia ter a horrível lógica do mercado, mas não era uma receita para o sucesso. Minha filosofia criativa sempre foi fazer bons trabalhos, independentemente do tamanho do orçamento. Digo a mim mesmo que um mau trabalho não existe. Essa "filosofia" tem um vergonhoso aspecto comercial. Ela vem de uma convicção de que trabalhos benfeitos sempre são notados, e trabalhos que são notados levam a mais e melhores pedidos. Na prática, significa que você tem de fazer os trabalhos de orçamento baixo com o mesmo entusiasmo e comprometimento que aplica a trabalhos de orçamentos altos: isso ofende contadores e pessoas como meu antigo empregador, mas se torna mais fácil pelo fato de que os trabalhos de orçamento baixo muitas vezes são mais interessantes do que os de orçamento alto, que, em geral, chegam com grande pressão e geram ansiedade.

Já falei sobre os méritos de dar aos designers (quando apropriado) créditos individuais no design. Isso é parte da mesma filosofia da autoria e de reconhecer talentos individuais. Em outras palavras, quanto mais se permitir que cada indivíduo seja um indivíduo, mais forte se torna a dinâmica de grupo. Essa noção foi fundamental para o modo como abordamos a vida criativa e profissional e estava no espírito da empresa.

Muitos designers têm proibições éticas sobre trabalhar para fabricantes de cigarros ou empresas petrolíferas. Outros se preocupam com o papel do designer na sociedade

---

8 Os CDs não são biodegradáveis. Os estúdios de design usam grandes quantidades desses discos prateados. Jogando-os em aterros sanitários, estamos criando problemas para nossos netos. Há firmas que usam CDs descartados com o propósito de reciclá-los. Seus endereços podem facilmente ser encontrados na internet. Um relatório recente oferecia uma nota de otimismo: "A Sanyo Electric desenvolveu um disco ótico baseado em um polímero derivado do milho que, diz a empresa, é tão sólido como os discos de plástico atuais, mas se biodegrada quando jogado fora". Martyn Williams, em *IDG News Service*, outubro de 2003.

moderna, que, cada vez mais, se submete à cultura consumista. O escritor Steven Heller investiga esses assuntos em seu trabalho *Citizen Designer* [Cidadão designer]. Na introdução ele identifica um dos problemas fundamentais que os designers enfrentam:

> Os designers talentosos estão predispostos a criar trabalhos de bela aparência. Ensinam-nos a casar o tipo e a imagem para fazer composições agradáveis e eficazes, que atraem os olhos e excitam os sentidos. Faça isso bem, dizem-nos, e as boas encomendas serão muitas; faça malfeito e produziremos *junk mail* pelo resto da vida. Entretanto, ser o que este livro chama de "cidadão designer" requer mais do que talento. Como [Milton] Glaser nota, a chave é fazer perguntas, pois as respostas vão resultar em decisões responsáveis. Sem responsabilidade, é fácil demais que o talento seja desperdiçado.[9]

Há inúmeras maneiras pelas quais podemos, como designers, agir com responsabilidade: o modo como tratamos nosso pessoal, o modo como tratamos nossos clientes, o modo como tratamos nossos fornecedores e colaboradores e o modo como nos conduzimos como estúdios ou indivíduos. Hoje, mesmo as grandes corporações estão abraçando a conduta ética por meio de declarações de responsabilidade social. É fácil ser cínico sobre esse desenvolvimento na vida corporativa, que só serve para demonstrar que temos de ser genuínos a respeito de nossos esforços. E também temos de estar preparados para defendê-los e não os descartar na primeira oportunidade. É preciso que acreditemos em alguma coisa e essa coisa tem de ser genuína; e tem de ser algo pelo que possamos ser mensurados, em primeiro lugar por nós mesmos e, depois, pelos outros. Não devemos nos amedrontar ao promulgar nossas crenças. As pessoas respeitam princípios, especialmente num mundo em que eles estão se tornando extremamente raros.

Angela Lorenz

Angela Lorenz vive e mora em Berlim. Teve uma educação em design pouco convencional, indo diretamente da escola secundária para a vida profissional, na qual adquiriu uma base meticulosa em técnicas de reprodução e o domínio da tecnologia digital. Ela colocou esse treinamento prematuro para funcionar. Desenvolveu uma "estética digital" altamente distintiva, o que torna seus trabalhos inigualáveis. Influenciada pelas possibilidades do

9 Steven Heller & Veronique Vienne (orgs.), *Citizen Designer: Perspectives on Design Responsibility* (Nova York: Allworth, 2003), p. 131.

design generativo e as técnicas da produção musical digital, os trabalhos de Lorenz vão do design impresso ao design para visualização em telas, programação e apresentações visuais vivas para concertos de música eletrônica. Lorenz trabalha principalmente para uma pequena comunidade de selos de música eletrônica, a mais famosa das quais é a berlinense Kitty-Yo. Embora seja firmemente independente e trabalhe só, é colaboradora entusiasmada em projetos de design com outros designers e músicos de todo o mundo.

www.alorenz.net

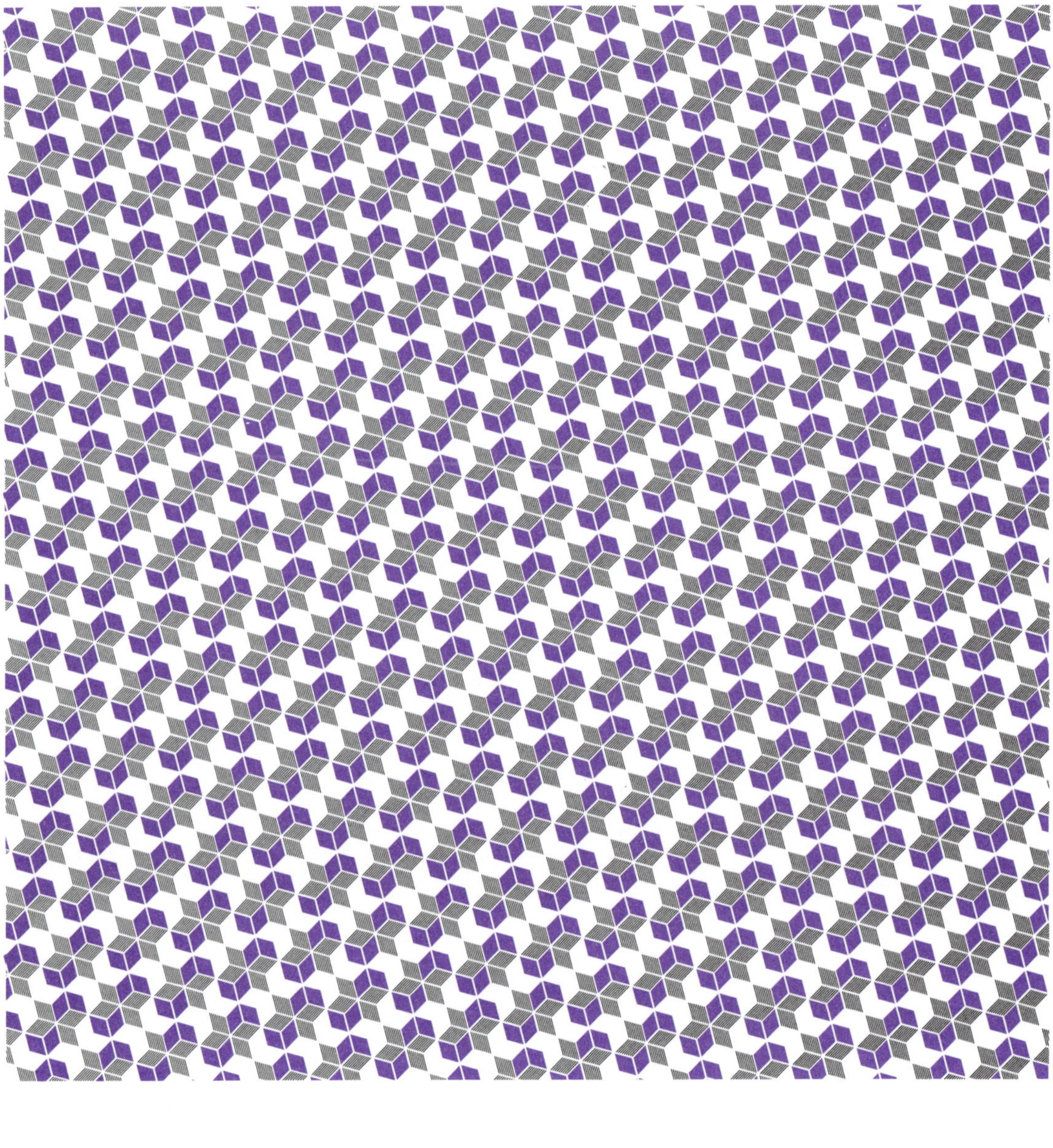

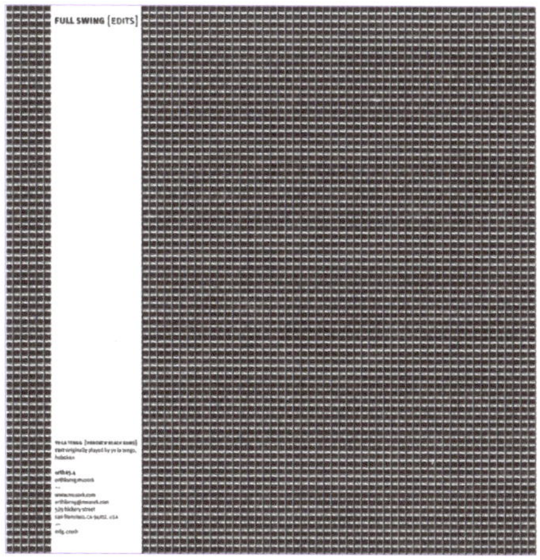

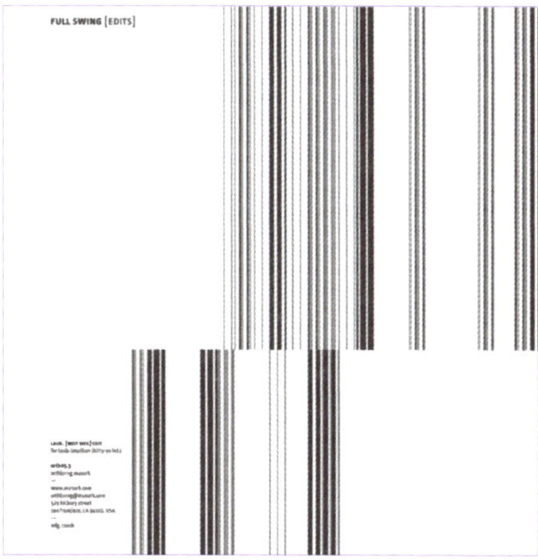

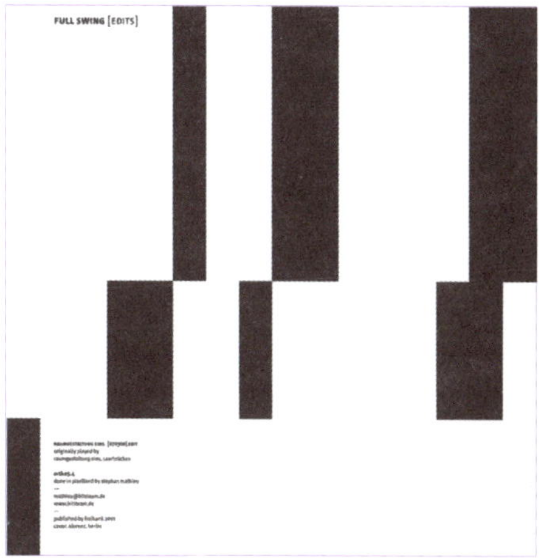

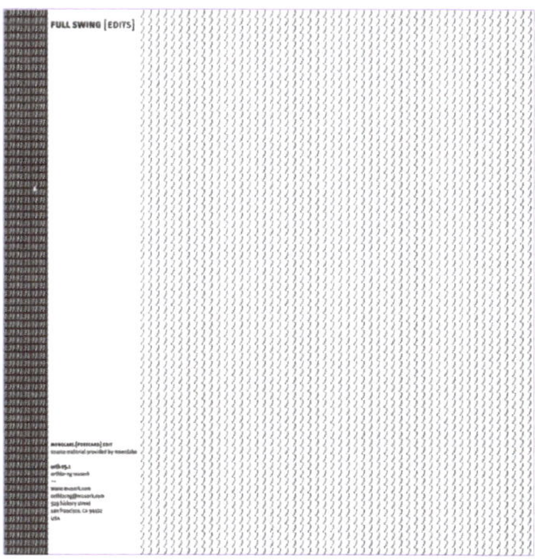

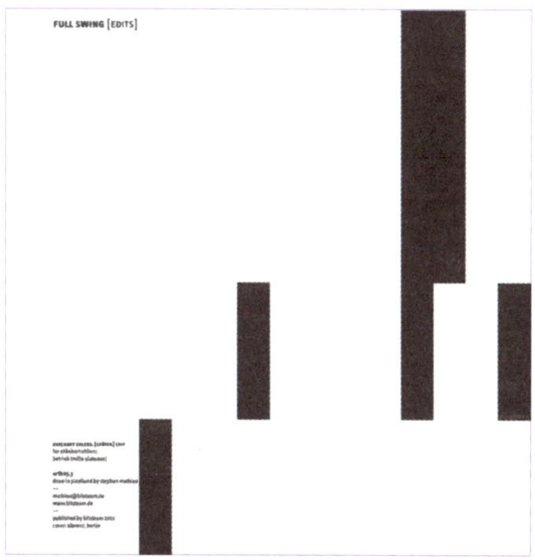

Design de Angela Lorenz
Cortesia de Angela Lorenz

entrevista Angela Lorenz

AS Quando você decidiu tornar-se designer?

AL Eu não tinha uma ideia muito clara do que isso significava, ou como chegar lá na prática, até que basicamente já era designer. Enquanto ainda frequentava a escola, estava fascinada pela linguagem como sistema ou código e, particularmente, com a linguagem escrita. Ao mesmo tempo, eu sabia que era boa em arte, mas a ideia de ir à escola de arte me assustava muitíssimo. Assim, achei que a indústria gráfica poderia estar entre um e outro campo e esse seria um bom caminho a trilhar – composição ou impressão me pareciam mais úteis e mais razoáveis do que "me tornar uma designer".

Mas tudo isso ficou como um monte de ideias vagas até os 15, 16 anos: naquela época, minha escola organizou um estágio curto de trabalho para todos os alunos, num esforço para colocar-nos em contato com o mundo real. Por pura sorte fui parar em uma oficina gráfica, onde me dei conta de que era realmente possível, na prática, divertir-se com máquinas impressoras e câmeras repro e, ao mesmo tempo, ganhar a vida. Não me lembro de ter feito qualquer composição lá, mas estou certa de que eles faziam isso também. De qualquer forma, depois disso continuei naquela direção: achei um trabalho de meio período em fotocomposição, trabalhei em um jornal e finalmente comecei a trabalhar em pré-impressão; durante todo aquele tempo aceitei trabalhos de design em paralelo, mas foi pouco a pouco que isso se desenvolveu para acabar se tornando uma profissão "real".

AS Você não foi à escola de arte. Pode falar a respeito de sua "educação" em design?

AL Comecei a trabalhar em um jornal experimental local, *Scheinschlag,* depois que saí da escola. Foi lá que aprendi montes de coisas básicas sobre tecnologia e organização. Sem dúvida aprendi muito sobre design naquele tempo também, mas realmente não chamaria isso de educação. Era uma mistura de aprender fazendo, ler sobre as coisas e aprender com os outros. Trabalhei lá por dois anos e, quando saí, continuei trabalhando com algumas pessoas que encontrara lá. Fizemos o design e a produção de um outro jornal, pôsteres, capas de discos, e acho que aprendi muito naquele tempo também – ainda me lembro como uma delas me telefonou um dia só para me dizer que tinha sacado o que as teclas *alt* + *tab* fazem no QuarkXPress.

Mais ou menos na mesma época assumi um emprego de meio período em pré-impressão, em que fiquei por seis anos. As pessoas lá me apoiavam muito e aprendi montes de coisas que, de outra forma, jamais teria aprendido – arrumar erros no postscript e cabear redes, a procurar quantos tipos de Futura Ultra Bold realmente existem. Com tudo isso, não posso realmente dizer onde e quando minha "educação" terminou e o "trabalho" começou – como para a maior parte dos "autodidatas", provavelmente não há uma linha divisória clara.

AS Alguma vez você desejou ter tido uma educação formal? Seu trabalho seria diferente se você a tivesse tido?

AL Não estou certa se meu trabalho seria tão diferente assim, mas certamente pareceria diferente. Há muitas tecnologias que nunca aprendi a usar – não consigo desenhar uma fonte para texto, não tenho nem as ferramentas nem o conhecimento para fazer litografias ou xilogravuras ou filmes 8 mm, e minhas tentativas em caligrafia são absolutamente ridículas. Por outro lado, duvido que haja muitos designers formados que tocaram numa lito depois que se graduaram, de modo que não estou certa de que a diferença prática seja realmente grande. Também aprendi uma porção de coisas ao longo do tempo – sobretudo por trabalhar em pré-impressão – que provavelmente nunca teria aprendido na escola. Algumas vezes penso que gostaria de ter tido uma educação "real", mas então ela seria ou ciências da computação ou legislação civil, decerto não design. Se eu tivesse, por puro acaso, caído em algum programa de design, estou certa de que só o teria odiado. Seria divertido poder mexer com aqueles brinquedinhos, mas, fora isso, estou segura de que ficaria entediada, infeliz e seria uma chatice para todo mundo.

AS Você vive e trabalha em Berlim, mas seu trabalho não apresenta um senso de lugar óbvio. Pode falar a esse respeito?

AL Por que razão ele teria um "senso de lugar óbvio"? Vivo aqui porque minha família se mudou para cá quando eu era criança – ou seja, por coincidência. Não tenho nada a ver com isso, nem meu trabalho. Pode me chamar de "designer berlinense" se quiser, mas acho isso tão significativo como chamar alguém de "designer vegetariano" (ou seria essa a próxima tendência, talvez, agora que "mulheres designers" não são mais assunto de polêmica?). Mas, falando sério, a cena musical com que estou envolvida – pelo menos a parte interessante dela, música eletrônica experimental – simplesmente não é local. Muito pelo contrário. Ninguém liga para o lugar onde as pessoas vivem, desde que respondam seus e-mails. As duas colaborações mais importantes que aceitei nos últimos dois anos foram com um designer em Belfast e com um músico em Saarbrücken. Seria difícil para mim precisar exatamente onde o trabalho "se realizou" nos dois casos. Talvez dentro de uma linha telefônica? Na realidade, faço questão de ter o lugar (ou lugares) em que trabalhei em alguma coisa listado nos créditos. Talvez em quinhentos anos isso ajude alguém a seguir a pista do desenvolvimento da música eletrônica na antiguidade em que vivemos.

AS Embora colabore com músicos e, ocasionalmente, com outros designers, você escolheu trabalhar sozinha. Por quê? Alguma vez ficou tentada a empregar um assistente ou abrir um estúdio?

AL Nada de estúdio para mim, muito obrigada. No momento tenho trabalho suficiente para manter-me ocupada, e, no caso de aceitar um trabalho que seja demais para uma só pessoa, há inúmeros freelancers com quem eu adoraria trabalhar. Até agora tive muitas experiências boas com colaborações baseadas em projetos, tanto de curto como de longo prazo, e, ao olhar para as complicações que os outros têm com suas empresas, fico realmente feliz por não ter de lidar com isso. De qualquer modo, para que ia querer um estúdio? O mundo realmente precisa de outra empresa de design? Será que o conceito inteiro não está um pouco superestimado? Algumas vezes me parece que o único benefício é que você escolhe um nome boboca para o estúdio e coloca um "gepone" no cartão de visitas. Eu nem tenho cartão de visitas, então que vantagem teria?

AS Por que você trabalha na cena da música eletrônica?

AL Era nela que eu estava interessada. Na verdade, meu principal interesse era (e ainda é) música experimental, não música eletrônica *per se*, mas grande parte dela se tornou eletrônica durante os anos 1990. É difícil precisar onde e quando isso realmente começou, mas ao longo do tempo começou a se desenvolver... o músico A lança na gravadora B, que por sua vez me pede para fazer alguma coisa para C, que me recomenda para D, e assim por diante. Estou muito satisfeita por ter resultado nisso – mesmo que algumas vezes seja um pouco unilateral, é ótimo poder trabalhar com pessoas que fazem coisas de que tanto o cliente como o designer realmente gostam, e que são novas para eles e também para mim. É um plano totalmente diferente de fazer embalagem de iogurte, por exemplo: você tem de começar do zero com cada novo lançamento, não há "aparência padrão", e no design para música você sempre tem uma tarefa que é muito clara e concreta. Essa é uma das coisas de que realmente gosto – quase não há essa lenga-lenga sobre "público-alvo" e coisas assim em música experimental; tudo gira em torno do que está na música.

AS Como você se arranja com o lado burocrático do designer? Você recebeu algum treinamento em administração?

AL Não. Mas tenho sorte, porque tenho um excelente consultor fiscal. Felizmente aqui, na Alemanha, não é muito complicado dirigir um negócio pequeno como o meu – desde que você não ganhe demais e não tenha nenhum funcionário (ou sócio), nem é considerado negócio, de modo que a escrituração e coisas assim são relativamente simples. Ainda assim, não sei o que teria feito sem auxílio profissional – quando contratei meu consultor fiscal, eu estava pensando que ele cobrava muito, mas é o melhor investimento que já fiz. Acredite ou não, a legislação fiscal pode ser um assunto interessante, se você tiver a pessoa certa para explicá-la, e, depois que sentir que sabe mais ou menos o que está fazendo, quase pode ser divertido.

De qualquer modo, não sei quanto qualquer treinamento administrativo teria me ajudado nos casos mais difíceis que encontrei nos últimos dois anos – quando um cliente vai à falência, ele está falido, e não há nada que você possa fazer a respeito. Por sorte, a cena da música eletrônica não é muito grande, de modo que a maior parte das pessoas tende a comportar-se de modo razoável – a maior parte do tempo sinto-me segura simplesmente usando o bom senso.

AS Você está interessada em trabalhar com empresas maiores, em projetos maiores, com orçamentos maiores?

AL Eu gostaria de orçamentos maiores, é claro, ou projetos maiores... mas, quando falamos de grandes empresas, em minha limitada experiência parece haver uma correlação entre tamanho de um lado e confusão, desinteresse e tédio do outro. Quando trabalho para um indivíduo ou para uma empresa pequena, seja um músico, ou um pintor ou um sapateiro, eles em geral estão muito enfronhados no que quer que seja que estejam fazendo, é claro, porque é o trabalho deles. Para alguém que faz marketing para a marca X da empresa Y, esse tipo de interesse é raro.

AS Qual é a coisa mais difícil e qual é a melhor para um designer gráfico?

AL 1. Fazer um excelente trabalho, mas para a pessoa errada. 2. Recusar trabalhar para alguém e perceber que você estava certo.

capítulo 6

Conseguindo novos trabalhos

"Eu sempre preciso de mais trabalho, e por que é sempre outra pessoa que consegue os trabalhos bons?"

Existe mais design gráfico do que jamais houve antes, e a demanda cresce constantemente. É verdade que há declínios ocasionais na economia, que se abrem como alçapões invisíveis exatamente quando pensamos que estamos indo bem. Essas periódicas baixas econômicas significam que o trabalho para designers se torna escasso e, se nossas despesas forem excessivas, podemos ser prejudicados. Mas, quando por fim a demanda cresce, em geral passa a um nível superior. Todo mundo precisa de design gráfico, ou assim parece.

O mundo está literalmente "coberto por design gráfico". Estou escrevendo estas palavras em Ardèche, um remoto distrito rural, a três horas de Lyon. Em torno de mim há trilhas para caminhadas que levam às colinas cobertas de vegetação. É extraordinário que cada trilha tem um sinal com design bem bolado que diz aos caminhantes para onde leva a trilha e a distância até a aldeia mais próxima. Os sinais são impressos com uma boa definição, tão boa quanto a dos que você encontra em qualquer shopping center ou aeroporto e desenhados por um designer gráfico profissional que os fez eficazes e atraentes (Helvetica Rounded – simpática e legível). Parece que até no campo precisamos de design gráfico.

Ainda assim, a despeito da ubiquidade do design gráfico, os designers raramente têm trabalho suficiente que lhes permita sentir-se confortáveis e, mais raramente ainda, têm o suficiente do tipo certo de trabalho. É comum que grupos de design não tenham ideia do que estarão fazendo dentro de três ou seis meses. Paradoxalmente, quando mais precisamos de trabalho, ele sempre parece estar mais escasso. A busca por novos e melhores trabalhos nunca termina. Como nota Dorothy Goslett: "Essa será a principal batalha de toda sua... carreira: não só encontrar clientes para começar, mas a todo momento encontrar clientes para continuar. É uma batalha que tem de ser empreendida incessantemente, até que você se aposente e que nunca vai lhe permitir descansar sobre os louros".

Mas os designers estão bem preparados para encontrar novos trabalhos? Raramente nos ensinam alguma coisa a respeito na escola de design, e poucos de nós recebemos o treinamento, por exemplo, do supervendedor de fotocopiadoras de olhos brilhantes que lhe vendeu aquela máquina grande demais, subutilizada, que está no canto de seu estúdio, piscando com malevolência. Por sorte, o treinamento recebido pelo vendedor de fotocopiadoras não seria muito útil para o designer, portanto não estamos perdendo grande coisa. De fato, a maior parte das estratégias de venda modernas é quase inútil na esfera do design. Quando se trata de encontrar novos clientes e conseguir novos trabalhos para designers, o telemarketing, a maior parte das formas de mala direta e o onipresente *spam* pelo e-mail são imprecisos, intrusivos e antieconômicos.

Vender design não é como vender outros serviços, isso seria fácil demais. Com certeza, é perfeitamente possível adotar as técnicas usadas pelo vendedor de fotocopiadoras, mas, se você quiser fazer trabalhos significativos, então tem de se "vender" com integridade e precisão.

Quando os clientes escolhem um designer, em geral há um elemento de subjetividade – de gosto pessoal – no processo de seleção. Para todo mundo, com exceção das pessoas mais grosseiras, escolher um designer e encomendar um trabalho é um ato de compromisso pessoal com fortes implicações emocionais. Pode-se argumentar que isso é verdade para qualquer serviço que envolva a contratação de um indivíduo ou de um grupo de indivíduos: quando contratamos um encanador, por exemplo, queremos alguém que seja eficiente e que trabalhe por um preço razoável – e daríamos preferência a um indivíduo agradável em lugar de um desagradável –, mas não baseamos a decisão em fatores emocionais. Considerações banais sobre preços e a logística da produção, tudo isso desempenha determinado papel na decisão de escolher um designer, mas, inegavelmente, há um elemento de gosto pessoal e de comprometimento emocional. Há um senso de que o design tem algo a ver com a alma.

Design de Dieter Heil
Cortesia da Batsford Limited

Uma vez tive um cliente que ilustrou esse ponto. Ele tinha me encomendado a produção de uma nova identidade para sua empresa. Quando o trabalho estava pronto, ele me telefonou para dizer que estava satisfeito com o resultado. Listou os vários benefícios da nova identidade para o negócio, como os via, e depois acrescentou: "De qualquer modo, o que temos agora é bom para a alma". Ele não era um sujeito particularmente filosófico. Era apenas um empresário inteligente que via benefícios em um bom design, benefícios esses que não podiam ser mensurados no balanço anual.

Mas, a despeito de reconhecer os fatores emocionais e pessoais na venda de design, ainda temos de encontrar novos trabalhos. Mesmo quando a economia está em crescimento, isso nunca é fácil. E é particularmente difícil hoje, quando o comprador é quase sempre rei. Como os escritores de livros de negócios Jonas Ridderstrale e Kjelle Nordstrom declaram em sua obra *Funky business: talento movimenta capitais*:

> Na sociedade do excedente, o cliente é mais do que rei: o cliente é a mãe de todos os ditadores. E desta vez é real. Se o cliente fala, você tem de pular alto e bem depressa. O cliente quer produtos cor de laranja com bolinhas roxas. O cliente os

quer hoje, nas ilhas Fiji. Você tem de dançar conforme a música, senão logo não terá mais negócios.[1]

As grandes firmas de design têm fundos para usar todas as estratégias de venda e de marketing. Organizam seminários, fazem conferências, publicam pesquisas – fala-se delas na imprensa de negócios em lugar da imprensa de design (o tipo de cliente que os grandes grupos de design querem não lê a imprensa de design) – e mantêm sites cheios de bossa. Nós, os restantes, temos de nos apoiar em métodos menos sofisticados. Podemos ter um folheto sobre o estúdio e um site modesto. De tempos em tempos (em geral quando não temos trabalho), enviamos boletins informativos por e-mail, e ocasionalmente enviamos um *mailing* chamativo. Participamos de concursos de design esperando conseguir acrescentar a palavra "premiado" a um trabalho de que gostamos. Enviamos à imprensa projetos de design esperando atrair a atenção da mídia. E ocasionalmente atualizamos e embelezamos nosso portfólio e telefonamos a clientes existentes ou potenciais perguntando a eles se podemos lhes mostrar nossos últimos trabalhos; em geral, fazemos isso quando estamos sem trabalho – em outras palavras, quando é tarde demais.

Mas, independentemente de nossos melhores esforços – sofisticados ou não –, uma enorme proporção de oportunidades de novos trabalhos para designers é criada por uma dessas duas maneiras: boca a boca ou encontros casuais na nossa rede de contatos profissional e social. Em outras palavras, conseguimos o máximo de nosso trabalho de pessoas que ouviram coisas boas a nosso respeito e dos contatos com amigos e associados.

Mas não me entenda mal: não estou defendendo ficar apenas sentado e esperando que os trabalhos entrem pela janela. Isso não vai acontecer. Você tem de tirar o traseiro da cadeira e abrir a janela. Tem de trabalhar incessantemente para explorar cada dica, cada conexão e cada oportunidade que apareça. Se não o fizer, não terá trabalho suficiente para mantê-lo ocupado e vai acabar falindo. O que estou dizendo é que as atividades de venda mais tradicionais são quase inúteis no campo do design: e que você tem de usar outros métodos mais sutis.[2] O ilustrador Peter Stemmler, da Quickhoney, faz um *mailing* de novos

---

1 Jonas Ridderstrale & Kjelle Nordstrom, *Funky Business* (Harlow: Pearson Education, 2002), p. 123.

2 Recentemente fui repreendido por um correspondente do jornal britânico *Design Week* por fazer comentários depreciativos sobre as "técnicas de venda tradicionais" no contexto do design. O autor disse que, embora a maior parte das práticas de venda tenha má reputação, se executadas adequadamente elas poderiam ter sucesso. Não tenho objeções ao uso de técnicas de venda tradicionais: escrever cartas bem redigidas, preparar abordagens bem direcionadas para clientes em potencial pode ser eficaz, se isso for feito da maneira correta. Mas fazê-lo do modo

trabalhos cerca de duas vezes por ano e, ainda assim, a maior parte de seu trabalho vem de pessoas com quem ele trabalhou por vários anos, pessoas que mudaram de empresa e levaram Stemmler com elas. Embora a maior parte do trabalho de Stemmler venha de gente que ele conhece, note que ele faz *mailings* promocionais. Na verdade, temos de fazer as duas coisas: temos de usar cada caminho (*mailings*, cobertura da mídia, prêmios) para fazer com que nosso trabalho seja notado, e precisamos procurar ininterruptamente por oportunidades, por meio de nossos contatos e conexões.

Você vai saber que sua nova atividade profissional está funcionando quando clientes em potencial começarem a telefonar. Uma chamada de um cliente em potencial com um convite para uma reunião ou, melhor que tudo, um belo projeto e um pouco de dinheiro no bolso, é esse o objetivo da nova atividade. Quando você está telefonando para todo mundo, está em séria desvantagem competitiva. Mas como atrair esses telefonemas? Bem, fazendo excelentes trabalhos o tempo todo; adquirindo, ao longo do tempo, uma boa reputação como um estúdio ou indivíduo talentoso; e explorando, sem nenhum acanhamento, a química das relações humanas.

Pessoa dedicada a prospectar clientes

Nunca encontrei um designer com estúdio que não quisesse encontrar alguém para ajudá-lo no trabalho repetitivo e maçante de prospectar novos clientes. Infelizmente, bons funcionários para caçar novos clientes são raros, por isso a maior parte dos designers tem de ser seu próprio "departamento de prospecção de clientes". Com frequência, eles são bons nisso, muito melhores do que pensam. O problema é que se trata de um trabalho de período integral e, como diretor de uma nascente firma de design, você também tem de criar design, para não mencionar infinitas tarefas administrativas.

Há dois tipos de pessoas para prospectar clientes. O primeiro é o "marcador de reuniões", que, de hábito, é um indivíduo charmoso, de jeito simpático, capaz de pesquisas inteligentes e diligentes, com talento para persuadir potenciais clientes a concordar com uma reunião. O "marcador de reuniões" muitas vezes trabalha meio período, e também pode desempenhar outras funções administrativas no estúdio. O outro tipo de pessoa para prospectar clientes é mais fácil de reconhecer. É um indivíduo que sabe falar bem diante das pessoas. Realmente, não há maneira melhor de obter trabalho do que por meio de reuniões cara a cara.

adequado leva tempo e dinheiro e são necessárias habilidades que raramente o designer gráfico médio possui.

É claro que você tem de estar seguro de que quem representa sua empresa é o tipo de pessoa que você quer que a represente. É aí que a coisa se torna difícil: esta é a razão pela qual tantas boas empresas de design não conseguem encontrar um funcionário para prospectar clientes. Os diretores das empresas de design invariavelmente imaginam que eles são os únicos que podem representar sua companhia. Mas, encontrando a pessoa certa, será perfeitamente possível ter alguém representando sua firma com eficácia. Se fizer isso da maneira certa, você vai aumentar enormemente a quantidade de trabalho gerado. Por isso, é uma excelente ideia encontrar alguém para ajudar a obter novos trabalhos. O primeiro erro que a maioria comete é pagar esse profissional por comissão. Não faça isso. Se você o pagar por comissão, ele vai ficar muito chateado quando trouxer um projeto e você o rejeitar por não ser a coisa certa para você ou porque não consegue encaixá-lo no cronograma de trabalho. Mais que isso: no princípio, não se pode esperar desses funcionários que façam mais do que conseguir colocá-lo em listas de *pitch*. Isso é bom: sem o encarregado de prospectar clientes, você não estaria na lista de *pitch*. Mas o que acontece se você entrar no *pitch* e não conseguir o *job*? A pessoa para prospectar clientes ainda receberá comissão? Claro que não, mas, ainda assim, ela desempenhou seu papel e é justo que espere uma compensação. Afinal, não foi ela que perdeu o *pitch*, foi você.

Um bom funcionário para prospectar clientes precisa ser parte da equipe, compartilhando os altos e baixos do sucesso e do fracasso, precisa ser parte da cultura de seu estúdio. Precisa gostar de design e sentir que seus esforços são tão importantes quanto os dos designers. Precisa saber que prospectar novos clientes é um ato criativo em si. Crie um sistema de recompensa ou incentivo, mas certifique-se de que é semelhante aos esquemas de recompensa e incentivo que você instituiu para outros funcionários. Um sistema diferente criaria distorções e tensões, que são irreconciliáveis com a vida em um estúdio de design inteligente.

O que nos leva à segunda regra quando se emprega um novo funcionário para prospectar clientes: não suponha que precisa de alguém como nosso amigo vendedor de fotocopiadoras. Você está vendendo ideias, não máquinas, por isso evite vendedores excepcionais; eles não são o que você quer. Vendedores "excepcionais" acham que todo trabalho é bom. Não é assim. Um bom funcionário para prospectar clientes saberá quais são os trabalhos certos e quais não são. A habilidade de distinguir é a diferença entre um bom profissional para prospectar clientes e um que é um fracasso.

Há outra coisa que você pode fazer: colocar todos os funcionários da empresa para prospectar clientes. Adicione as palavras "prospectar clientes" às definições de cargo. Estimule as pessoas a pensar que, não importa qual seja seu trabalho, elas também exercem o papel de gerar trabalhos. Estimule-as a pensar que cada gesto, cada ação, tem uma consequência com novos clientes, desde os designers juniores até os diretores. Isso soa deprimente: parece que estou defendendo uma empresa de autômatos agressivos fixados em negócios, mas nada poderia estar mais longe da verdade. Isso significa que você reconhece o fato de que cada coisa que um designer faz tem um efeito sobre sua reputação e, consequentemente, sobre sua habilidade de atrair clientes. Mesmo fornecedores e consultores profissionais podem ser aproveitados para desempenhar um papel inconsciente na prospecção de clientes: trate-os da maneira correta e eles se tornarão poderosos defensores de sua empresa. Depois, simplesmente, sente-se e espere que o telefone toque. A primeira chamada será de alguém vendendo fotocopiadoras, mas a próxima...

Encontrando clientes

Os clientes estão por toda parte, muitas vezes onde você menos espera. Mas é uma regra estabelecida do design que você raramente consegue trabalhar com os clientes com que mais quer trabalhar. Pode preparar uma lista deles e fazer-lhes propostas tentadoras: só ocasionalmente terá sucesso. Mas é provável que seus alvos sejam os de todo mundo, por isso é muito mais sensato procurar clientes que estejam menos à vista. A maior parte dos clientes é encontrada por acidente ou por caminhos tortuosos que levam todos de volta à sorte e à coincidência.

É tentador procurar clientes que já exibem bom sentido de design. Mas pense: se eles são conhecidos por bom design, quase certamente isso significa que conhecem design, que sabem quem são os bons designers, que sabem como encomendar design – uma raridade – e que vão gravitar em direção aos melhores estúdios. Se você estiver entre os "melhores", não se preocupe, eles o encontrarão. Se você ainda não está nos escalões superiores do estrelato da área, talvez esteja perdendo seu tempo indo à procura deles. Ao contrário, é melhor procurar empresas e instituições que precisam de ajuda completa. Com esses clientes, você vai ter de trabalhar mais duro ainda, mas os resultados, se tiver sucesso, serão infinitamente mais satisfatórios. Há mais satisfação pessoal em pegar um cliente sem potencial aparente e produzir trabalhos eficazes e de repercussão do que em trabalhar para as assim chamadas "supermarcas".[3]

3 Certa vez fui chamado para visitar um diretor de marketing sênior de uma marca de esporte e lazer – uma "supermarca" *bona fide*, um nome conhecido por todos. Ele me explicou que estava procurando novas empresas para trabalhar no ano seguinte, e me mostrou o tipo de projetos em que estavam trabalhando. Foi uma das reuniões mais deprimentes a que jamais compareci. Essa

Para o designer gráfico contemporâneo, encontrar clientes significa encontrar e participar de *pitches*. Eles são inevitáveis (pagos e não pagos), mas, com frequência, são a única maneira de entrar em novas áreas. Se você vai tomar parte em um *pitch*, tem de estar preparado para devotar inúmeras horas a fim de assegurar que sua apresentação seja impecável. É o único jeito. Os *pitches* têm de ser executados tão bem quanto os projetos já encomendados. Muitas listas de *pitches* do setor público são publicadas na internet (são chamadas concorrências). Não confunda projetos de design com convites para fornecer latrinas para o exército húngaro – você pode descobrir que seu estúdio não é o mais adequado para essa tarefa. Mas continue a procurar: eles estão lá.

Não importa quanto você esteja ocupado, comece uma base de dados de contatos – real e desejada. Há várias bases de dados patenteadas que você pode comprar – um bom funcionário de tecnologia da informação terá condições de recomendar alguma adequada. Mas, mesmo se tiver de escrever a informação em um bloco, registre o nome e os detalhes do contato de todas as pessoas que conhecer e contatar. Não importa quanto a conexão seja tênue, registre os detalhes. Você provavelmente conhece mais gente que encomenda design do que pensa. Escreva uma lista de todos os que conhece. Alguém daquela lista vai encomendar design, ou talvez trabalhe para uma empresa que encomenda design. Esquadrinhe revistas procurando nomes e empresas adequadas. Leia a seção de empregos dos jornais: se você vir uma vaga para alguém, digamos um diretor de marketing, para "supervisionar a imagem da empresa", então sabe que, em alguns meses, haverá um novo funcionário tentando construir uma marca, talvez procurando por novos e brilhantes talentos para ajudá-lo.

Faça isso tudo e, em um prazo muito curto, acumulará uma base de dados de contatos.[4] São esses os futuros destinatários de suas atividades promocionais em andamento. Você precisa adorar essa lista. Olhe para ela constantemente. Cuide dela com muito carinho. Certifique-se de que está atualizada. Se não tiver certeza sobre um nome na lista, verifique-o. É muito ruim contatar uma pessoa que saiu da empresa há um ano: isso mostra que você está desatualizado. Quando sua lista estiver pronta, é preciso alimentá-la com material sedutor e atraente. É preciso mandar para as pessoas alguma coisa maravilhosa.

"supermarca" controlava todos os aspectos de suas comunicações e só empregava designers para conseguir essa "atratividade" cuidadosamente calculada. A possibilidade de expressão radical genuína era zero. Ele não se tornou cliente.

4 Saiba que há leis relacionadas à retenção de informações sobre indivíduos. Consulte seu contador ou um consultor qualificado para esse assunto e outros relacionados a ele.

Aqui está uma pequena pérola de sabedoria que alguém me ensinou: quando você escrever uma carta, especialmente uma carta que o promove ou a sua empresa, sempre escreva o endereço no envelope à mão. É tão raro receber uma carta com o endereço manuscrito que a maior parte das pessoas instintivamente a abre primeiro. Talvez pensemos que é a carta de um amigo, ou de alguém que nos conhece. Seja qual for o motivo, quando confrontado com uma pilha de cartas, aquela com o endereço escrito à mão é a que abrimos primeiro. (Se sua letra for boa – e a da maior parte dos designers é – isso ajuda; mas, se não for, ache alguém que tenha boa letra para manuscrever o envelope.)

Ferramentas promocionais

Seu trabalho – e a reputação que gera – é a sua ferramenta promocional mais valiosa. Em capítulo posterior examinaremos as maneiras como você consegue que seu trabalho seja notado: se for bom o bastante, será notado sem muito esforço de sua parte. Um dos aspectos mais felizes da cena de design sofisticado de hoje é que as oportunidades para ganhar reconhecimento aumentaram muito. De fato, você não precisa fazer nada, além de excelentes trabalhos, confiando que, se for genuinamente bom, será notado. Mas só um estúdio corajoso não faz nada para promover-se; na realidade, essa atividade é infinita e todo mundo tem de realizá-la.

As ferramentas primárias de comunicação e promoção para um estúdio são sua identidade (como aparece no papel de carta, site, etc.), um portfólio, um site e literatura impressa (que, em geral, poderia incluir *mailings*, folhetos de propaganda, pôsteres e cartões-postais). E isso antes de chegarmos à ferramenta mais eficaz e poderosa de todas à sua disposição: o boca a boca.

O portfólio

Já discuti o portfólio em relação ao designer que procura emprego em um estúdio, mas criar o portfólio de uma empresa para mostrar a clientes potenciais é outro departamento. Quando um designer mostra o portfólio a um empregador em potencial (em geral outro designer), está demonstrando como compreende o assunto do design. Quando um estúdio de design mostra um portfólio de seu trabalho a um cliente em potencial, está demonstrando como compreende a comunicação, os negócios e, provavelmente, a própria vida.

Os portfólios são coisas comoventes. Os designers nunca estão satisfeitos com eles. Conheci muitos designers talentosos e competentes que começaram a mostrar seus portfólios desculpando-se: "Estou prestes a refazê-lo", dizem; ou "Desculpe, ele está um pouco desatualizado". Parece que uma das fraquezas do designer é que o portfólio "nunca está terminado", e jamais é realmente "representativo do trabalho atual". Ainda assim, longe de ser sinal de fraqueza, isso é bom sinal: indica o desejo irrequieto e necessário de melhorar e desenvolver-se. Quando alguém diz que seu portfólio é maravilhoso, a única resposta cabível é você sair da sala. O relacionamento correto entre o designer e seu portfólio é de dúvida e questionamento constantes.

Como designers, é difícil analisar nosso trabalho com objetividade e, por consequência, os designers não são muito bons para montar seus próprios portfólios. Tenho por regra nunca deixar os designers se envolverem na montagem do portfólio do estúdio. Sou exigente e imparcial sobre quais trabalhos devem ser incluídos e como são apresentados. Baseio minhas decisões sobre respostas e *feedback* que consigo dos clientes e a tão fora de moda intuição. Isso significa que muitas das peças prediletas são deixadas de fora. Mostro meus esforços a cada um dos designers envolvidos, mas raramente ouço suas opiniões sobre o que está faltando.

Mas tenho uma confissão a fazer: nenhuma vez abri um portfólio diante de um cliente sem um forte sentimento de sua inadequação. Suspeito que a maior parte dos designers – mesmo os que têm confiança em si e atingiram o sucesso – sente a mesma coisa no momento do teste. Acho que é uma sensação perigosa de se experimentar, pois você está prestes a fazer uma apresentação importante. Ainda assim, é isso que me ocorre na apresentação e sempre me faz trabalhar mais duro e me força a fazer uma apresentação carregada de adrenalina. É claro que, se a apresentação for boa, olho para o portfólio como se fosse a melhor coisa desde os cadernos de rascunho de Leonardo da Vinci. Esse brilho caloroso dura apenas até o momento da próxima apresentação.

O portfólio – o receptáculo material em que você carrega seu trabalho – não precisa ser a pasta preta, fechada com zíper que os designers tradicionalmente usam para exibir seu trabalho a clientes potenciais. Hoje você pode ter o portfólio em um laptop, em um CD ou videocassete. Também pode manter o portfólio *on-line*. Encontrei até um sujeito que me trouxe todos os seus trabalhos em um iPod. Mas, se você ainda gosta da pasta preta com zíper, pelo menos use folhas soltas, em lugar de presas em fichário. Assim, podem circular (muitas vezes a apresentação é feita para mais de uma pessoa), e evita-se o tortuoso processo de abrir e fechar fichários.

Um projetor digital ligado ao seu laptop é uma forma sexy e eficaz de mostrar seu trabalho. A imagem é projetada em uma parede (de preferência branca) e todos olham para a tela. Se você se sente embaraçado quando fica em pé olhando para uma sala cheia de gente, então ficar no fundo da sala enquanto sua audiência olha para a tela é uma alternativa mais aceitável. Em uma sala mais escura (alguns projetores funcionam à luz do dia) é possível criar uma experiência íntima e intensamente focada. Se o trabalho for organizado em torno de um menu, você pode selecionar seu trabalho segundo as necessidades de sua audiência: assim, se surgir interesse por identidade, pode ir direto aos exemplos.

E, como seu trabalho sai de um laptop, isso também significa que você pode armazená-lo em arquivos digitais. Com um portfólio tradicional de papel, raramente é possível acomodar todo o seu trabalho; e nunca fiz uma apresentação em que não tenha lamentado a ausência de determinado trabalho.

E aí, o que você mostra? A resposta dependerá do tipo de trabalho que você faz. Se for design de livro, pode querer mostrar páginas dos livros que já fez, arquivos digitais e também cópias físicas dos próprios livros. Se for um web designer, pode querer mostrar *frames* dos sites que construiu, sites armazenados no HD de seu laptop ou até mesmo visitá-los *on-line*. Mas, independentemente do que mostra e de como o faz, você tem de exibir seu trabalho no contexto adequado: o que os clientes querem ver é a história narrativa de seu trabalho – não apenas uma sucessão de imagens cativantes.

Para tanto, mostre o trabalho (quando apropriado) *in situ*. Com isso quero dizer que se, por exemplo, você desenhou um logo que foi usado subsequentemente por uma agência de publicidade em *outdoors* ou em comerciais de televisão, mostre uma imagem do *outdoor* ou um *frame* do comercial. É provável que não goste da maneira como a agência de publicidade desenhou o *outdoor*, e o comercial de tevê pode ser de má qualidade, mas é quase certo que seu cliente não vai compartilhar de seus melindres. O que estou dizendo é que não é suficiente – como era quando você estava procurando emprego como

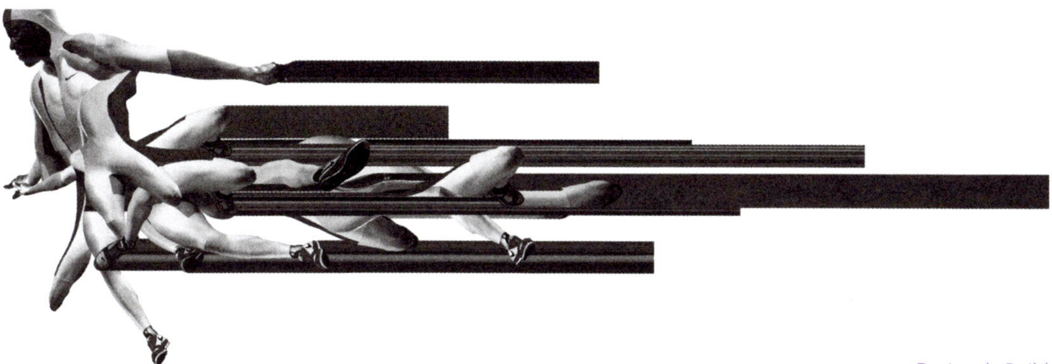

Design da Build
Cortesia da Build

designer – simplesmente mostrar seu trabalho, agora precisa mostrá-lo *funcionando*. Esse é o segredo de um bom portfólio.

Sites

Se você pensou que criar a identidade de seu estúdio foi duro, espere a hora de construir o site. Antes de começar, despenda algum tempo visitando os sites de outros estúdios de design. Digo isso não para que você acumule ideias – muito pelo contrário. É exatamente para que você saiba o que *não* fazer. A maior parte dos sites de empresas de design é deplorável. Todos se parecem e dizem as mesmas coisas banais. Esses sites cometem o erro – como os designers principiantes que estão na reunião com o primeiro cliente – de falar demais a respeito de si. Em seus sites os designers podem revelar um egocentrismo tão chocante e profundo que, se estivessem em uma reunião social e fizessem o mesmo, a sala ficaria vazia em segundos. Minha sugestão é: mantenha-o simples e cale-se a seu respeito.

Você tem uma escolha a fazer. Tanto pode criar um site que deslumbre por seu brilho – em outras palavras, montar uma experiência sensorial que atraia visitantes como mariposas em torno da luz – como um site que contenha uma descrição comedida e cuidadosamente modulada de quem você é e o que faz. Algumas vezes é possível fazer as duas coisas, mas cada uma dessas abordagens requer habilidades diferentes e é raro encontrá-las combinadas em uma empresa pequena.

Independentemente do caminho que escolher, pense com cuidado na linguagem usada e nas declarações visuais que fizer. Não suponha que seu público esteja esperando com mal contida antecipação para responder ao seu convite. Poucos clientes navegam por sites procurando designers adequados. Em geral, os clientes os visitam depois que um designer lhes foi recomendado, ou são dirigidos pelo trabalho de promoção que você realizou. Eles vão ao site procurar informações adicionais. Tenha isso em mente quando estiver criando o seu. O segredo para um bom site é a primeira página vista. Por causa dos mecanismos de busca, os visitantes raramente entrarão em um site através de sua homepage, por isso todas as páginas precisam ter informações que permitam a seus visitantes contatá-lo. Isso pode ser transformado em um detalhe cativante que atrairá o cliente potencial inteligente.

Além disso, todas as páginas devem ter um menu que permita ao visitante descobrir quem você é, o que faz e uma lista de seus clientes. Acho muito deprimente a importância que os clientes potenciais dão à lista de clientes de um designer: muitos precisam do endosso de uma lista de clientes bem montada. Vivo na esperança de que vai emergir um novo tipo de cliente bem informado que não precisará desse endosso: um tipo que saboreia o fato de que "chegou lá primeiro".

Materiais promocionais

Uma vez fiz parte de um júri que examinava os folhetos dos vários grupos de design. Os participantes tinham trabalhado duro para tornar eficaz e convincente sua literatura promocional: seria a mesma coisa se tivessem enviado pacotes de creme frio. Os resultados eram uniformemente deprimentes. Mesmo os ligeiramente controversos ("as marcas morreram"; "este não é um folheto promocional") eram medíocres e fracos. Isso me fez pensar em como deve ser aborrecido um cliente ser inundado com literatura de empresas de design. Ao longo dos anos, produzi muitos desses folhetos ("... é um grupo de design multidisciplinar com uma abordagem inovadora ao ..."): minha única defesa é que não coloquei nenhum deles em concursos de design. Sabia que eram uma porcaria.

O que você faz para evitar parecer e soar como todos os outros? Como encontra um arranjo de palavras diferente, que inspire em lugar de desanimar o leitor? No capítulo sobre autopromoção examinaremos mais de perto como criar material promocional eficaz. Mas, por enquanto, sejamos claros sobre o motivo pelo qual você deve produzir itens promocionais impressos ou eletrônicos: precisa fazer isso para atrair atenção. Mesmo assim, é pouco realista esperar ser contratado diretamente por seu material promocional – as respostas a mala direta e planos promocionais são notoriamente poucas. Agora, isso não significa que você não deva fazê-los, mas precisa evitar mandar material de segunda classe; isso apenas fará com que vá se unir, na lata de lixo, ao resto dos detritos promocionais que

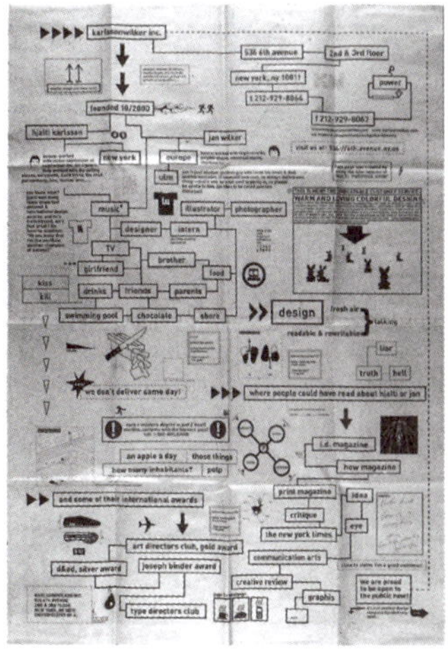

Design da Karlssonwilker
Cortesia da Karlssonwilker

chegam à caixa de correio de todo mundo. E malas diretas em si raramente são suficientes, você tem de acompanhá-las por telefonemas.

O efeito de enviar literatura promocional é cumulativo. Todos ouvimos histórias sobre clientes que receberam alguma coisa pelo correio enviada por uma empresa de design e imediatamente telefonaram com uma oferta de trabalho. Acontece, mas é raro. Um resultado mais provável (embora também seja raro) é que, depois de receber dois ou três itens chamativos através do e-mail, e depois de receber um seu telefonema simpático perguntando se o documento chegou e se é de interesse, o cliente o convide para uma reunião ou o inclua na lista de *pitch*.

Na verdade, o que acontece com maior frequência é que os clientes que recebem ofertas frequentes de designers as colocam em arquivos cada vez mais gordos e as esquecem ou, pior ainda, simplesmente jogam fora o que recebem.

Notei que muitos bons designers não se incomodam com qualquer tipo de literatura promocional. Eles se apoiam nos trabalhos para gerar interesse, e no fato de outras pessoas escreverem a respeito deles. Ter um jornalista de visão aguda analisando seu trabalho em uma boa revista de design é preferível – e mais convincente – a você mesmo fazê-lo em um folheto caro, que consome muito tempo. Mas, até que o mereça, será difícil persuadir jornalistas e editores de que você é um assunto que deva ter a atenção deles.

Até então, e enquanto ainda estiver angariando encomendas para seu novo estúdio, é desejável ter uma peça de literatura impressa para enviar e deixar com clientes potenciais. Poderia começar com cartões-postais. Em um lado, pode mostrar uma imagem que impressione; no outro, apenas as informações básicas – nome do projeto, nome do cliente e detalhes para entrar em contato com você. Em seguida, poderia considerar mala direta, folhetos, folhetos por e-mail, pôsteres, etc. Siga as mesmas regras. Evite clichês e coisas óbvias. Torne suas atividades promocionais distintivas e ousadas; destaque sua personalidade no que você faz. De outro modo, como os folhetos de pizzarias que você recebe na caixa de correio, simplesmente não será notado.

Alexander Gelman

Alexander Gelman é presidente e sócio fundador da Design Machine, uma empresa de consultoria líder baseada em Nova York, cujos clientes incluem Absolut Vodka, Apple, Chanel, HBO, IBM, MTV, Sony e United Airlines. Gelman é o presidente da filial americana da Alliance Graphique Internationale (AGI) e membro de seu comitê executivo internacional. Foi *design fellow* em 2003-2004 no Media Laboratory do MIT. Foi membro da diretoria do Design Advisory Committee do Cooper-Hewitt National Design Museum [Comitê Consultivo de Design do Museu Nacional de Design Cooper-Hewitt] e da diretoria executiva de The Art Directors Club [O Clube dos Diretores de Arte], Nova York. Gelman ensinou comunicação visual e design no Parsons Institute of Design, na School of Visual Arts, Cooper Union e Yale University. Seu trabalho está nas coleções do Museum of Modern Art e no Cooper-Hewitt National Design Museum.

www.designmachine.com

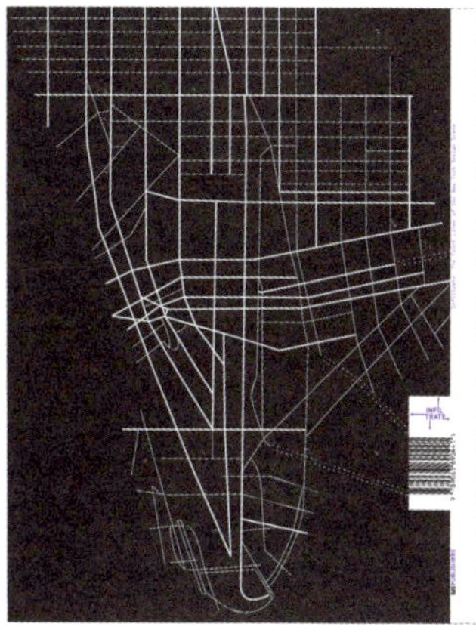

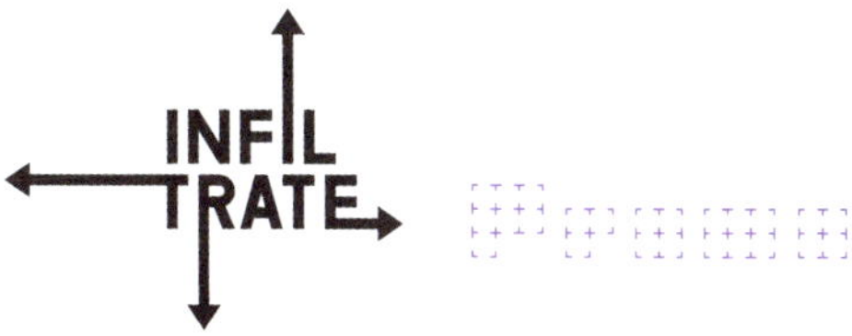

Design de Alexander Gelman
Cortesia de Alexander Gelman (pp. 131-132)

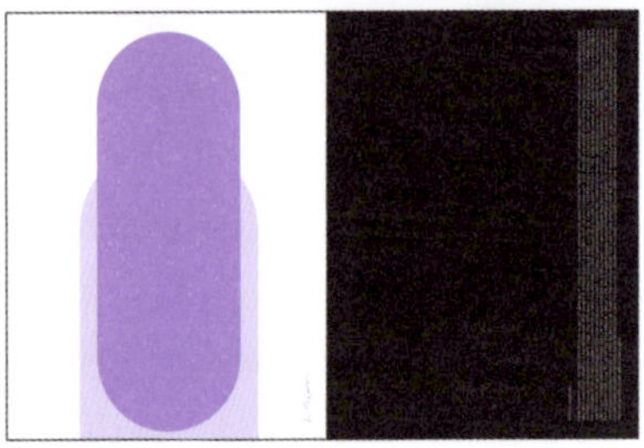

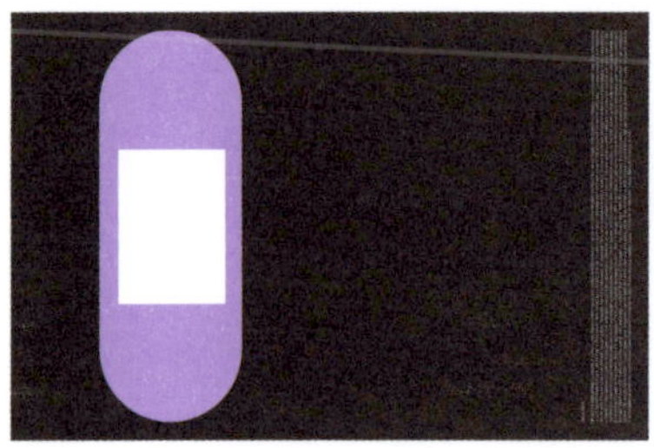

entrevista Alexander Gelman

AS Você se especializou em Moscou: o que obteve estudando na Rússia que não teria aprendido em algum outro lugar?

AG Um monte de habilidades inúteis... como destilar vodca ou fazer papelão com papel.

AS Você tem uma orientação severa para a qualificação como cliente da Design Machine. Nunca vi isso antes. É bom para os negócios?

AG É bom para minha sanidade mental.

AS Sua filosofia da "subtração" é bem conhecida. É importante para um grupo de design contemporâneo ter uma filosofia?

AG É bom acreditar em alguma coisa e ter padrões, mas filosofia não é uma coisa que você possa cultivar.

AS Como ensinar alimenta seu trabalho?

AG Acrescenta estresse, mas também me ensina a comunicar ideias mais claramente e estimula o pensamento (livre da política interna de um cliente).

AS O que você acha da atual geração de estudantes?

AG Eles são tão bons quanto qualquer outra geração.

AS Quais são os atributos-chave de que o designer moderno precisa?

AG Amigos e dinheiro.

AS Como você atrai novos clientes para a Design Machine?

AG Não atraio. Quando um cliente potencial aparece, faço tudo que puder para desestimulá-lo a nos contratar. Eles em geral acabam contratando a Pentagram.

AS O que você diria aos jovens designers que estão começando agora?

AG Não tenha medo de experimentar coisas. O pior que pode acontecer é que você seja despedido, o que, afinal de contas, poderia se revelar a melhor coisa.

Andy Cruz

Andy Cruz fundou a empresa de design e fundição de tipos digitais House Industries em Wilmington, Delaware, em 1993, com o sócio Rich Roat. Das experiências iniciais com fontes digitais erodidas até seu Neutraface mais recente (criado com a consultoria do filho do arquiteto Richard Neutra, Dion), a empresa foi pioneira em um estilo de trabalho que requer altos padrões de criatividade e empreendimento. Embora não gostem do termo "retro", é a revisão inteligente da cultura visual no início dos anos 1960 feita por Cruz e Roat – tudo do alto modernismo aos *muscle cars* de Ed "Big Daddy" Roth – que distingue seu trabalho. A firma, baseada no Delaware, celebrou seu décimo aniversário com a publicação de um suntuoso livro epônimo, que em si mesmo é um exemplo refinado do *éthos* de design da House Industries: acabamentos com impressão sobreposta, lavada e tintas metálicas. O tom é estabelecido desde o princípio: "Livro com design chamativo e profusamente ilustrado por House Industries".

www.houseindustries.com

Cadeira Neutra Boomerang da House Industries

Cortesia da House Industries

entrevista Andy Cruz

AS Você pode me dizer como se tornou designer?

AC Quando criança, eu adorava desenhar. Andar de *skate* e o *punk rock* me ajudaram a ligar os pontinhos.

AS Como foi sua experiência na faculdade?

AC Muito legal... não fui à faculdade.

AS Houve alguma coisa que você aprendeu na escola e a que só dá valor agora?

AC Frequentei uma *trade high school* vocacional que tinha um programa de arte comercial tradicional: fazer letras, *paste-up*, etc. Eu reclamava por ter de compor Helvetica e Times em velino quando se podia compor qualquer coisa no (então poderoso) Mac Plus que tínhamos na classe. Levei algum tempo para perceber que qualquer palhaço pode selecionar fontes no computador... desenhar tipos é uma coisa em que eu gostaria de ter despendido mais tempo.

AS Você parece representar uma nova tendência empreendedora em design. A House Industries faz muitas coisas além de projetos comerciais. Você pode falar a esse respeito?

AC Começou com nossas fontes. Descobrimos que os clientes de design, na maioria, são uns chatos de galocha. Rich Roat (meu sócio) e eu decidimos que precisávamos de um produto e não de um serviço e a House Fonts nasceu. Desde então, tentamos desenvolver produtos House que escapam do faz de conta do mundo do design gráfico e passam para o *mainstream*. Mais recentemente começamos uma linha de vestuário House e abrimos uma loja em Londres para testar nosso trabalho.

AS Como você atrai atenção para a House Industries?

AC Atenção meticulosa aos detalhes, autorretratos ridículos e montes de tintas metálicas superpostas.

AS Como você aprendeu a ser um homem de negócios, além de designer?

AC Por sorte, Rich é a parte de negócios da House. Eu tento fazer as coisas parecerem interessantes... nem sempre funciona.

AS O que mais as escolas de arte poderiam fazer para preparar os estudantes para a vida profissional?

AC Levar todos os estudantes de design gráfico de *high concept* a fazer cursos avançados de pintura ou escultura. Há muito design feito para outros designers gráficos, e tenho a impressão de que isso começa na escola de arte. Gostaria de ver os jovens que estudam design gráfico aprender como empurrar um lápis ou um pincel mais do que um mouse. Uma melhor mistura de habilidades fundamentais com o conhecimento de truques de computador que os jovens precisam para conseguir emprego hoje em dia poderia resultar em uma paisagem com melhor visual do que aquela que temos de olhar hoje.

AS Você tem uma filosofia de design?

AC Faça o que gosta. Claro, você vai ter de aceitar uns trabalhos bestas que pagam as contas, mas, se souber o que quer fazer (e não tanto o que o cliente quer que você imite), vai se sentir muito melhor quando for trabalhar. Não quero soar como o "papai" falando, mas, com um pouco de sorte, as pessoas vão acabar pagando-lhe para fazer o que você gosta.

AS Muitos estudantes que conheço dizem que têm de mudar-se para cidades grandes para fazer bons trabalhos. Ainda assim, você provou que pode ter sucesso sem mudar-se para uma das grandes capitais do mundo. Pode falar a esse respeito?

AC Se você pode conseguir um caminhão do Federal Express na frente da sua casa, não interessa onde você esteja. Estar onde as coisas acontecem sempre é gostoso, mas descobrimos que conseguimos produzir mais sem as distrações das grandes cidades.

AS Qual é a sua opinião sobre a cena do design atual?

AC Acho que os designers gráficos estão confundindo as expressões "catálogo anual de design" com "guia de estilo".

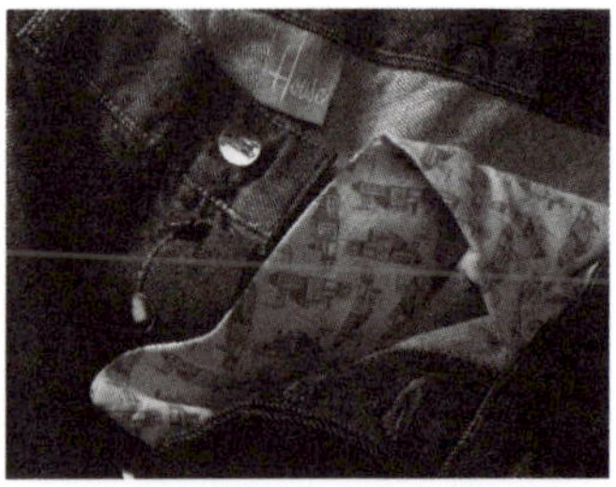

Design de House Industries
Cortesia de House Industries

capítulo 7
Clientes

"Todos os clientes são ruins."

Adoro clientes, mesmo os ruins. De fato, prefiro clientes "difíceis" a clientes "fáceis". Ter um cliente que aprova todas as minhas ideias e nunca questiona o meu trabalho faz-me sentir como se estivesse trapaceando. Gosto de uma discussão, fico satisfeito quando conquisto um cliente difícil. Claro, nem sempre conquisto e, como todos os outros designers, já encontrei muitos eu-sei-tudo arrogantes que não querem ouvir nenhum conselho e pretendem controlar o processo de design do início ao final. Mas tive mais sucessos do que reveses e a derrota total é rara, porque nunca me permito esquecer que o designer e o cliente estão presos a um casamento que, como um casamento real, tem de ser uma sociedade igualitária se for para durar e produzir resultados que valham a pena.

Em 1956, o grande designer nascido na Rússia Misha Black fez uma conferência na 6ª Conferência Internacional de Design em Aspen, Colorado, intitulada "O designer e o cliente". Black foi cofundador da Design Research Unit, uma das primeiras consultorias de design, e é um dos poucos designers a comentar com perspicácia o relacionamento entre o designer e o cliente. Suas observações são tão relevantes hoje quanto o eram nos anos 1950. Black disse: "Não estou sugerindo que a influência do cliente seja necessariamente prejudicial. Frequentemente, o contrário é verdade. Quando o cliente e o designer têm uma simpatia mútua, podem, juntos, produzir trabalhos melhores do que qualquer um deles seria capaz de fazer sozinho".[1]

Sem clientes não há design gráfico e sem clientes exigentes não há grande design gráfico. Ainda assim, o pobre velho cliente muitas vezes é aerografado para fora da história e do jornalismo do design, para não mencionar o discurso crítico e teórico. Os clientes, em geral, são descritos, quando o são, como uma força reacionária amorfa, mal tolerada. Raramente são entrevistados e é incomum que sejam parabenizados por seu patrocínio, patronagem ou estimulação do bom design. O escritor de design Robin Kinross, escrevendo sobre o designer holandês Karel Martens na revista *Eye*, chegou até a torcer o nariz à palavra "cliente": "*opdrachtgevers* [gerador de contratos], a palavra holandesa é melhor do que nosso repugnante 'cliente'", nota ele. E você sabe exatamente o que ele quer dizer com isso.

Mas você deve resistir a essas tendências de demonização ao lidar com seu "*opdrachtgevers*", porque isso é contraprodutivo. E, a despeito da conversa de "educar clientes" e "encontrar clientes informados", goste você ou não, o ônus de mudar é seu – designer –, não do cliente. Se quisermos que os clientes nos ouçam e nos respeitem, temos de lidar

---

1 Da conferência "O designer e o cliente". Reimpresso em *Looking Closer 3: Critical Writings on Graphic Design* (Nova York: Allworth), 1999.

com eles com o máximo de sensibilidade e respeito. Este capítulo fala pelo cliente. Mesmo pelos ruins.

Com frequência, designers descontentes dizem que "fulano e beltrano" (aqui, em geral, nomeiam um designer famoso) tiveram sucesso porque tinham clientes indulgentes. Algumas vezes essa afirmação é verdadeira, embora seja muitas vezes condimentada com borrifos de inveja. De fato, há clientes excepcionais, que agem mais como patrocinadores do que como clientes. Mas são raros. Na realidade, mesmo os clientes excepcionais têm de ser conquistados e lisonjeados incessantemente para apoiar e contratar nossas ideias em lugar de seguir as noções indistintas que têm sobre como o design deveria ser feito.

Veja o trabalho de Neville Brody, que marcou época, para a revista britânica *The Face*. Brody abordou o editor Nick Logan sugerindo fazer alguns layouts para a revista. Logan o fez esperar nove meses antes de lhe permitir fazer algumas amostras de páginas. Brody usou essa oportunidade conquistada com dificuldade para impressionar Logan, que depois o contratou para desenhar a revista; os resultados se tornaram parte da história do design gráfico. Quero sublinhar aqui que Brody fez jus a seu sucesso. Não lhe foi oferecido em bandeja de prata por um cliente superindulgente em um gesto de generosidade e bravura.

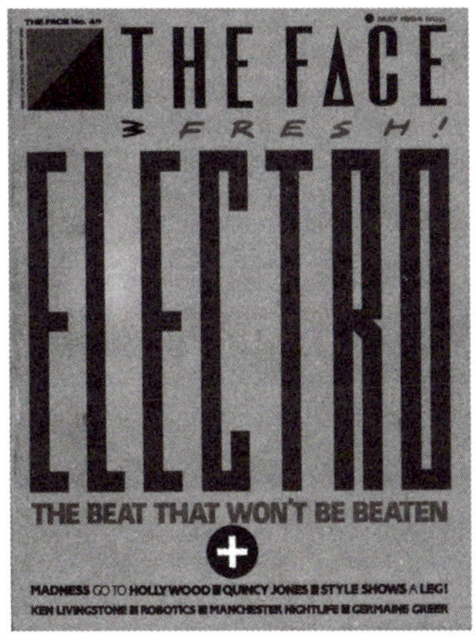

The Face, design de Neville Brody

Cortesia de Neville Brody

Trate seus clientes como trata seus amigos. Isso não significa que você tem de transformar seus clientes em amigos, mas trate-os como amigos. Recomenda-se também um certo distanciamento, embora seja perfeitamente correto ter amigos como clientes, e é, sim, bastante comum ter clientes que, com o tempo, se tornam amigos. Mas há muito a dizer a favor de manter uma barreira entre a intimidade e os assuntos profissionais. Não obstante, assim como temos de trabalhar amizades, que podem ser destruídas por uma observação casual ou uma ação egoísta, também temos de trabalhar para manter o relacionamento com clientes. Todos eles precisam de alguma coisa diferente – um precisa de muita atenção, este outro está obcecado com descontos, outro ainda suspeita de designers e não é convencido com discussões sobre o valor do bom design.

Os designers têm de ser superatenciosos com as necessidades individuais dos clientes. A primeira tarefa do designer é descobrir o que eles querem de você. Achar que todos querem a mesma coisa e que todos querem o que você quer é um ponto de vista perigosamente míope.

Não estou dizendo que os clientes sempre estão certos, ou que você deve fazer tudo o que eles dizem. Os clientes devem ser desafiados quando estiverem errados, e, se não os desafiarmos, estaremos prestando-lhes um grande desserviço. Como diz John Warwicker, um dos fundadores da Tomato, em outra parte deste livro: "Diga a seus clientes quando estão errados". Warwicker é um homem carismático e eloquente, além de ter um currículo brilhante. A maior parte dos clientes *ouve* o que ele diz: ganhou até o direito de fazer algumas reprimendas. Mas, para o jovem designer sem currículo a ostentar, é aconselhável uma abordagem mais branda.

Misha Black nota o que acontece quando a relação entre o designer e o cliente sai dos eixos: "Na empresa de design de segunda classe, em que a conveniência controla a honestidade, a influência do cliente é decisiva. O tempo despendido no trabalho é o mínimo necessário para satisfazer o cliente, e, se o cliente é incapaz de julgar entre uma solução apropriada e uma que é apenas parcial, então é esta última que ele recebe. Esse é o caminho da mediocridade, da rápida deterioração dos padrões e, para o designer, a via para um sentimento insistente de insatisfação não compensado pelo crescente saldo bancário que muitas vezes resulta da vontade de produzir trabalhos ruins". A observação de Black vai ao cerne do problema. O relacionamento deve ser igualitário.

A pergunta que os jovens designers me fazem habitualmente é: "Como posso impedir que os clientes modifiquem meu trabalho?". Ai de mim, não há resposta fácil para isso. Com certeza, se seu trabalho tem erros, não foi bem concebido ou mal executado, então você merece que ele seja modificado. A única maneira de impedir que os clientes interfiram em bons trabalhos é instituir um relacionamento profissional apropriado desde o início. Não adianta tentar estabelecer práticas profissionais mais adiante, quando tiver problemas: então, será tarde demais. Não quero dizer dar ao seu cliente uma lista de exigências e condições: falo de estabelecer o sistema para um relacionamento profissional maduro (como descrito no capítulo 2), em que você ouve e absorve o ponto de vista do cliente, mas em que se conduz de tal maneira que o cliente se inclina a lhe permitir ter um ponto de vista.

A "batalha" (reluto em usar tal palavra confrontativa, mas não há outro termo que enfatize melhor a importância disso) deve começar desde o início. A menos que estabeleça na primeira reunião os padrões de trabalho pelos quais pretende executar o projeto, você vai achar difícil se impor mais tarde. Com certeza, sempre é possível conquistar clientes a qualquer momento do processo de design, mas, quanto mais tarde for, mais difícil se torna dizer ao cliente que você não quer incluir o logotipo que a filha estudante dele desenhou e que sugeriu que você usasse. (Isso aconteceu comigo.)

Se o cliente lhe disser: "Eu gostaria de incorporar este logotipo que alguém desenhou para mim", você pode dizer: "Está bem, vai se encaixar muito bem" ou então "Está bem", e depois ficar danado internamente porque ele é totalmente inadequado. Ou pode pegar o logotipo e dizer: "Vou tentar, mas gostaria de lhe mostrar algumas outras ideias alternativas que tenho em mente". A maior parte dos clientes vai achar essa sugestão razoável e aceitável. Se não for assim, talvez você deva começar a se preocupar. Tudo o que você fez foi tentar estabelecer um relacionamento profissional maduro.

Em uma entrevista com o escritor de design Rick Poynor, Ian Anderson, de The Designers Republic, descreveu de que modo aborda um projeto: "Percebemos o trabalho com clientes do seguinte modo: eles fornecem a charada que precisa ser resolvida. É melhor que o cliente não nos dê *input* criativo demais porque, para nós, é um pouco como alguém se curvando sobre seu ombro e fazendo as palavras cruzadas por você. Queremos que nos ofereçam o desafio e depois, como artistas, desejamos voltar a eles e ouvi-los dizer: 'Isso é fantástico. Isso é muito mais do que jamais imaginamos'". A metáfora da charada de Anderson é boa. A maior parte dos clientes compreenderia o que ele quer dizer. E, tendo uma filosofia para lidar com clientes, Anderson pode definir suas metodologias de trabalho. Com certeza, alguns clientes rejeitariam isso – vão querer impor seu controle. Então você tem de escolher: pode desistir de sua filosofia e pegar o dinheiro, ou simplesmente ir embora. Mas também pode negociar um resultado aceitável conciliando os desejos do cliente com os seus, sempre que possível. Mas não dá para ganhar todas as batalhas. A vida do designer não é assim. Mas, se você não tiver uma fórmula, está inteiramente à mercê das venetas dos clientes.

Os designers também devem ter a modéstia e a autocrítica para saber quando estão errados. Houve clientes que me apanharam em erros conceituais, ou erros de execução, e, quando me recuperei do choque de ser corrigido, percebi que fora culpado por excesso de confiança ou de arrogância. Como designers, nem sempre estamos certos, e não temos o monopólio da sabedoria – embora alguns designers achem isso. Somos capazes de cometer muitos crimes contra o bom senso na busca de nossa "visão", e, assim como temos de ser rápidos na defesa de nosso trabalho, devemos também admitir quando estamos errados. Nada sublinha mais claramente a mediocridade de um designer do que a convicção de que nunca está errado.

Só mais abominável do que dizer ao cliente que você é perfeito é dizer a ele o que deve pensar sobre o trabalho que lhe está mostrando. Fazer isso é uma grande tentação. Como designers, queremos estabelecer nossa onipotência. Sabemos o que gostaríamos que o cliente pensasse sobre nosso trabalho. Mas precisamos resistir à tentação de dizer-

-lhe o que pensar, ou como deveria estar respondendo ao nosso trabalho. Isso irrita os clientes e nega a eles a liberdade que nós, como designers, esperamos desfrutar. Dizer a um cliente o que pensar a respeito do trabalho é o equivalente ao cliente dizer-nos como fazer nosso trabalho. Portanto, você deve sempre permitir que os clientes cheguem às suas próprias conclusões. Depois, e só depois, se eles não compartilham de seu ponto de vista, e se você estiver seguro de que está certo, pode defender seu caso. Mas lembre-se de fazê-lo a partir da perspectiva da audiência, não da sua.[2]

O tempo também é essencial para permitir que os clientes formulem uma resposta. Nunca exija uma resposta imediata. Estimule o cliente a "pensar a respeito", antes de lhe dar uma resposta definitiva. Pense a respeito: você teve semanas, talvez meses, para criar esse trabalho, teve tempo de olhar para ele de diferentes ângulos, talvez até mesmo o tenha mostrado aos colegas e recebido alguns comentários úteis. Mas o pobre cliente tem de decidir na hora. Isso não é realista. Muitas vezes tive uma reação ruim à apresentação inicial de um trabalho, mas, depois de estimular meu cliente a levar mais tempo antes de chegar a uma conclusão final, o veredito foi outro. Nem sempre isso acontece, mas vale a pena tentar, se você não conseguir uma resposta favorável na primeira vez. Também é aconselhável insistir em um período de consideração se você estiver fazendo uma apresentação a múltiplos tomadores de decisão. Nessa situação, os indivíduos acham que precisam julgar rapidamente para afirmar sua independência; outros evitarão dizer o que realmente acham por temor ou incerteza.

Sei o que você está pensando: que o design gráfico, em geral, deve funcionar já na primeira vez – não há segunda oportunidade com um pôster ou um banner na web. Imperativos comerciais exigem que eles, e outras peças de comunicação gráfica, funcionem desde o princípio. Ninguém está olhando para o seu trabalho com olhos genuinamente objetivos: todos estão tentando predizer a desejada reação da audiência. O tempo vai ajudar a introduzir uma nota de objetividade.

Eu estaria falhando em meu dever, aqui, se não sublinhasse a importância da personalidade nisso tudo. Os designers tendem a ser ou heróis ou capachos. Se você for capacho, acho que, de vez em quando, alguém vai pisá-lo. Se, por outro lado, você for um herói, mas um herói bondoso e desejoso de ouvir, no fundo interessado apenas no bem de seu cliente, vai ser menos pisoteado. Como você adquire o *status* de herói é uma

2 Clientes ruins ou pouco eficazes em geral não conseguem ver as coisas com os olhos de sua audiência. Muitas vezes, são executivos que têm de fazer suposições sobre essa audiência, e podem supor erradamente, como qualquer outra pessoa. A quantidade de conhecimento e *insight* que um designer traz para a definição de uma audiência é fundamental.

questão de odisseia pessoal e descoberta psicológica. A maior parte dos heróis parece ter nascido com essa qualidade, mas ela também pode ser adquirida: ela vem devagar e como consequência da maneira como você aprende com as quedas e recuos que todos os designers conhecem. Já vi designers adquiri-la ao longo do tempo, e é uma coisa maravilhosa testemunhar isso.

Sempre suspeito de designers que culpam seus clientes por tudo. O que estão fazendo é atribuir suas imperfeições como designers a seus clientes. Muitas vezes novos (e não tão novos) designers me dizem que ninguém lhes oferece trabalhos interessantes. Ainda assim, quando examino os projetos em que trabalharam, a afirmação raramente se sustenta. Não existe trabalho ruim, e a responsabilidade pelo sucesso do resultado se localiza firmemente nos ombros do designer. É verdade que os designers, em algumas ocasiões, se veem em situações impossíveis, presos a projetos em que estão impotentes para agir e nos quais estão reduzidos a trabalho escravo. Mas, na maior parte dos casos, o resultado final de qualquer projeto está nas mãos do designer. Não aceitar isso leva ao descontentamento e a trabalhos medíocres.

Mantendo clientes

Depois que conseguir um cliente que se adapte à sua maneira de trabalhar e tiver desenvolvido um relacionamento que torna o trabalho com ele gratificante, tanto criativa como financeiramente, vale a pena mantê-lo. Reter um cliente é mais fácil do que encontrar outro. E vale a pena lembrar que o trabalho mais difícil que você fará para um cliente é o primeiro.

Os designers esquecem isso na correria para obter um sucesso imediato. Ao fazer o primeiro trabalho para um novo cliente, o designer encontra problemas que não ocorrerão na segunda vez. Ainda assim, isso não impede que designers impacientes condenem um cliente como inegavelmente ruim quando é um mero caso de "síndrome do primeiro trabalho". O designer esperto fala com o cliente sobre o problema de maneira franca e aberta. Explora formas de resolver essas questões no futuro. Se você demonstrar vontade de mudar e adaptar-se (sem perder a integridade), seus clientes se dobrarão do modo devido. Se não, talvez não valha a pena mantê-los como clientes.

Fazer outros serviços para o mesmo cliente é muito desejável, mas você não deve supor que isso acontecerá automaticamente, sem esforço de sua parte. Tem de dizer ao cliente que está disponível e desejoso de fazer mais trabalhos. Nunca fui fã de oferecer entretenimento ao cliente, mas, no final de um projeto de sucesso, um almoço com ele pode, muitas vezes, ser uma boa maneira de cimentar um relacionamento e oferecer uma plataforma para uma discussão sobre seu relacionamento profissional. Convide o cliente para vir ao seu estúdio e encomende um serviço de bufê. Isso lhe enviará um sinal melhor do que levá-lo a um restaurante luxuoso. E é mais barato.

Desenvolvendo clientes

No mundo de negócios moderno, relacionamentos de longo prazo com clientes são uma raridade cada vez maior. O pensamento contemporâneo estabelece que os homens de negócios precisam manter seus fornecedores alertas cortando-os e mudando-os constantemente. Nisso há uma lógica brutal de mercado, mas não é necessariamente a forma de os clientes conseguirem o máximo de seus designers, pois relacionamentos de longo prazo com frequência levam a uma compreensão mais profunda dos objetivos do cliente e a um trabalho mais focado. Entretanto, a vigilância é necessária. Procure por sinais de complacência ou padrões de comportamento medíocre em você e em seu estúdio. Seja severo nessa análise ou seu cliente o será por você.

Sempre que possível, vale a pena devotar tempo e energia para desenvolver clientes. O que isso significa, na prática? Significa interessar-se pelas coisas deles e mostrar iniciativa. Significa manter uma linha de comunicação aberta, de modo que possam compartilhar suas maneiras de pensar e seus planos com você. Comunicações regulares devem significar exatamente isso, e não importunar. Por exemplo, se você contratar um novo membro para sua equipe com um novo conjunto de habilidades ou conquistar algum novo negócio em um setor relevante, fale com seus outros clientes a esse respeito. Se cruzar com alguma informação interessante ou de marketing relevante para seus clientes, fale com eles a respeito. Nos intervalos entre grandes projetos, se seus clientes precisarem que você faça trabalhos menores, como convites, ou outros itens menos importantes,[3] faça esse trabalho com a mesma satisfação que reserva para os projetos maiores, usando-o como uma valiosa oportunidade para manter as linhas de comunicação abertas. No capítulo devotado à autopromoção, examinaremos as maneiras pelas quais você pode manter seus clientes a par de seu trabalho e realizações.

Uma última coisa: muitas vezes descobri que mesmo os clientes perspicazes ficam perplexos com a forma de operação de designers e grupos de design. Pensamos que eles

3 Algumas vezes os clientes "silenciam" porque estouraram o orçamento. Talvez estejam esperando que o orçamento do ano que vem seja preparado. Se isso ocorrer, trabalhos pequenos como convites algumas vezes podem ser feitos gratuitamente (ou a preço de custo), se você tiver certeza de que o cliente apreciará o gesto e devolverá o favor quando as verbas estiverem disponíveis.

sabem, mas isso é raro. Por isso, pode ser surpreendentemente útil se você informar seus clientes sobre como opera: diga-lhes quem faz o que, e por que razão eles fazem o que fazem. Esse simples ato de esclarecimento pode melhorar a maneira como os clientes o veem e melhorar também seu relacionamento profissional.

Despedindo clientes

Falamos bastante sobre encontrar, desenvolver e manter clientes: algumas vezes, entretanto, é preciso livrar-se deles. Há alguns clientes que são claramente exploradores e podem causar prejuízos a você e à sua empresa. Se tiver de se livrar de um cliente, certifique-se de que não deixa nenhum penduricalho para trás. Já entregou tudo que tem obrigação de lhe dar? Ele lhe deve algum dinheiro? Há quaisquer outras conexões que não são fáceis de romper? Se, depois de ponderar sobre todos esses pontos, você estabelecer que o cliente não vale a pena, despeça-o.

Há outros tipos de clientes que vale a pena abandonar: os que o fazem perder tempo e os vigaristas. Acredite em mim, eles existem. No mundo do design, talvez não sejam tão numerosos como em outras áreas, mas estão aí, sim. Você precisa desenvolver um sexto sentido para identificá-los. Encontrei muita gente que me fez perder tempo e um grandessíssimo vigarista. Os dois tipos são fáceis de reconhecer: raramente colocam alguma coisa por escrito, não permitem que você os visite e fogem se você pedir referências.

Mas não são só os clientes desagradáveis que você deve abandonar. Tive clientes agradabilíssimos, bem-intencionados, que, a despeito de suas boas intenções, não conseguiam pagar suas contas. Quando você descobrir que um cliente não consegue pagar suas contas, pare de fornecer-lhe serviço imediatamente. Não acumule mais custos por conta dele, pelo menos até que a situação esteja resolvida. Se não puder ser resolvida, você pode precisar de seu advogado no caso – mas não piore a situação continuando a trabalhar para alguém que não vai poder pagá-lo.

Monopolizado pelos clientes

À medida que fica melhor na procura de novos clientes, melhor em cuidar deles e melhor em retê-los, você encontra um novo problema: superdependência. Tornar-se dependente de um só cliente que representa uma grande percentagem de sua empresa é um problema sério. Um contador o aconselhará sobre percentagens seguras, mas não permita que um só cliente domine seu negócio. Você colocou toda a sua energia no serviço àquele cliente e, fazendo isso, esqueceu-se de adicionar novos clientes à sua lista. Está muito vulnerável quando um cliente o monopoliza. Se ele o deixar, você ficará na mão, com o problema de substituí-lo.

A apresentação

A apresentação aos clientes é o teste definitivo das habilidades de comunicação do designer. É o momento da verdade: o momento em que revelamos nossa alma (ou, pelo menos, é o momento em que descobrimos se vamos ter alguma renda nas próximas semanas e meses). Muitos designers acham desanimadora a ideia de ficar em pé diante de uma sala cheia de gente e apresentar seu trabalho, e a primeira meia dúzia de vezes que o faz é, realmente, horrível. Mas ninguém espera que os designers sejam oradores. Por isso é natural ficar nervoso, e é aceitável ser desajeitado, desde que o trabalho seja bom. Vejo designers se metendo em trapalhadas por tentarem ser jeitosos. Não tente ser jeitoso se você não for desse tipo. Seja direto e não refinado, mas seja você mesmo e fale com paixão. Quando comecei a falar com clientes e com outros designers em conferências, ficava muito nervoso. Mas continuei a fazê-lo e gradualmente a coisa se tornou mais fácil. Por fim, tornou-se, se não completamente sem tensão, muito menos que uma provação. Você só tem de continuar a fazê-lo.

Aqui vai uma outra pérola de valiosa sabedoria: a chave para uma apresentação de sucesso é não usar PowerPoint. Nunca use PowerPoint. Seu cliente provavelmente teve uma apresentação com PowerPoint de um fornecedor de tecnologia da informação – ou alguém vendendo seguro-saúde – alguns dias antes de você aparecer com sua apresentação. A menos que você queira se parecer com um fornecedor de tecnologia da informação, não use PowerPoint.[4]

Outro fator em uma boa apresentação é o preparo. Se você não organizou todos os aspectos da apresentação, nem apareça. Não deixe nada ao acaso. É especialmente importante que você considere a ordem em que mostra as coisas. Leve sua audiência a uma

4 Com rebeldia típica, o cantor David Byrne, ex-Talking Heads, usa PowerPoint para criar arte. Ele produziu um livro *E. E. E. I. (Envisioning Emotional Epistemological Information* [Concebendo informações epistemológicas emocionais]) com um DVD contendo cinco apresentações em PowerPoint acompanhadas de música original. O livro contém textos exploratórios e imagens gráficas criadas com o auxílio de ferramentas e visuais do PowerPoint. Byrne se apropria de uma ferramenta corporativa familiar e faz algo impressionante e espirituoso com ela.

viagem passo a passo do início ao fim. Não faça pressuposições, deixe tudo muito claro, explique tudo. Comece reiterando o briefing, divida seus pensamentos em itens, mostre suas conclusões e termine com um resumo conciso.

A grande e imutável lei de fazer uma apresentação de design é a seguinte: diga à sua audiência o que você vai lhe mostrar e depois mostre. Isso é tudo. Não diga a ela o que pensar sobre o que vai ver, apenas diga o que é que ela vai ver. Tente. Você se surpreenderá. Muitos designers fazem o oposto. Mostram um trabalho – sobre o qual talvez tenham suado por muitas semanas – e começam a falar dele como se o cliente tivesse feito a mesma viagem de descoberta. Grande erro. E enquanto você está tagarelando, explicando o que fez, o pobre cliente não está ouvindo, está tentando assimilar algo novo e talvez chocante. Está tentando avaliar o que está vendo. Mas, explicando o que você vai mostrar, mostrando-o e depois calando-se até que alguém faça uma pergunta, você pode auxiliar o processo enormemente.

Sua apresentação também deveria funcionar depois que você se foi. As pessoas para quem você a fez muitas vezes precisam mostrar sua proposta para outras pessoas, portanto será útil fornecer um documento resumindo suas ideias. Mas tenha cuidado com a forma como apresenta esse documento. A cliente de uma grande empresa uma vez me disse acidamente que não gostava da maneira como os consultores administrativos espalhavam seus logotipos por toda a documentação que lhe apresentavam. Ela achava isso cansativo: "demasiados eu, eu, eu", explicou-me. Achei que ela tinha razão e nunca fiz isso. Se apresento um documento a um cliente, sempre ponho o logotipo dele no centro do palco. A política de cliente primeiro raramente está errada, e se aplica também a apresentações digitais e projetadas.

Ainda assim, independentemente das estratégias psicológicas e das sutilezas técnicas da apresentação, ela sempre vai expor a sua personalidade. Seu trabalho tem de ser bom, seu modo de pensar impecável, a preparação exaustiva. Mas você também tem de se esforçar para agradar. Fale claramente e com muito bom humor sobre seu trabalho, mantenha contato visual com todos (especialmente com os estagiários tímidos que estão ali para ganhar experiência), ouça as perguntas quando forem feitas e comporte-se como um ser humano decente.

Kim Hiorthøy

Kim Hiorthøy nasceu em 1973, em Trondheim, na Noruega. Estudou belas-artes, é músico e designer que também escreve prosa, faz filmes e desenha. Encantou-se com Andy Warhol, que conheceu por meio das famosas fotografias de Nat Finkelstein, as quais o levaram à descoberta do design gráfico e de sua característica estética *cool*. Hiorthøy é mais conhecido entre os colegas por seus designs brilhantes das capas para o selo norueguês de discos experimentais Rune Grammofon.

Hiorthøy cita um vasto leque de influências: Rudy VanderLans, Ellsworth Kelly, William Eggleston, Reid Miles, designer de capas da Blue Note, o trabalho de The Designers Republic e Ben Drury e Will Bankhead, antigos designers de capas da Mo'Wax. Hiorthøy publicou vários CDs com sua música: eletrônica, melancólica e com detritos sonoros. Produziu diversos livros, incluindo a monografia *Tree Weekend*.

www.thisisrealart.com

Design de Kim Hiorthøy
Cortesia de Kim Hiorthøy

entrevista Kim Hiorthøy

AS Quando você olha para trás, para a educação em design que recebeu, existem nela elementos de que você não gostou na época, mas que agora parecem ser úteis?

KH Não tive educação em design.

AS Como você aprendeu o lado administrativo do design?

KH Quando visitei faculdades, algumas vezes senti que o lado administrativo é enfatizado demais. Ou os estudantes me perguntavam mais sobre quanto eu ganho fazendo este ou aquele trabalho do que a respeito do próprio trabalho, o que é inteiramente compreensível, mas acho que não adianta você ser bom em lançar novas ideias ou ter um portfólio maravilhoso se o trabalho em si não é bom o suficiente. Algumas vezes, focar-se demais no negócio pode desestimular a satisfação do trabalho – e isso significa menos qualidade. Aprender fazendo é sempre a melhor coisa, e, assim, você aprende sem perceber quando começa a trabalhar.

AS Os designers, muitas vezes, são encorajados a especializar-se em uma área. Seu design é estilisticamente diversificado e você trabalha em diferentes mídias. O que diria a alguém que gostaria de fazer isso?

KH Frequentemente sinto que essa diversidade é um problema. Invejo gente que faz uma coisa e a faz realmente bem, porque se concentrou nela. Muitas vezes eu me sinto como um pau pra toda obra, que não domina nenhuma das áreas em que trabalha. Por outro lado, se alguém tem vontade de trabalhar em campos ou mídias diferentes, deve fazer isso. A diversidade no conhecimento em geral é boa, não importa o que você faça. Quanto mais diversificado for seu conhecimento, mais equipado você está. Siga seus interesses. Se estiver interessado em muitas coisas, corra atrás delas.

AS Você trabalha por conta própria. Alguma vez pensou que seria legal trabalhar em um estúdio circundado por um monte de gente?

KH Pensei, sim, ocasionalmente penso nisso, mas não sei se conseguiria realmente fazê-lo. Acho que preciso estar sozinho para não me distrair, e para me concentrar de modo adequado. Para experimentar coisas novas, algumas vezes é necessário realizar coisas que você não necessariamente conseguiria explicar ou lutar por elas, e eu me livro disso estando sozinho.

AS De onde vêm suas ideias?

KH Isso é quase impossível de responder. Algumas vezes as ideias vêm por ter visto alguma coisa que alguém fez. Em outras ocasiões elas chegam por tentar alguma coisa diferente, ou só pensando muito sobre algo (talvez o trabalho à mão) ou sem pensar em nada e fazendo nada. Eu não sei de onde as ideias vêm.

AS Trabalhando com você, sei que é íntegro – não faria alguma coisa que ofendesse seu sentimento do que é correto. Isso é sustentável no mundo moderno, em que o dinheiro é tudo e as punições pelo fracasso são severas?

KH Em primeiro lugar, acho que é discutível se tenho essa integridade ou não. Em segundo lugar, acho que a integridade é tão sustentável quanto você quiser que ela seja. No final você decide o que quer fazer, e se o resultado disso é que tem de se tornar carteiro além de tentar conseguir sucesso como designer, então isso é sustentar sua integridade. As pessoas, se acreditarem em si mesmas o suficiente, são, na maioria, extremamente engenhosas e podem fazer quase tudo. Se você não estiver satisfeito com as premissas com que trabalha, mude as premissas ou mude de profissão. A integridade de qualquer tipo estará perdida, de qualquer maneira, no minuto em que todo mundo decidir que a integridade não é sustentável "no mundo moderno". O mundo moderno não é uma força abstrata que governa nossas vidas, é simplesmente constituído pelas outras pessoas.

AS O que você diria a um designer idealista que começasse hoje?

KH Siga seus interesses. Faça o que for fácil para você. Faça o que lhe der prazer. E faça isso tanto quanto puder. Não espere que alguém lhe peça. Se você continuar fazendo e acha que está certo, no final alguém vai lhe pedir.

AS Você tem uma filosofia de design?

KH Minha filosofia é: nada de filosofia!

AS No debate "O design pode ser arte", onde você se coloca?

KH Não ligo. De qualquer modo, a natureza da arte é precisamente que ela deve tentar desafiar sua definição. O design é uma profissão. Se o resultado se torna arte ou não, não dou a mínima.

Design de Kim Hiorthøy

Cortesia de Kim Hiorthøy

Design de Kim Hiorthøy

Cortesia de Kim Hiorthøy

Tudo que você pensou que aconteceria nunca acontecerá

Peter Stemmler

Peter Stemmler nasceu em 1966 na antiga República Democrática da Alemanha. Depois da escola e do Exército, Stemmler trabalhou como fotógrafo freelancer para a imprensa, em casamentos e fazendo retratos, enquanto estudava ciências sociais e políticas na Universidade Humboldt, em Berlim. De 1992 a 1997 estudou design em comunicação na Kunsthochschule Weissensee, em Berlim. Depois de graduar-se, trabalhou como artista designer na Malásia e em Cingapura, depois entrou em um programa de intercâmbio de estudos no London College of Printing, onde estudou fotografia. Em 1996, completou estágios na revista *Interview* e no estúdio de Stefan Sagmeister em Nova York, e trabalhou como designer e diretor de arte para a Pandiscio Design, em Nova York. Desde 1999 é ilustrador freelancer. Trabalha para clientes editoriais e comerciais incluindo *Playboy*, *Vanity Fair*, *New Yorker*, *New York Times*, ESPN, MTV, VH1, SciFi Channel, Wieden & Kennedy e outros. Desde 1999 Stemmler é membro de Eboy e Quickhoney, em colaboração com Nana Rausch. Eles são especializados em "soluções de design com base em imagens em todas as mídias". Vivem com o filho de um ano no Brooklyn, em Nova York.

www.quickhoney.com

Design de Peter Stemmler
Cortesia de Peter Stemmler

entrevista Peter Stemmler

AS Como você se interessou por ilustração?

PS Acidentalmente. Eu era fotógrafo e me diplomei em design gráfico. Quando vim a Nova York, consegui emprego como designer e tinha de fazer uma brochura para a BMW com retratos fotográficos realmente feios. Simplesmente os esbocei no Illustrator e todo mundo gostou, por isso continuei fazendo isso como *hobby* e me tornei autônomo em 1999.

AS Que papel o computador exerce em seu trabalho?

PS Junta tudo: fotografia digital, ferramentas de ilustração, comunicação e jogos on-line. Consigo trabalhar em até três ou quatro trabalhos ao mesmo tempo, de e para qualquer parte do mundo. Não consigo imaginar voltar no tempo para escanear, enviar faxes e imprimir coisas.

AS Você consegue misturar trabalho pessoal e comercial?

PS Consigo. Se quero tentar alguma coisa nova, simplesmente faço isso e envio depois como *mailing* promocional. Ou coloco isso naqueles livros em que você manda seu trabalho de graça, ou então o coloco nos sites da Quickhoney ou Eboy, e depois de alguns meses consigo trabalhos com isso. Bem, aí já não é pessoal...

AS Você se preocupa com o fato de que um dia pode acordar e descobrir que seu estilo está fora de moda?

PS Não. No momento, tenho quatro estilos com que trabalho e talvez dois em que estou trabalhando. Na verdade, pensei que essa coisa de vetores já estava fora de moda, mas, opa!, ele vai voltar em uns dez, quinze anos, não é mesmo?

AS Como é seu *background* educacional?

PS Fui aprendiz de fotógrafo por dois anos, passei dois anos estudando sociologia. Cinco anos estudando design em comunicação e depois trabalhei como designer por três anos. Fui ilustrador/designer freelancer por cinco anos e trabalho como fotógrafo há doze.

AS Quando olha para trás, o que o impressiona como sendo bom em sua educação?

PS Tive um monte de tempo para descobrir o que realmente queria fazer. Até os 30 anos, viajei bastante enquanto estudava (programas de intercâmbio e trabalho na Inglaterra, Malásia, nos Estados Unidos). Depois escolhi o lugar (Brooklyn, em Nova York) onde queria viver e trabalhar.

AS Como você aprendeu sobre o lado administrativo de ser ilustrador?

PS Como eu era fotógrafo havia algum tempo e trabalhava como designer, não foi tão difícil. Mas meu estágio na revista *Interview* foi realmente útil. E, se você colabora com outras pessoas, tem muito mais oportunidades de aprender coisas com elas.

AS Como você atrai novos clientes? Sua empresa é lucrativa?

PS Faço um *mailing* com coisas novas, umas duas vezes por ano. Mas a maior parte do meu trabalho eu consigo das pessoas com quem trabalhei durante anos. Essas pessoas, muitas vezes, mudam de revista ou de empresa e me levam com elas. E, sim, minha empresa é lucrativa.

AS Se você estivesse começando sua carreira de novo, o que faria de modo diferente?

PS Não sei. Não acho que fiz alguma coisa realmente errada. Pode ser que comprasse uma boa poltrona de escritório imediatamente. Meu conselho é: não economize no monitor – compre um realmente bom. Vá trabalhar de bicicleta. Faça algum tipo de esporte, como corrida. Não trabalhe todos os fins de semana. Tome seu café com açúcar, assim não vai ter de comer todas aquelas balas. Compre um telefone celular. Se começar a ficar bom em certos jogos on-line, é porque está jogando demais. E não escreva e-mails de trabalho quando estiver bêbado, faça isso no dia seguinte de manhã.

AS O que você diria a jovens designers que começassem hoje?

PS Ah! Muito importante – não trabalhe sozinho. Não transija se o cliente não pagar de acordo. Divirta-se ou procure alguma outra coisa para fazer, como cozinhar, arquitetar, jogar on-line profissionalmente, escrever ou compor música.

Design de Peter Stemmler

Cortesia de Peter Stemmler

capítulo 8
Autopromoção

"Não quero ser famoso, só quero que meus pares gostem do que eu faço."

À parte os grandes grupos de design, os estúdios de design e os designers autônomos se promovem de maneira notoriamente desorganizada. É diferente com os grandes grupos de design multinacionais, que foram bombardeados com esteroides de marketing e sabem como pisar à porta de grandes e ricas corporações loucas para gastar milhões a fim de ter a imagem de sua marca bem trabalhada. Os grandes grupos têm o dinheiro e a competência para se promover usando técnicas sofisticadas de marketing e comunicação. Mas, como muitos nem mesmo se denominam "designers" – preferindo a expressão "consultores de marca" –, provavelmente não há muito que o designer independente possa aprender com eles. Entretanto, grupos de design menores e designers autônomos também devem se promover. Já discutimos os benefícios da exposição boca a boca na geração de novos trabalhos para estúdios, mas, na verdade, estamos falando sobre cultivar a reputação. Os designers dependem quase totalmente de sua reputação para subsistir. Vale a pena ter uma boa.

Não é fácil adquirir reputação; você tem de merecê-la e ela deve ser forjada com as matérias-primas de sua personalidade e de seu trabalho. Mas aqui há um problema: noções de fama e celebridade invadiram o corpo político do design. A obsessão do mundo do design com a celebridade não chegou às proporções do frenesi da indústria musical ou de Hollywood, mas o design gráfico agora tem seu próprio sistema de estrelato: uma lista de grandes nomes de designers célebres de grau A, seguida de uma lista de grau B e uma lista de grau C, de indivíduos menos conhecidos e, pelo que sabemos, se esquadrinharmos revistas e sites de todo o mundo, poderíamos até encontrar uma lista de grau Z.

A conclusão disso tudo é que o mundo do design confundiu fama e celebridade com reputação. Agora é possível, mesmo para um designer de sucesso moderado, aparecer na imprensa, ser entrevistado em revistas e ser convidado para dar palestras em faculdades e falar em seminários de design. Isso antigamente acontecia somente aos grandes e bons da área: designers que tinham adquirido preeminência ao longo de décadas. Hoje, tal é o apetite por design gráfico que muitos designers – e não apenas as figuras principais – estão sob os refletores. Também vimos estúdios chegando ao cenário jactando-se de algum trabalho brilhante e atraindo atenção imediata. As revistas escrevem sobre eles e, a despeito de terem existido por menos tempo do que leva para assoar o nariz, eles conseguem publicar uma monografia. De repente, o estúdio adquire *status* de celebridade menor. Outros designers jovens olham para isso com admiração e pensam: que bom ser o objeto de tanta adoração.

Você pode pensar que não há nada muito errado a esse respeito, mas, de fato, atenção injustificada pode ser destrutiva. Poucas vezes é desejável ser a "próxima grande coisa". Talvez ajude a impulsionar o estúdio para a frente durante alguns meses, abrindo algumas portas e atraindo novos clientes. Decerto será fugazmente agradável ter jornalistas de design querendo sua opinião e ter seu trabalho publicado em revistas e novos e atraentes livros de design. Mas, a menos que esse interesse se baseie em fundamentos reais, vai evaporar. Folheie a imprensa de design dos últimos três ou quatro anos e verá o que quero dizer: vai encontrar designers destinados ao sucesso de que ninguém nunca mais ouviu falar desde então, e encontrará resenhas de monografias de estúdios que não existem mais.

Há até uma teoria, que atualmente ganha crédito por toda parte em círculos de design, que prediz que, se você tem fama demais, ela transborda e lhe queima os pés. Imediatamente depois de seu *one-man show* que fez época no Museu Victoria & Albert em Londres em 1988, e a publicação de uma monografia que foi sucesso em vendas,[1] o designer britânico Neville Brody foi à falência e forçado a encontrar trabalho no exterior nos dez anos seguintes. Mais recentemente, em uma pesquisa entre os leitores organizada pelo jornal britânico *Creative Review*, o eminente designer britânico Peter Saville não conseguiu reter sua coroa como o "Melhor Designer Gráfico em Atividade", categoria em que vencera nos dois anos anteriores. Isso foi inesperado: o designer tinha desfrutado de um ano de surpreendente sucesso. Fizera um *one-man show* muito admirado no Museu de Design de Londres, publicara uma monografia longamente esperada,[2] e desfrutara de uma cobertura sem precedentes (para um designer) pela imprensa não especializada em design. Patrick Burgoyne, editor do *Creative Review*, publicou um artigo em que reflete sobre isso:

> Peter Saville, em particular, parece ter sofrido com a exposição fornecida pela exibição no Museu do Design do ano passado e pelo livro: do prêmio de melhor designer gráfico por dois anos seguidos, ele agora nem chega aos três primeiros. Decerto isso não se reflete em seu trabalho ou em seu lugar, no longo prazo, no firmamento do design, mas talvez seja um exemplo da natureza contrária do que se passa por fama no micromundo gráfico.[3]

---

1 Em 1988, Brody publicou a primeira de suas duas monografias, que se tornaram *best-sellers* de design gráfico – a venda de ambas é, agora, superior a 120 mil exemplares. A exibição que acompanhou o lançamento no Museu Victoria & Albert atraiu mais de 40 mil visitantes antes de viajar pela Europa e pelo Japão.

2 Emily King (org.), *Designed by Peter Saville* (Londres: Frieze Books, 2003). A mostra se intitulava "The Peter Saville Show", no Museu do Design, Londres, 2003.

3 Em *Creative Review*, outubro de 2004. O designer Mark Farrow venceu, com Michael C. Place e Stefan Sagmeister como finalistas.

"Micromundo" está correto. A fama em círculos de design gráfico é um pouco como a fama em odontologia: não vai muito longe. Se você for membro de uma banda de música pop, seus pontos de vista e opiniões serão procurados pela mídia impressa e eletrônica. Mas ninguém está interessado no que pensa o designer gráfico para além dos limites do design gráfico, e, na verdade, pouquíssimos designers gráficos estão à altura do desafio. Quando se expõem e são interrogados fora do aconchegante mundo do design, os designers gráficos tendem a aparecer como egocêntricos e interessados apenas em design gráfico.

A lição é simples: não devemos confundir admiração e respeito com fama ou celebridade. Vários grupos procuraram adquirir fama e celebridade promovendo-se de modo intensivo e comportando-se mais como bandas de música pop do que grupos de design. Nos últimos anos, houve alguns culpados espetaculares. O gesto espalhafatoso do projeto do livro brilhante é uma manha típica: um livro grande e grosso chega ao cenário, recheado de pirotecnias visuais, e à primeira vista parece mostrar o grupo como dinâmico e ousado, mas uma inspeção mais próxima revela que são rabiscos gráficos egocêntricos e inúteis. E para aqueles que se comportam assim é perigosamente fácil acreditar em seu próprio tititi. Em geral, termina com algum tipo de implosão ou uma reviravolta dramática da sorte.

Sendo notado

Decerto, a fama e a celebridade são ilusórias e não garantem sucesso nem reconhecimento duradouro, mas você precisa ser notado. Não pode se esconder em um buraco no chão e esperar que os clientes o notem. Há várias ações legítimas que podem ser realizadas com essa finalidade. Nas próximas páginas vamos explorar algumas dessas opções. Entretanto, nada funciona tão bem como o simples expediente de fazer trabalhos perfeitos. Se você produzir trabalhos eficazes, originais e que impressionem, cheios de ressonância emocional ou intelectual, é pouco provável que não seja notado.

Essa disposição de reconhecer e dar-se conta dos bons trabalhos feitos por outros é uma das características mais simpáticas do mundo do design. Talvez seja melhor assim, porque é assim que as reputações são forjadas. Uma reputação começa no mundo do design e só quando está firmemente enraizada lá consegue espalhar-se pelo mundo maior dos clientes do comércio e da cultura. Os designers com boa reputação no mundo do design lentamente começam a adquirir reputação fora dele. Se você for de um dos grandes e poderosos grupos de design de que falei antes, pode tentar construir uma reputação no mundo dos negócios – mas para designers independentes isso está fora de questão. Tem de começar dentro do mundo do design, confiante de que, se sua reputação for forte, será detectada por clientes alertas e você se verá saindo do isolado mundo do design e entrando no mundo maior dos clientes, dinheiro, contatos e oportunidades.

Além de fazer trabalhos perfeitos, há uma ou duas outras coisas que pode fazer para ajudar no processo: você pode ser generoso a respeito do trabalho de outros designers, pode ajudar os designers iniciantes ensinando-os, estimulando-os e oferecendo experiência profissional, proferindo palestras e tomando parte em seminários, escrevendo sobre design (e não a seu próprio respeito) e pode comportar-se de maneira ética.

Trabalho feito para o portfólio, não para o saldo bancário

Os designers muitas vezes imaginam que, se escreverem seus próprios briefings, produzirão um tipo de trabalho que vai melhorar seu perfil. Algumas vezes até funciona. Projetos de iniciativa própria muitas vezes são necessários para a saúde psíquica dos indivíduos – ou dos estúdios –, e o desejo de experimentar e explorar é perfeitamente razoável. Mas a triste verdade é que os clientes não ficam tão impressionados com projetos de iniciativa própria quanto ficariam com um perfeito trabalho feito em resposta a um briefing da vida real. Faça trabalhos pessoais, é claro, mas faça-os apenas por razões pessoais e não se iluda pensando que eles lhe abrirão portas.

Ao contrário, tente encontrar um cliente com quem você possa negociar. Procure um cliente que o deixe fazer trabalhos ousados e desafiadores em troca de um preço substancialmente reduzido. Isso poderia ser trabalho aceito por uma boa causa: em prol de uma instituição de caridade ou organização não governamental. Ou poderia ser uma oportunidade para oferecer suas habilidades a um cliente que, em situações normais, acharia que você é muito caro. Há uma regra não escrita que estabelece que, quanto mais dinheiro o cliente gasta, menos liberdade ele dá, mas, se você encontrar um – um cliente vivo e andando – que lhe permita e o estimule a produzir trabalho inovador, vai ser muito mais benéfico para sua reputação do que um projeto de sua própria iniciativa.

Mas isso não deve ser usado como uma oportunidade para autoindulgência. Muito pelo contrário: não é para agradar a si mesmo. A despeito da liberdade ostensiva que negociou e da ausência de dinheiro, você precisa trabalhar com a mesma vontade, imaginação e foco que teria em um projeto com orçamento cinquenta vezes maior. Porque, nos círculos de design gráfico, o que realmente faz as células vermelhas do cliente circularem é ver trabalho que *funciona* – estética e comercialmente.

Onde você encontra esse cliente? Comece por abordar um assunto ou uma área que em geral não apresenta bom design: não se aproxime de uma marca esportiva em voga ou de um editor que só produz livros maravilhosos. Vá visitar um centro de jardinagem local ou um dentista. Ou pode fazer o que fizemos na Intro, fazer designs de capas de CD para selos de *reggae* e *dub*. Veja o que aconteceu: um velho e grande amigo meu veio me visitar e disse que estava organizando um selo de CD chamado Blood and Fire (Sangue e fogo) para lançar clássicos *reggae* e *dub* jamaicanos dos anos 1970. Embora fosse apoiado por algumas das preeminentes figuras da indústria musical britânica, ele não "passava cheques em branco" e os orçamentos eram apertados. Reconheci a oportunidade de fazer um excelente trabalho. As capas de CD jamaicanas originais têm uma curtição visceral, cândida, enormemente apreciada pelos fãs desse tipo de música. Mas a embalagem da música jamaicana pelos selos americanos e europeus tendiam a ser complacentes lugares-comuns: tudo eram tranças e cores rastafári. Estava aí uma área da embalagem musical que não fora tocada pelo design. Disse ao meu amigo que, se ele confiava em nós para seguir um caminho nunca percorrido antes, criaríamos para ele alguma coisa notável.

Mat Cook assumiu a tarefa de fazer o design na primeira leva das capas da Blood and Fire. Nessa época, o design gráfico estava em poder dos novíssimos computadores Apple Macintosh: a maior parte do design gráfico que então circulava apresentava uma mesmice digital, o mesmo padrão. Em típica oposição, Mat se encaminhou para a direção contrária. Arranjou um martelo, alguns pregos enferrujados, pedaços de uma velha cerca de zinco, alguns recipientes de tinta industrial e fez uma série de instalações farelentas que pareciam um trabalho de Robert Rauschenberg* realizado em um ferro-velho em Kingston, na Jamaica. Quando as instalações tipo escultura de Mat apareceram nas capas dos CDs, não só foram elogiadas, mas também comerciantes experientes e distribuidores admitiram que as capas tinham sido um fator significativo no rápido sucesso do selo.[4]

Numa época crucial na história da Intro, isso nos trouxe uma injeção de atenção muito bem-vinda. Como resultado, todo tipo de gente, inclusive clientes de fora da área musical, nos abordou com ofertas de trabalho. Os jornalistas telefonaram pedindo entrevistas, e es-

---

* Referência ao artista americano do expressionismo abstrato e da *pop art* Robert Rauschenberg (1925-2008). (N. T.)

4 Mat nem mesmo gostava de *dub*. Mas, como o grande designer Reid Miles da Blue Note provou, você não precisa gostar da música para fazer grandes capas para ela: Miles era famoso por não gostar de *jazz*, e nunca ouviu a música dos artistas para quem tinha de criar designs de capa. Como esses dois exemplos provam, se você tiver suficiente consciência cultural, pode produzir trabalho culturalmente apropriado.

tudantes escreveram pedindo emprego – os dois principais sinais de que estávamos no mapa. Ainda assim, examinando esse trabalho nos estritos termos da contabilidade, foi um desastre a curto prazo. Tivemos prejuízo em todo o trabalho que fizemos para a gravadora. Mas isso foi monitorado cuidadosamente: avaliamos o sacrifício necessário e tivemos fé na habilidade de Mat para criar um trabalho genuinamente iconoclasta. Certificamo-nos de que nossos custos externos não saíssem do controle (cerca de zinco e pregos enferrujados são baratos), mas não limitamos a quantidade de tempo que demos ao projeto.

Valeu a pena; nos anos que se seguiram, esse trabalho gerou uma vasta quantidade de novos trabalhos de firmas, bandas e outras gravadoras de discos que admiravam a aparência da Blood and Fire, e melhorou nossa reputação num momento crítico de nosso desenvolvimento. Todo designer e todo estúdio deveriam ter um cliente como a Blood and Fire.

King Tubby, *Dub Gone Crazy*;
Yabby U, *King Tubby's Prophesy of Dub*
Capas de álbuns de Mat Cook, da Intro
Cortesia da Intro

O grupo de design Browns, fundado pelo designer Jonathan Ellery, escolheu um caminho diferente. Desde o início a Browns publicou seus próprios livros. O assunto invariavelmente baseado em imagens e a quantidade de publicações constituem uma realização substancial e contribuíram significativamente para construir a reputação da Browns como um dos estúdios de design britânicos mais brilhantes e quase artesanais. Mas Ellery não teve a intenção de produzir livros que funcionassem como *trailers* promocionais para a empresa. "Olhando para trás, nossos primeiros projetos de livros ocorreram em resposta ao que sentíamos na época, de que o mundo de design gráfico era muito corporativo e clínico", nota ele.

> O incentivo e a energia para produzir nossos próprios livros vieram de uma mistura de desespero, nenhum cliente e amor pela página impressa. Gostaria de poder dizer que havia uma estratégia comercial ou de relações públicas, mas não havia.

> Naquele tempo, nosso contador nos disse que não tinha sentido e até hoje ele luta com o conceito.[5]

O contador deles devia abrir os olhos. A estratégia valeu consideravelmente a pena. Hoje, a Browns trabalha para um leque diversificado de clientes (Channel 4, Unicef e Marks & Spencer) e, ao mesmo tempo que o sucesso dela é maior do que os livros que produz, o pequeno catálogo de lindas publicações artesanais parece ter contribuído substancialmente para o crescimento e reputação do estúdio. Como explica Ellery:

> As pessoas sempre acharam nossos livros interessantes, o que é muito gratificante. Parece que nossos livros encontraram um caminho no design, na fotografia e nas revistas de arte que nos deu um perfil ao longo do tempo e de certa forma nos definiu como estúdio. Fazemos montes de outras coisas, mas os livros parecem ser os projetos com a maior ressonância. Isso sempre me surpreende quando recebo um telefonema de gente como o designer de moda Dries Van Noten nos pedindo para fazer um livro para ele. Ao longo dos anos ele adquiriu alguns dos nossos projetos de publicação e se associou a eles.[6]

Browns A Walk through Books e *Coney Island Bruce Gilden*, design da Browns

Cortesia da Browns

A relutância de Ellery em formalizar as atividades editoriais da Browns em uma atividade promocional calculada paradoxalmente as torna mais eficazes como ferramentas promocionais. Os livros são feitos por convicção – poderíamos dizer por amor –, o que torna seu impacto mais forte.

5 Em entrevista para o autor do livro.
6 Em entrevista para o autor do livro.

> Agora estamos curtindo uma época em que os livros que criamos e publicamos estão, estranhamente, criando oportunidades de negócio. A Image Library Photonica é outro exemplio de cliente pagando bom dinheiro para que criemos um livro para ela. De maneira engraçada, nossas atividades editoriais – um gesto puramente cultural de nossa parte – conseguiram bons resultados nos negócios.[7]

Concursos de design

Sobre concursos de design, as opiniões divergem. Para muitos designers, a ideia de "competir" como atletas em uma corrida é anátema. E você pode entender sua posição: os detratores notarão que ganhar um prêmio em design não necessariamente significa que você é "o melhor". Para começar, se você não entrar, não pode ganhar. Ainda por cima, em geral você tem de pagar para entrar; por isso, só aqueles que podem pagar a taxa de inscrição podem tomar parte, o que significa que, se ganhar um prêmio em design, você de fato está só ganhando o prêmio de "O Melhor dos que Concorreram". Além disso, tem de apresentar seu trabalho ao escrutínio de companheiros designers que são, por definição, seus rivais nos negócios. Como pode estar seguro da imparcialidade deles?

Outros designers têm um ponto de vista mais confiante: fazem questão de participar de todos os concursos, sobre a razoável premissa de que, se ganharem, levam de presente uma oportunidade promocional valiosa e recebem o louvor mais precioso do designer: a aprovação de seus pares. (Os ganhadores também recebem "estatuetas" horrorosas ou falsos rolos de pergaminho decorados com péssima caligrafia para expor em seus estúdios. O que leva à questão: por que os prêmios em design em geral são tão feios?)

A despeito de todas as queixas e controvérsias em torno dos trabalhos ganhadores ("Por que escolheram aquele? Fiz uma coisa idêntica seis anos atrás"), estes em geral são bons. Notei algo mais: já me sentei à mesa de jurados inúmeras vezes e sempre me impressiono com a generosidade dos designers com o trabalho dos colegas. Claro, você encontra alguns indivíduos ácidos e ressentidos, mas são a exceção, não a regra. A primeira vez que participei de um júri, esperava que fosse um ninho de cobras de medo e ódio, mas meus companheiros jurados foram generosos, atenciosos e incansavelmente justos. Percebi o mesmo nos outros júris de que participei (não que isso evite algumas decisões absurdas de vez em quando).

7 Em entrevista para o autor do livro.

Todos os escrúpulos sobre concursos de design, sua artificialidade, sua injustiça fundamental, somem quando ganhamos. É uma delícia ganhar um prêmio em design, e os ganhadores devem fazer publicidade e explorar seu sucesso. Envie um pequeno e-mail a seus clientes anunciando que ganhou (não exagere e mencione alguns outros ganhadores, também) e nunca esqueça de incluir seus clientes em quaisquer comemorações – você não teria ganho sem eles.

Organizações profissionais

Há numerosas instituições profissionais que oferecem apoio, consultoria e educação para o designer iniciante.[8] A maior parte dos países as tem: no final deste livro há uma lista das organizações e instituições estabelecidas. A maior parte delas cobra taxas de adesão e, em troca, você consegue consultoria útil e oportunidades para aprender mais sobre design e assuntos a ele relacionados de colegas profissionais. Claro, alguns designers preferem ficar afastados das atividades comunitárias: entendem que aderir a instituições de design é um passo na direção da perda de independência e de se tornar ligado ao *establishment*; tendem a rejeitar organizações profissionais por serem convencidas e autoapreciativas. Outros, com instintos mais sociáveis, saboreiam a camaradagem que ocorre quando se juntam indivíduos que pensam de forma semelhante e se tornam participantes energéticos.

O altruísmo fundamental das várias instituições e associações profissionais e o grau em que promovem os interesses do design e dos designers não podem ser questionados. Nos últimos anos, fizeram esforços evidentes e vigorosos para se tornar mais inclusivas, com ênfase especial no auxílio e encorajamento de estudantes e recém-graduados. Elas organizam palestras, sessões educacionais e têm feito uso extensivo e eficaz de material on-line. Entretanto, é inevitável que, na tentativa de se tornar mais abrangentes, tendam a representar a corrente principal: se os seus interesses estão nas margens e nos nichos do

8 Na descrição de si mesma, a AIGA coloca seus objetivos e intenções: "A AIGA estabelece a ordem do dia para o papel do design em seus contextos econômico, social, político, cultural e criativo. A AIGA é a maior e a mais antiga associação para profissionais dedicados à disciplina, prática e cultura do design. Fundada como American Institute of Grafic Arts [Instituto Americano de Artes Gráficas], em 1914, como um pequeno clube privativo, a AIGA agora representa mais de 16 mil designers, com atividades nacionais e programas locais desenvolvidos por 48 filiais e mais de 150 grupos de estudantes". Disponível em www.aiga.org.

design e cultura contemporâneas, talvez elas sejam menos relevantes para você. Se você se associa ou não é questão de julgamento pessoal.

Comparecendo a seminários e palestras

Hoje não há escassez de seminários de design para que os entusiastas compareçam. São realizados em todo o mundo, em cidades atraentes que ninguém se incomoda de ser obrigado a visitar. São organizados pela imprensa de design, por editores, instituições profissionais e centros artísticos e fornecem oportunidades agradáveis de ouvir outros pontos de vista e discutir assuntos urgentes com nossos pares. Mas os seminários de design – em geral realizados em tipos de hotel e salas de reuniões que tornam viver numa tenda à beira de uma estrada movimentada parecer atraente – fazem algum bem? Oferecem alguma coisa substancial ao jovem designer? Não são baratos, mas, ainda assim, grande número de pessoas comparece para ouvir famosos designers falar e mostrar seus trabalhos. Não podem ser tão ruins.

A escritora e organizadora de seminários Alice Twemlow escreveu um artigo sobre o fenômeno do seminário de design:

> Os seminários de design são os lugares onde ouvimos mais literalmente as vozes dos designers. Ainda assim, de todos os aparatos e artefatos que a comunidade do design gráfico usa como boias profissionais, os seminários são os menos desenvolvidos e mais desconcertantes. Afinal de contas, livros, anuários, revistas e mostras são o território nativo dos designers gráficos, e os currículos acadêmicos e as associações profissionais estão firmemente estabelecidos na psique da disciplina. Entretanto, os seminários são relativamente novos na área e eles se sentam ali com certo desconforto. Os copos de café de isopor, as mesas envolvidas e escondidas por tecidos, os crachás com "Olá, meu nome é..." e as apresentações em PowerPoint trazem consigo o cheiro estranho das convenções da Shriner e o encontro anual dos agentes de viagem, dos corretores de seguro para carros ou dos dentistas.[9]

Twemlow acerta na mosca com seus "copos de café de isopor" e "mesas envolvidas e escondidas por tecidos", e seus comentários sobre o desconforto que algumas vezes ocorre entre os designers e a arena do seminário são perspicazes. Mas, tendo comparecido a seminários tanto como participante como na qualidade de espectador, aprendi

9 *Eye*, nº 49, outono de 2003.

alguma coisa – mesmo se for só para estar inteiramente preparado se você for um dos oradores, e levar alguns comprimidos contra azia e má digestão se estiver planejando encontros sociais no final da noite.

Não tão grandiosas como os seminários, as palestras são parte essencial da educação de um designer – especialmente se o palestrante for um bom orador, com coisas interessantes a dizer. Sessões de perguntas e respostas podem fornecer valioso *insight* no processo criativo. Muitas vezes fui forçado a reavaliar o trabalho de um designer depois de assistir a sua palestra. Há alguma coisa sobre o formato elementar da sala de palestras que nos permite chegar ao âmago da questão. No design, frequentemente pensamos que há apenas um modo de fazer as coisas, mas ouvindo designers, em especial aqueles com origem em culturas diferentes, percebemos outras possibilidades. Participei de uma palestra com alguns designers japoneses em Tóquio. O trabalho deles era empolgante, mas eram excessivamente modestos sobre isso – quase se desculpando. E, se nunca advoguei a arrogância, eles fizeram com que eu me desse conta de que você pode também ser humilde demais.

Mantendo relações com faculdades de arte

Há muitas boas razões para que valha a pena manter conexões com sua antiga faculdade, ou criar novas relações com outras escolas. Os designers têm o dever não escrito de passar adiante sua experiência e apoiar a geração seguinte de designers. É relativamente fácil fazer isso. As faculdades gostam de receber visitas e organizar palestras de profissionais. E, como elas em geral pagam por nosso tempo, não há desculpas para não o fazer. Muitos designers desenvolvem o gosto de ensinar e descobrem uma aptidão para mentores. Alguns se tornam examinadores externos, ao passo que outros gostam de fazer palestras e apresentações ocasionais. Mas manter conexão com escolas não precisa ser apenas altruísmo. Os designers também têm muito a ganhar, em termos práticos, associando-se a estabelecimentos educacionais.

Em uma entrevista que fiz com a designer americana Paula Scher, da Pentagram, ela identificou um dos benefícios adicionais de ensinar: "É muito bom para o recrutamento. Eu consigo contratar os melhores estudantes", disse-me ela, antes de declarar: "[...] ensinar é uma excelente maneira de ter o tipo de diálogo que não posso ter com meus clientes: sobre estética, sobre teoria da cor, sobre teoria do design. É muito benéfico ter essa outra perspectiva".[10]

10 *Design Week*, 4-12-2003.

Assim, ensinar faz bem à alma, e é bom para o recrutamento. E eu acrescentaria um outro benefício: os estudantes de hoje são, em alguns casos, os clientes de amanhã. Uma vez fui contatado por uma senhora que administrava um grande departamento governamental que lidava com assuntos educacionais. Ela estava procurando uma empresa de design que aceitasse um projeto de grande escala. Disse-me que normalmente isso seria feito por sua equipe de designers *in-house*. Explicou-me que raras vezes contratavam estúdios externos independentes. Mas, nessa ocasião, o projeto era grande demais para a equipe dela e, para encontrar uma empresa de design adequada, pedira a um de seus designers que recomendasse um estúdio. Por acaso, o designer que consultou comparecera a uma palestra que eu tinha dado em sua faculdade. Ele ficara impressionado e indicou meu nome. A mulher visitou nosso estúdio e, depois do inevitável *pitch*, ganhamos o projeto.

Mas isso não vai acontecer toda vez que você fizer uma palestra ou mostrar algum trabalho numa escola de arte. O ponto é que isso *pode* acontecer; portanto, você deve encarar o contato com faculdades como uma oportunidade para dar alguma coisa à próxima geração, com a confiança de que seu altruísmo pode ser retribuído em algum momento.

Lidando com a imprensa especializada em design

Os designers imaginam que uma cobertura na imprensa especializada – uma entrevista em profundidade ou uma menção casual – significa sucesso instantâneo: imaginam que os clientes vão correr trazendo-lhes trabalho depois de ler e de ver seu trabalho nas páginas lustrosas de uma das sofisticadas revistas de design. Infelizmente, quase nunca acontece dessa maneira.

A exposição à imprensa do design é um passo importante para adquirir uma reputação no mundo do design, mas não deve ser confundida com um passaporte para o sucesso instantâneo. Essa exposição é desejável e vale a pena, mas seus efeitos são cumulativos. As pessoas precisam ver dois ou três trabalhos, ou ler alguns artigos ou novos itens antes que o processo do boca a boca comece a sério. E, é claro, quando ganhamos a oportunidade de ficar sob a luz dos refletores, temos de nos certificar de que fazemos tudo certinho e não usar o momento para fazer papel de bobos.

Como você faz seu trabalho chegar à imprensa do design? Os editores e jornalistas estão constantemente procurando por novas vozes e novas faces. É o trabalho deles, e, se você for bom, eles o encontrarão. Mas há maneiras de ajudá-los a encontrar você. Desenvolva o hábito de enviar às revistas detalhes de seu último trabalho. Inclua uma breve descrição do projeto em questão, o nome do cliente e qualquer outra informação relevante.

Seja sucinto: se um editor estiver interessado, alguém entrará em contato com você sobre os detalhes. O documento, com as imagens que o acompanham, deve ser enviado antes que o trabalho seja exposto ao público ou à audiência desejada, e muito tempo antes do fechamento da revista. A maior parte das revistas quer trabalhos chamativos, novidades e imagens de alta qualidade.

Você precisa estudar a imprensa de design e decidir para quais revistas e periódicos (on-line e impressos) o seu trabalho é mais adequado. Pode ser benéfico aparecer de vez em quando em uma revista menos óbvia, embora seja difícil persuadir editores que não cobrem regularmente design gráfico a publicar matérias sobre a área. Você também precisa decidir quais seções e quais revistas seriam adequadas para seu projeto. Um telefonema à revista vai permitir que você descubra os prazos de publicação, a política quando recebem material para publicação e a quem enviar seu trabalho. Procure reportagens especiais – por exemplo, pesquisas ou análises regionais de setores especializados como design digital ou animação de imagens. O tempo é vital: se você perder o prazo, terá de esperar mais um mês antes que seu trabalho possa ser incluído, e então pode ser que seu projeto se tenha tornado notícia velha.

Também precisa ter em mente questões de confidencialidade (seu cliente quer o produto exposto antes de ser lançado?). A maior parte dos clientes gosta de ver o trabalho que encomendou ser abordado em uma revista, mas é essencial conseguir sua permissão. Entretanto, a coisa mais importante a lembrar é que os jornalistas são afogados por material e, embora grande parte do que recebem seja ruim, não há escassez de bons projetos para publicar. Então, só vão usar uma pequena percentagem do que recebem, portanto envie apenas seus melhores trabalhos. Todas as revistas pedem exclusividade, assim, você acabará sem amigos rapidamente se for visto distribuindo o material a torto e a direito, para todo mundo. Escolha qual revista é mais apropriada para seu projeto e envie as informações a ela, e só a ela.

Depois que se tornar conhecido como fornecedor confiável de material visual empolgante, os jornalistas vão entrar em contato com você para ver em que projetos está trabalhando, mas, até que esse dia chegue, será você a precisar contatá-los. Os jornalistas também podem descobrir que você é um fornecedor confiável de citações e convidá-lo para contribuir com comentários a artigos: desse modo, você pode falar sobre seus tópicos favoritos.

Se for realmente quente, pode se tornar matéria de um perfil. A menos que seja muito confiante, eu evitaria dar entrevistas pelo telefone. Os jornalistas são falíveis, e algumas vezes comentários e observações são publicados de modo incorreto, com consequências muito ruins. Uma das primeiras entrevistas que fiz a uma revista foi por telefone. O resultado foi um desastre. Um jornalista muito ocupado falou comigo sobre um trabalho que eu fizera: podia sentir a pressa dele. E, nessa pressa, ele confundiu meu cliente com uma empresa concorrente e passei semanas tentando construir uma ponte sobre o precipício que se abriu entre mim e meu aborrecido cliente. Faça entrevistas por e-mail. Isso lhe dará tempo para pensar sobre as respostas e evitar gafes. Alguns jornalistas preferem entrevistas pessoais, e você não tem escolha: mas leve a coisa com calma, e não se intimide se tiver de complementar respostas por e-mail depois da entrevista.

Outra possibilidade é oferecer-se para escrever artigos para a imprensa especializada. Os editores com frequência recebem contribuições de designers profissionais. Claro, você tem de saber escrever. Embora um bom subeditor possa melhorar a prosa mal escrita, os editores em geral preferem encomendar o trabalho a alguém cujo texto não precise passar por muitas cirurgias. Mas, se você tiver *insights* sobre algum aspecto do design, sugira-o a um editor.

Os designers precisam de injeções regulares de exposição, mas não permita que isso se torne uma fixação. Na melhor das hipóteses, os benefícios são fugazes e transitórios. Pense em adquirir uma reputação duradoura por bons trabalhos feitos consistentemente por vários anos – e não pelos últimos quinze dias. Se você quiser ser famoso, a primeira coisa que tem de fazer é parar de querer ser famoso.

Corey Holms

Corey Holms nasceu em 1970 e se graduou no Instituto de Artes da Califórnia em 1996. Até recentemente era diretor de arte na Crew, em Los Angeles, onde trabalhava em pôsteres, campanhas publicitárias e mídia impressa para apoiar longas-metragens. Entre seus clientes estão Warner Brothers, Universal, Imagine, Paramount, 20th Century Fox, Sony e HBO. Antes da Concept Arts, trabalhou para a Sapient Corporation, em sites, para um leque de clientes corporativos. De 1996 a 1999 trabalhou na Frankfurt Balkind, onde desenhou o logotipo para a série de televisão *Os Sopranos*, assim como pôsteres para o Museu Getty. Desde 1996, além de ter um emprego em tempo integral, manteve-se como próspero freelancer, trabalhando para numerosos clientes nos setores de moda e arquitetura. Atualmente reside em Brea, na Califórnia, com sua esposa e filhas gêmeas.

www.coreyholms.com

Design de Corey Holms

Cortesia de Corey Holms

entrevista Corey Holms

AS O que o levou a ser designer gráfico?

CH Capas de discos e revistas em quadrinhos. Eu não tive uma aula de arte na escola depois da quarta série, incluindo os dois primeiros anos de faculdade. Mas tinha obsessão por colecionar coisas desenhadas. Então comecei a notar que uma porção de coisas que eu estava comprando era feita pelas mesmas pessoas: The Designers Republic, Dave McKean, Bill Sienkiewicz, Neville Brody, Malcolm Garrett e muitos outros.

Depois de dois anos na faculdade, decidi tentar arte. Fui até a CalArts para falar com alguém sobre isso e encontrei Jeff Keedy, então diretor do programa de design na escola. Eu estava interessado em fazer alguma forma de belas-artes que envolvesse tipografia. Keedy disse que o design era o único programa que permitia aos estudantes ter aulas de tipografia. Naquela altura, decidi ser designer. Acho que teria falhado miseravelmente se tivesse feito belas-artes, e foi inteiramente fortuito o design ter me encontrado.

AS Ao olhar para trás, houve aspectos de sua educação que não pareciam importantes na época, mas que agora parecem importantes?

CH Muitos: gostaria de ter prestado mais atenção em todas as minhas aulas, mas especificamente nas aulas de design de tipos (que nos foi ensinado através da caligrafia, que eu achava uma perda de tempo) e história do design, nas quais dormi a maior parte do tempo. Acho que é incrivelmente importante entender a história do design, de outro modo você comete erros notórios na escolha de tipos. Vi tantos designers escolherem tipos inexatos ou inapropriados para projetos porque não têm conhecimento de quais são as conotações. Em uma das empresas em que trabalhei, um dos designers sempre escolhia tipos dos anos 1930 para filmes de horror. Para cada apresentação de horror, havia uma seleção de pôsteres que pareciam ter sido desenhados para o Orient Express, e o designer nunca compreendeu por que os tipos estavam errados.

AS Você trabalhou em uma grande empresa de design e ainda assim conseguiu fazer projetos pessoais. Pode falar a esse respeito?

CH Quando você trabalha em uma grande empresa de design, muitas vezes há menos oportunidades para a visão pessoal do que se trabalhasse em uma empresa pequena. Os projetos pessoais são, para mim, uma forma de ver o projeto desde o nascimento até a entrega. Isso me mantém honesto, sabe o que quero dizer? Seria muito fácil perder algumas habilidades que não são usadas no trabalho do dia a dia (como tipografia) e eu o faço em parte pela experiência.

Também o faço porque adoro design. Não consigo parar de fazer design (para grande desgosto de minha esposa). Fico acordado até tarde no sofá assistindo a um filme ruim, enquanto trabalho em tipografia ou em um projeto meu. Um dia de trabalho não me dá as oportunidades de fazer tudo que quero (como o design de tipos, ou experimentação com formas), por isso eu o faço no meu próprio tempo, depois que todo mundo já foi dormir.

AS Quais são as vantagens de trabalhar para grandes estúdios?

CH Para mim, é, antes de tudo, a segurança. Embora o conselho que recebo de todos os meus amigos designers seja de montar meu próprio estúdio, tenho uma família para cuidar, e pensar no preço de uma cirurgia ou em não conseguir pagar a hipoteca simplesmente me aterroriza. Essa é a principal razão pela qual fiquei numa agência grande. Tenho um salário regular, férias pagas e seguro-saúde (entre outros benefícios). Eu jamais poderia tirar férias se trabalhasse por conta própria, e meus nervos ficariam em frangalhos.

Sou péssimo para negócios, por isso preciso de alguém que cuide desse aspecto do trabalho para mim. Para administrar seu próprio estúdio, você precisa ser um grande designer, gerente de conta e contador. A luta para ser um designer já é suficiente; não consigo desempenhar os outros dois papéis. Outra vantagem de trabalhar para uma grande agência é a clientela. Eu nunca conseguiria trabalhar para tantos clientes maravilhosos se não fosse pela segurança e paz de espírito que eles obtêm do mecanismo corporativo.

AS Você trabalha para um surpreendente leque de clientes. Consegue escolher os trabalhos que aparecem?

CH A menos que haja um problema real ou com o projeto ou com o cliente, trabalho no que me é atribuído. Houve ocasiões em que um cliente não apreciou o trabalho que fiz, então ficou decidido que eu me retiraria dessa conta e me concentraria em outra, em que o cliente gostasse do meu trabalho. Mas, à parte isso, trabalho no que chega à empresa.

Como não sou financeiramente independente, o trabalho como assalariado me proporcionou a oportunidade de escolher projetos que são os mais recompensadores para mim, como freelancer. Claro que há sacrifícios que precisam ser feitos – o trabalho como freelancer não chega nem perto da quantidade de tempo que merece, mas essa é uma concessão que lamentavelmente tenho de fazer. Espero que, no futuro, as duas coisas se equilibrem, mas no momento esse objetivo não é alcançável.

AS Como você aborda trabalhos que parecem oferecer pouca margem à criatividade?

CH Algumas vezes, esses são os mais interessantes. Sei que essa resposta soa como sendo um pouco ensaiada, mas é verdade. Quando me dão rédea livre, tendo a correr em círculos por bastante tempo antes de me firmar nas ideias que desejo perseguir. Mas, com pouca margem à criatividade, algumas vezes você precisa realmente entrar nos detalhes. Tento estabelecer-me pequenos objetivos, como personalizar o *kerning* de um documento inteiro, de modo que, pelo menos, a tipografia fique perfeita.

Recentemente desenhei uma brochura que precisava passar uma ideia da Segunda Grande Guerra na França (mas era muito restritiva do ponto de vista do design); assim, pesquisei o tipo do período para me certificar de que usaria apenas tipos e detalhes tipográficos historicamente exatos. Foi divertidíssimo e aprendi coisas que mal posso esperar para usar em um projeto pessoal apropriado. Acho que a chave está em encontrar uma coisa especial a respeito do projeto e perder-se naquela minúcia. Não estou dizendo que cada trabalho é como esse, mas você pode encontrar algo na maioria deles.

AS O que você acha do cenário atual do design?

CH Fico surpreso em ver a rapidez com que o design se canibaliza. Como vivemos numa cultura global, tendências e influências se espalham muito mais depressa do que acontecia antigamente. O cenário atual do design assimila o "novo" em questão de semanas, e livra-se dele no nível comercial seis meses depois. Não sei se isso é bom ou mau. Mas estou interessado em ver como o design será afetado dentro de dez anos. Exatamente no período em que a internet se tornou preeminente, houve uma profunda mudança na maneira como os designers trabalham, se comunicam e encontram inspiração.

Atualmente, há designers que vivem desenhando coisas para outros profissionais da área consumirem. Não consigo pensar em outra indústria de serviço que tenha sua própria subindústria para servi-la. Não existem *chefs* que cozinhem apenas para outros *chefs* – e antes que você diga que isso ocorre porque não é uma indústria criativa, o que me diz sobre a arquitetura? Não acho que haja arquitetos que trabalhem só para outros arquitetos. Mas os designers o fazem.

AS Quem o inspira?

CH Wim Crouwel, Peter Saville, Michael Place, Otl Aicher e montes de coisinhas ao acaso que vejo ao longo do dia. Carrego comigo para toda parte uma câmera, e estou sempre tirando fotos. Há ocasiões em que vejo uma combinação de cores que sei que não vou conseguir lembrar, de modo que a câmera está à mão para todo tipo de catalogação. Encontro coisas inspiradoras o tempo todo. Recentemente, comecei uma série de pôsteres que são baseados em JPEGs que salvei no disco rígido, mas por algum motivo se corromperam. São belas grades de cores modificadas que me inspiraram a imaginar seu padrão e tentar replicá-lo no Illustrator. Acho que as coisas do dia a dia também me inspiram.

Outro dia encontrei um jornal descartado na sarjeta. Outros pedaços de lixo estavam em cima dele, recortando-o de modo muito interessante. Era muito chamativo. Todo mundo que estava comigo ficou danado, mas peguei a câmera e desci da calçada para conseguir o ângulo que eu queria.

AS O que você diria a um jovem designer que começasse hoje?

CH Preste atenção. Honestamente, acho que esse é o melhor conselho que me deram. Pare de falar e comece a observar e a ouvir. Eu era muito arrogante quando saí da escola e perdi muitas grandes oportunidades por causa disso. Poderia ter conseguido muito mais se não estivesse tão preocupado em tentar convencer as pessoas de que sempre estava certo e de que tinha a melhor solução (e boa parte do tempo você vai descobrir que não está com a razão). Não estou dizendo que você deva deixar suas ideias de lado, só que deve ouvir os comentários que os outros fazem.

capítulo 9

O processo criativo

"Quero fazer trabalhos muito bons, mas às vezes meu trabalho não é tão bom quanto eu gostaria que fosse."

Onde começa o processo criativo? Você pode dizer que o processo criativo começa com a decisão de se tornar designer. Daquele momento em diante, tudo que você vê e faz alimenta sua inteligência visual e contribui para formar um designer. É uma das melhores coisas de ser um designer: ver design por toda parte, inspirando-se em qualquer coisa. Você não pode desligar-se do fato de que é um designer: sempre estará ligado nisso e recebendo *inputs*. Ou, pelo, menos, deveria estar.

Quando olhamos para um bom design – os que nos inspiram –, queremos emulá-lo. Dá raiva verificar que o melhor design sempre parece ter sido feito com facilidade. Estamos convencidos de que podemos fazê-lo também. Mas, quando chega a hora, verificamos que é muito mais difícil do que imaginamos.[1] Então, quais são as habilidades de que você precisa para fazer um bom trabalho? Já mencionei talento, e sublinhei que a disciplina do design gráfico, como é praticado hoje, permite uma interpretação ampla e generosa da palavra. O design gráfico é um pouco como o jogo de rúgbi. Na escola fui obrigado a jogar esse jogo de bola semibárbaro, muitas vezes violento, na lama e sob chuva congelante. O instrutor de esportes da minha escola, parecido com um *rottweiler*, era fanático por rúgbi. Depois de escolher os melhores jogadores, ele olhava furiosamente para o resíduo – os que não tinham sido escolhidos para o time – e dizia exultante: "Não se preocupem, há um lugar para todos os tipos no rúgbi. Grandes ou pequenos, gordos ou magros, há um papel para todo mundo". Não há muita violência física em design gráfico, mas há lugar para quase todo mundo com qualquer tipo de talento.

Vamos assumir que o talento é um dom. De que mais você precisa? Industriosidade, dedicação e amor por seu ofício são indispensáveis. Realmente óbvio, mas, se você não puder dizer que tem essas três qualidades, então talvez devesse considerar outra carreira. Eu diria que também é essencial ter uma atitude inquisitiva em relação ao trabalho. Se não questionar tudo que é colocado diante de você, corre o risco de ser complacente e submisso, e essas duas qualidades não conduzem à produção de bons trabalhos: elas são as qualidades da mediocridade. Estimulando-o a adotar uma atitude questionadora, não

---

1 Em uma entrevista, Saul Bass notou um problema enfrentado por jovens designers e estudantes: "Eles não estão inteirados do processo", notou. "Podem ter a ilusão de que essas coisas realmente explodem completamente na cabeça de algum designer. Isso é uma percepção muito inquietante para os jovens, porque eles lutam com o trabalho. Tentam... Refazem... O desenho melhora... Escorrega... Fica pior... Volta... Monta-se. E pode ser que seja alguma coisa muito boa, até excelente. Mas dizem a si próprios: 'Gente, é duro chegar lá e é tão difícil. Será que sou mesmo adequado para isso?'". Reproduzido em *Essays on Design 1; AGI's Designers of Influence*, 1997.

estou defendendo uma abordagem de crítica ou de lástima. Estou dizendo que você deve ser cético (mas não amargo) em relação ao negócio do design. Finalmente, você tem de adquirir uma "voz": aqui, fui tentado a dizer "estilo", mas voz é mais preciso, porque é mais pessoal e sugere qualidades humanísticas. Como você adquire uma voz? Isso não é fácil de responder. Uma voz no design, um tom, é forjado por três elementos principais.

Em primeiro lugar, é uma questão de convicção criativa: você precisa ter uma visão – uma compreensão clara e informada – do que é bom e do que realmente vale a pena. Não deve ser um credo rígido, mas precisa ser forte o suficiente para impedir que você seja levado para cima e para baixo sem reagir. Pode ser um credo "filosófico" ("Acredito que o design é para ajudar a melhorar as condições sociais") ou "estético" ("Uso só fontes sem serifa"). Pode até mesmo ser uma combinação dos dois, mas você tem de acreditar em alguma coisa. Em segundo lugar, é uma questão de personalidade: você precisa ter uma confiança interior que lhe permita acreditar em seus instintos criativos – embora sempre haja espaço para dúvida e autoanálise. E, em terceiro lugar, é uma questão de consciência de moda, tendências culturais e história. Como designers, muitas vezes gostamos de pensar que estamos acima da moda, mas poucas vezes isso acontece. O apetite humano por novidades, a atração da maré pelo *zeitgeist* – espírito de uma época determinada, característica genérica de um período específico –, torna quase impossível, para muitos designers, ficar afastados da moda. O pensamento tradicional do design gráfico avisa os designers dos perigos da moda e, certamente, se você for escravo da moda se tornará sua vítima. Ainda assim, todos os bons designers estão ligados à moda: escolhem seletivamente entre as tendências novas e emergentes; adotam certos gestos estilísticos e evitam outros modos de expressão muito expostos, que no passado pareceram novos e frescos. Mas são cuidadosos e seletivos no que escolhem. E a maneira de manter a atração da moda sob controle é saber a história do design – que, graças à natureza versátil do design, significa "ontem" e também "cem anos atrás".

Antes de examinarmos os fatores práticos que devem ser enfrentados durante o processo criativo, vale a pena mencionar uma fixação, que muitos designers têm, de grande influência sobre a maneira como os designers funcionam no mundo pós-moderno em que, aparentemente, tudo já foi feito. Estou falando sobre o conceito de originalidade. A maior parte dos designers não se preocupa com a noção de originalidade, mas outros são obcecados por ela, e vejo muitos problemas causados pela busca ilusória da originalidade. Meu ponto de vista é que a originalidade é uma qualidade supervalorizada e mal compreendida no mundo do design gráfico contemporâneo. Copiar é ruim, não há dúvida. Infringir o *copyright* de alguém (roubar seu trabalho ou ideias) para ganhos pessoais é imoral, para não dizer ilegal, na maior parte dos países. Mas as únicas pessoas que copiam são as de segunda classe e as francamente desonestas, ao passo que o bom designer toma em-

Primal Scream XTRMNTR, de Julian House
Cortesia da Intro

prestado livremente e adapta de fontes da mesma maneira que os artistas o fizeram por séculos. Mais ainda, o bom designer prontamente admite sua "apropriação". É uma qualidade de muitos bons designers que suas influências e fontes são claramente visíveis e reconhecidas de imediato.

Não vamos nos iludir achando que a originalidade do dia da criação é possível em design gráfico. Os designers estão trancados em uma matriz de tradição interconectada e sensibilidade compartilhada. Tudo o que conseguem é adquirir uma voz, uma impressão digital que possam chamar de sua. Essa voz, paradoxalmente, é mais prontamente adquirida se nos abrirmos à influência de outras escolas de design e artes visuais. Minha filosofia pessoal é que é correto tomar emprestado e ser influenciado por material visual desde que você não o esteja copiando descaradamente, e desde que use essas fontes para fazer alguma coisa comprovadamente nova. Ainda assim, muitos bons designers acham isso difícil. Cresceram em uma cultura em que a originalidade é valorizada e por isso refugiam-se em modos não expressivos e brandos de design por medo de serem considerados "pouco originais". O designer britânico Julian House, com quem trabalhei de perto na Intro por vários anos, tem uma visão clara sobre essa questão.

> Não acredito na originalidade como algo absoluto. Acho que tem mais a ver com interessantes viradas nas formas existentes. Tomar emprestado dos designers modernistas do passado recente, por exemplo, não é plágio; é mais uma continuação dos processos e ideias que eles colocaram em movimento. Sou influenciado pela arte dos pôsteres polonesa dos anos 1960, que foi influenciada pela *pop art* e pelo surrealismo, que, por sua vez, se apropriou livremente da arte comercial, da arte das revistas em quadrinhos, cinema e gravuras vitorianas, etc. Acho que a chave para saber se é bom ou não está na resposta de quem olha para um design. Eles dizem "Eu vi isso antes" ou "Eu vi isso antes, mas não desse jeito".[2]

2 Em comunicação pessoal.

Em outras palavras, é aceitável tomar emprestado e ser influenciado por alguém, por exemplo, o ilustrador vitoriano Aubrey Beardsley, como foi o caso dos artistas ingleses de pôsteres psicodélicos, no fim dos anos 1960, se você realizar alguma coisa nova com isso. Picasso o fez com máscaras africanas – em seu uso daquelas maravilhosas imagens, ele desempenhou um ato de transformação que nos permitiu ver alguma coisa nova.

Permitir influências em seu trabalho é uma das maneiras de expandir seu leque de expressão. Os designers enriquecem seu trabalho – não o diminuem – procurando formas de "incorporar" modos novos e radicais de expressão em seu trabalho, em especial fora do design contemporâneo. Ignorar influências por causa de uma obsessão com a "originalidade" é uma armadilha. Mas você tem de saber reconhecer o débito para com suas fontes. Quem copia nunca o confessa; os talentosos sempre o fazem. Essa é a diferença.

O briefing

Todos os trabalhos de design começam com um briefing: mesmo se for um projeto de própria iniciativa, o designer precisa ter um briefing. E o primeiro dever de um designer gráfico é compreendê-lo. Para tanto, precisa pesquisar, questioná-lo e, se necessário, desafiá-lo. E, se depois disso tudo ele ainda não fizer sentido, você talvez precise rasgá-lo e reescrevê-lo. Em alguns casos, pode precisar sair dele, pois nem sempre vale a pena assumir os briefings. Aprender a dizer não a maus briefings é um julgamento essencial que todos os designers precisam aprender como e quando fazer.

Os briefings podem ser verbais, escritos e algumas vezes não são nem uma coisa nem outra. Tive clientes – em geral clientes de longa data – que me mandaram uma fotografia e algum texto e disseram: "Pôster na sexta, obrigado". Suponho que até mesmo isso seja um tipo de briefing: os clientes sabem que eu sei o que eles querem, portanto não é necessário dizer nada mais. Mas isso não é o modo normal. É muito mais comum ter um briefing escrito ou verbal. Algumas vezes o briefing é uma discussão. Isso está bem, mas sempre é melhor conseguir que os clientes escrevam os briefings: acrescenta clareza e obriga a um exame completo do assunto. Entretanto, alguns clientes simplesmente não o fazem. Essa relutância deveria disparar um alarme. Deveria provocar a pergunta: esse cliente é confiável e sério? Clientes que não fazem briefings adequadamente são potencialmente perigosos. Muitas vezes é a maneira de invadirem o trabalho, de assumi-lo, de ter controle. Sem um briefing, o designer é vulnerável, e todo o poder fica com o cliente. Se o cliente não lhe der um briefing por escrito, você precisa escrever um e enviá-lo a ele para aprovação. Escrever seu próprio briefing a partir das instruções do cliente é uma boa disciplina. Faz com que você pense profundamente sobre o projeto e o coloca na mente do cliente. Como notamos em um capítulo anterior, esse é um dos segredos do relacionamento cliente-designer.

Na maioria, os briefings de design no mundo comercial são de má qualidade, semicozidos e pouco promissores.[3] Quando esse material ordinário chegar, você tem de lutar para transformá-lo em um "bom briefing". Algumas vezes, não vai conseguir. Outras, fará tanta força que entrará em conflito com o cliente, que vai se livrar de você. Mas, em outras tantas ocasiões, conseguirá transformar um briefing baseado em metal em um bloco de ouro. Tudo é uma questão de atitude (aliada a boas habilidades de comunicação e integridade). Muitos briefings incluem tentativas de antecipar o processo criativo. Em outras palavras, tentam fazer o trabalho do designer. Algumas vezes isso é uma característica inevitável do trabalho. O cliente sabe o que quer e está dizendo exatamente isso. Mas, em geral, essa é a receita para o fracasso. O modo de você lidar com isso e outras imperfeições do processo de briefing vai determinar seu grau de sucesso.

A primeira coisa que você tem de fazer é começar com a premissa de que mesmo um mau briefing é, de fato, bom: assumindo uma segura base moral e ética, não existe um mau briefing – só uma má resposta. Mas vamos supor que seu cliente lhe dê um briefing abrangente e bem pensado, estabelecendo todas as exigências do trabalho, e que você concordou com o cronograma e o orçamento. O que acontece em seguida? Bem, briefings escritos não excluem outras discussões com o cliente sobre o projeto. Isso vai fazer emergir informações interessantes e revelar nuanças que talvez não tenham sido cobertas pelo documento. Também vai lhe permitir testar suas ideias iniciais com o cliente. É claro que você deve absorver completamente o briefing escrito, e não se concentrar apenas nos trechos de que mais gosta, ou naqueles que lhe dão a oportunidade de realizar o que faz melhor: cave fundo e procure as áreas problemáticas. Se estiver trabalhando em equipe, examine-o com os outros membros do grupo e certifique-se de que todos o veem do mesmo modo (isto é extraordinariamente difícil de conseguir; todo mundo é apanhado em diferentes ciladas do projeto e encontra dificuldades). Além disso, e muito importante, você precisa procurar pelo "McGuffin".

McGuffin era o nome de um estratagema dramático usado por Alfred Hitchcock em seus filmes para chamar a atenção da audiência. O McGuffin não tinha relevância real

3 Era comum, quando mostrávamos trabalhos da Intro em eventos de design e faculdades de arte, que nos perguntassem como conseguíamos tantos "bons briefings". Isso me deixava danado. Não "conseguíamos" bons briefings. Vinham para nós os mesmos de má qualidade que todo mundo consegue: nós os tornávamos bons questionando-os, desafiando-os e, algumas vezes, até lhes desobedecendo.

para a trama: em *Psicose*, por exemplo, o McGuffin era o roubo do dinheiro por Janet Leigh. Hitchcock usou isso para envolver a audiência no inesperado terço final do filme. Não estou sugerindo que você procure estratagemas dramáticos em briefings de design. Estou utilizando o termo (com desculpas ao grande Hitchcock) para sugerir o componente mágico que você tem de encontrar em todos os briefings para compreendê-los melhor. Em todos os briefings há um McGuffin que evidencia a natureza essencial da tarefa. Você só tem de encontrá-lo.

Aqui está um exemplo do que quero dizer. Recentemente fiz parte de uma equipe convidada a um *pitch* para o redesign de uma séria revista de imóveis. Era uma publicação para o setor profissional do mercado imobiliário britânico lida por empresários de imóveis, investidores, arquitetos e conglomerados de propriedades. A revista fora totalmente transformada graficamente por uma empresa líder de design internacional em meados dos anos 1990, mas agora começava a mostrar a idade. Foi-nos fornecido um briefing detalhado e exaustivo. Meus colegas e eu peneiramos o documento, que era muito bem escrito. Discutimos tudo em detalhe, analisamos, tentamos condensá-lo e procuramos o McGuffin.

O briefing dizia que o redesign era necessário porque o design estava fora de moda. Apontava diversas melhorias de visualização a serem feitas para refletir as mudanças editoriais. E listava algumas exigências em relação à acomodação das novas características e publicidade. O briefing entrava em inúmeros detalhes úteis sobre sua legibilidade e seus competidores nas bancas de jornal. Mas não conseguimos encontrar o McGuffin.

Foi só na discussão com o editor e o diretor de arte da revista que o McGuffin foi identificado. O mercado imobiliário, explicou-se, mudara dramaticamente desde meados dos anos 1990. Antes era negócio para gente rica com charutos, ternos risca de giz e Rolls-Royces. Agora, tornara-se um negócio bem menos formal: era povoado por jovens de ambos os sexos, muitos deles usando roupas informais para ir trabalhar, e que valorizavam design (design de interiores, arquitetura e design gráfico) como parte essencial do processo de desenvolvimento imobiliário. Notamos que a literatura impressa e os cartazes exibidos pelas empresas imobiliárias tinham se tornado sexy. O mundo imobiliário, percebemos, tinha acordado para o bom design.

Aqui estava o nosso McGuffin: a equação mágica que nos deu nossa fórmula vencedora. Baseamos nossa resposta sobre a ideia de que o novo design da revista tinha de combinar informalidade com estilo altamente contemporâneo enquanto ela continuava a funcionar como sumário de notícias e comentários, com sua produção de acordo com as exigências editoriais. Em nossa apresentação, convencemos o *publisher*, o editor, o gerente de publicidade e o diretor de arte de que essa era a resposta certa.

Museu d'Orsay, Paris, pôster de abertura, de Bruno Monguzzi.
Fotografia de Jacques-Henri Lartigue
Cortesia de Bruno Monguzzi

Cada briefing tem seu McGuffin: o trabalho do designer é descobri-lo. Algumas vezes já está lá, identificado e isolado pelo cliente. Não é preciso procurar, ele está na cara. Mas com frequência não aparece. A experiência o ajuda a descobri-lo, assim como a diligência e a pesquisa, além de formular perguntas. Se você não o encontrar, é pouco provável que produza um trabalho bom e equilibrado.

Algumas vezes os briefings estão errados e, ocasionalmente, é necessário desobedecer-lhes. Briefings "errados" assumem e definem premissas que são incorretas, frágeis ou míopes. Quando perceber isso, você tem escolha. Pode reescrever o briefing, pode abandoná-lo, ou pode fazer o que estão lhe pedindo. Existe ainda uma outra opção, e ela é *desobedecer* ao briefing e fazer o que acha que está certo. Com essa abordagem, você arrisca tudo: arrisca deixar o cliente desgostoso, e arrisca ser deixado de fora de um projeto ou retirado de uma lista de *pitch*. Mas, se estiver confiante de que está certo e puder encarar as consequências, vale a pena seguir seu instinto e ser desobediente.

O exemplo mais espetacular de desobediência a um briefing "errado" está no trabalho de Bruno Monguzzi, o grande designer suíço. Monguzzi foi chamado pelo Museu d'Orsay em Paris, depois que um concurso de design fracassara na procura de um pôster com o qual lançar o recém-aberto museu. Monguzzi foi instruído a desenhar um pôster evitando imagens e usando apenas dois elementos: o logotipo do museu (que Monguzzi desenhara) e a data. Monguzzi descreve sua resposta:

> E assim eu estava em casa com um novo briefing e comecei a brincar interminavelmente com a data e o logo, o logo e a data, chegando a parte nenhuma. Nada estava acontecendo, nada ia abrir, nada estava começando. Fui até os meus livros, peguei um álbum de [Henri] Lartigue e comecei a folheá-lo devagar. Quando cheguei à imagem de seu irmão decolando com um planador que o tio deles tinha construído no *château* Rouzat, soube que tinha a resposta. A mosca tinha rompido a teia.
>
> E aqui estava eu, de volta a Paris, com Jean Jenger [o diretor] e Leone Nora [relações públicas], sabendo que tinha desobedecido. Eu estava usando uma foto-

grafia, e nenhuma imagem devia ser usada. Jenger ficou muito aborrecido. Disse que todos tínhamos concordado que nenhuma obra de arte deveria aparecer no pôster. E que, de qualquer maneira, não era "*le musée de l'aviation*".

Eu disse que era uma metáfora e que as pessoas que conheciam o logo sabiam sobre o que o museu era. Contudo, acrescentei que o pôster tinha de ser o pôster deles. Que deveria pertencer a eles. Mas Jenger tinha parado de ouvir e começou a falar consigo mesmo andando nervosamente pela sala de um lado para o outro. Tentei interrompê-lo, afirmando-lhe que não tinha de me convencer. Ele disse que estava pensando. Meus olhos encontraram os olhos de Madame Nora, que estava meio perplexa, mas muito formosa, e nos sentamos.

Jenger algumas vezes parava, olhava para o pôster, e depois começava sua ginástica de novo. Penso que estava tentando imaginar as reações possíveis de todas as pessoas que conhecia, real ou virtualmente. Um tipo de comédia humana francesa com um fim inesperado. "Monguzzi", disse ele, "estou tão convencido de que o pôster está correto que o levarei pessoalmente a Rigaud [o presidente do museu]". No dia seguinte Madame Nora, muito preocupada, estava ao telefone. A Fundação Lartigue não permite a utilização das fotografias de Lartigue. Sem saber para que lado ir, pedi a ela que, de qualquer modo, tentasse mostrar o projeto à Fundação. Não só nos permitiram usar a fotografia conforme planejado, mas uma reprodução de alta qualidade daquela foto foi dada ao museu. Era o quarto Lartigue a entrar na coleção.[4]

Há três importantes lições a colher desse episódio. A primeira é que, às vezes, é necessário desobedecer ao briefing, quando você sabe que ele está errado. Estava claro que o diretor do museu estava errado – ou, na melhor das hipóteses, míope – ao proibir o uso de imagens e impor restrições sobre o designer. (Isso quase certamente explica por que os trabalhos que participaram do concurso foram todos considerados imprestáveis – o briefing fora seguido e, por consequência, os resultados eram anêmicos e ineficazes.) Mas, ao não considerar o briefing, Monguzzi produziu um trabalho resistente que teria muito menos impacto se ele tivesse seguido as instruções do cliente, que efetivamente o limitavam.

A segunda lição é menos óbvia. Nessa narração de sua experiência de fazer o design de um pôster, Monguzzi ilustra a necessidade de dar ao novo trabalho tempo para ser assimilado pelo cliente. Como sublinhei no capítulo devotado aos clientes, os designers muitas vezes esperam respostas instantâneas ao seu trabalho. Somos impacientes e exi-

---

4 Bruno Monguzzi, *A Designer's Perspective* (Baltimore: The Fine Arts Gallery, 1998).

gimos aprovação imediata, quando o que os clientes precisam é de tempo para absorver e refletir. O cliente traz suas próprias expectativas a qualquer trabalho que esteja vendo pela primeira vez. Essas expectativas têm de ser inteiramente peneiradas antes que uma resposta objetiva e refletida possa ser formulada. O diretor do museu foi da desaprovação à aceitação entusiástica, mas não o fez de modo instantâneo. E Monguzzi soube lhe dar tempo.

A lição final é menos quantificável do que as duas anteriores. A história de Monguzzi de certo modo prova uma minha teoria meio nebulosa de que, quando um trabalho de design está correto, mesmo que pareça contestador e fora do briefing, acaba sendo aceito. Admito que aqui há um pouco de utopismo de designer, e poderíamos ter um debate interessante sobre o que significa "correto" nesse contexto. E, claro, conheço designers que apontarão para gabinetes cheios de trabalhos rejeitados dizendo: "Eu fiz esse design brilhante e olha, foi rejeitado". Mas ainda acredito que, quando o fazemos corretamente, quando criamos algo que está correto de todas as maneiras, ele é reconhecido mesmo pelo mais limitado dos clientes. A história de Monguzzi chega perto de provar minha frágil teoria.

Briefings de iniciativa própria

A noção de briefings de iniciativa própria – autoria gráfica, como é frequentemente chamada – atualmente ocupa uma posição proeminente na discussão sobre o design. Na minha opinião, os projetos de iniciativa própria e a noção de autoria gráfica "pura" são bem-intencionados, mas, como conceitos, falhos. Os designers gráficos precisam de briefings. Um designer gráfico que não precisa de um briefing não é um designer gráfico: pode ser um artista ou um poeta metafísico, mas não um designer gráfico. A necessidade de um briefing está permanentemente fixada na psique dos designers. De fato, embora eles constantemente exijam liberdade, na verdade anseiam por limitações. É um fato pouco reconhecido, mas os designers só ficam felizes quando estão batalhando com restrições. Com certeza, muitos designers gostam de erigir suas próprias barreiras e viver sob suas próprias regras, e um desdobramento natural disso é desejar briefings de sua própria autoria. Mas isso não deve ser confundido com autoria pura: significa apenas que os designers estão combinando o papel de cliente e designer. Não estou execrando a noção de projetos de iniciativa própria. Entretanto, estou dizendo que a mentalidade do designer gráfico é adequada, graças à educação, temperamento e tradição, a responder ao briefing. Talvez venha a emergir uma nova supercepa de designers mutantes que se desenvolveram para além do ponto de necessitar de um briefing. Pessoalmente, duvido disso.

A opinião mais comum é que os designers precisam de briefings porque solucionam problemas. Não gosto da expressão "solucionadores de problemas"; ela parece brincar nas mãos daqueles que veem o design como um processo puramente mecânico – embora deva ser dito que muitos dos melhores designers se consideram "solucionadores de problemas" e produzem trabalhos ressonantes, duradouros e que atendem às exigências do cliente. Mas sinto que a expressão "solucionador de problema" só define uma parte do que os designers fazem e, muitas vezes, nega a natureza estética do design (não importa o que pareça, desde que "resolva o problema").[5] Os designers precisam de briefings assim como os carros precisam de combustível: senão, não funcionam. Os designers que trabalham com briefings continuam autores, mas é autoria no sentido de que criaram algo em resposta a um conjunto de exigências definidas e levaram em conta diversas condições relevantes (propósito, considerações comerciais, orçamento, tempo, canais da mídia, etc.).

Pesquisa

Antes de começar um novo projeto, os designers frequentemente se retiram para um canto com uma pilha de livros favoritos (em geral, os mesmos da última vez) e os folheiam procurando ideias. Nada de errado com isso. Todos o fazemos. Não necessariamente estamos nos preparando para copiar ideias, estamos procurando gatilhos que disparem uma reação em cadeia na inspiração. Mas é uma boa ideia tentar e encontrar diferentes fontes de inspiração. Também é uma boa ideia procurar gatilhos em lugares improváveis.

A pesquisa é mais fácil agora do que antigamente. A internet põe uma catarata de dados ao alcance da ponta de nossos dedos. É fácil encontrar informações sobre qualquer assunto. O conhecimento é poder: quanto mais soubermos, melhor funcionaremos, e isso é sempre verdade, não importa se você é um varredor de ruas ou um designer. Entretanto, procurar – e encontrar – inspiração não é a mesma coisa que pesquisar. Mencionei no início deste livro que a consciência cultural é um dos primeiros atributos do designer moderno. A consciência cultural, quando apoiada por uma pes-

5 Isso pode ser visto claramente em publicidade. O design gráfico em publicidade é secundário à "ideia". Uma vez me mostraram uma série de famosos pôsteres publicitários: o autor os mostrou para observar que, em todos os casos, a ideia (a mensagem) era compreendida instantaneamente. Sublinhei que nem um único daqueles pôsteres havia sido bem desenhado. Ele concordou, mas não deu a mínima.

quisa específica, é o combustível de alta octanagem que impele grandes ideias. A pesquisa cuidadosa pode abrir possibilidades criativas que, de outra forma, permaneceriam trancadas para nós. Também é vital que os designers pesquisem, se não por outro motivo, apenas para fornecer razões fundamentais para seu trabalho. Como já notei, não basta dizer: "Fiz isso dessa maneira porque gosto assim". Você tem de ter uma razão, e essa razão tem de ser objetiva.

Os clientes, muitas vezes, incitam os designers a "estudar a concorrência". Se uma empresa lhe pedir que desenhe seu site, provavelmente sugerirá que você visite os sites de seus concorrentes. Nada errado com isso; os designers deveriam, de fato, estudar as atividades dos concorrentes de seus clientes. Mas vale a pena lembrar que seu cliente provavelmente o está encorajando a examinar a concorrência para que você possa criar alguma coisa que "se pareça" com a concorrência. Para alguns designers, isso é aceitável: consideram-se servidores profissionais e ficam felizes em obedecer. Para o designer gráfico independente, entretanto, esse pedido é inaceitável. Ainda assim, é só estudando esses sites dos concorrentes de seu cliente que você terá munição para discutir seu caso de modo que execute um trabalho forte e original. Os clientes têm um instinto de rebanho (muitos designers também), e, se você quiser fazer trabalhos originais e distintivos, vai precisar acabar com isso, o que só pode ser feito com a mais alta criatividade apoiada em argumentos bem pesquisados.

Uma parte da pesquisa que os designers muitas vezes não fazem – com consequências desastrosas – é ler o texto que lhes pedem para desenhar. É verdade que frequentemente recebem textos fracos e ruins. Entretanto, você não vai criar coisa alguma com mérito duradouro a menos que leia esses textos e responda conferindo significado a tipografia e layout simpáticos. Essa é uma dura lição, e só a aprendi quando comecei a escrever sobre design. Vi como algumas publicações tomavam muito cuidado com a maneira como os meus textos eram apresentados, enquanto outras simplesmente o tocavam adiante sem preocupar-se com quebras de linha, hifenação, *leads* e todas as outras sutilezas que tornam o design significativo. Você quer saber como ser um grande tipógrafo? Aprenda a manusear texto escrevendo-o você mesmo e depois colocando-o no layout. Nada torna o olho do tipógrafo mais afiado do que suar sobre a composição de um ensaio de 2 mil palavras e depois traduzi-lo tipograficamente. Poucas coisas doem tão cruelmente como escrever 2 mil palavras e depois ver seus esforços destruídos pela tipografia grosseira e insensível. Essa simples experiência – escrever seu próprio texto e fazer seu layout – mudará sua perspectiva sobre tipografia e layout instantaneamente.

O processo

O design gráfico é hoje uma atividade quase inteiramente digital. Na verdade, se for esse o desejo, o design pode ser 100% digital: como designer, você nunca mais precisará segurar um lápis ou revelar um impresso fotográfico a partir de um negativo, ou criar uma fonte à mão. Tudo isso pode ser feito com um computador. O computador revolucionou o processo do design. Tornou o ato de desenhar mais fácil e, de muitas maneiras, melhorou a forma como desenhamos as coisas. Ainda assim, de outras formas, tornou o design mais medíocre, e padronizou o ato de desenhar. Antes dos computadores, os designers trabalhavam de modo adequado aos seus temperamentos. Alguns operavam circundados por pilhas de papel, livros, amostras de tipo de papel e equipamento para rascunho, usando lápis e marcadores para traçar conceitos de design fluidos. Outros trabalhavam dentro de parâmetros estritamente controlados, usando precisão metódica para criar trabalhos racionais e estruturados. Alguns ficavam em pé perto de pranchetas, enquanto outros se agachavam sobre seus trabalhos como escrivães vitorianos. Hoje, graças a microprocessadores que funcionam à velocidade da luz e software faz-tudo, todos nós desenhamos da mesma maneira: sentamo-nos imóveis, só mexendo nossos pulsos, enquanto fixamos o olhar no monitor. Nosso foco se estreitou. Raramente olhamos para o nosso trabalho a distância. Raramente o olhamos de ângulos diferentes. Muitas vezes trabalhamos em miniatura. Evitamos qualquer coisa que não possa ser feita "no" computador. O monitor dita nosso relacionamento com nosso trabalho – determina com o que nosso trabalho se parece.

Não sou anticomputador. Longe disso. O computador nos permite produzir *mais* trabalho e trabalhar com maior proficiência técnica. Não pode fazer tudo, mas livrou o designer de trabalhos enfadonhos, trazendo ao alcance de qualquer designer que possa se permitir a posse de um computador modos de expressão gráfica que antes eram quase impossíveis de conseguir por causa do custo ou da complexidade técnica. O computador é uma coisa boa, sem nenhuma sombra de dúvida. Mas com o computador apareceu um conjunto de problemas que, como um vírus, infecta o verdadeiro processo do design. O que antigamente era lento e metódico agora é rápido e descuidado: peça a um designer que produza algumas ideias para logotipos e você conseguirá dúzias de versões mais ou menos no tempo que leva para pensar na existência deles.

O computador permite que o designer explore inúmeras opções. Antes dele, você tinha de traçar a forma das letras ou representar imagens com esboços feitos com caneta hidrográfica. Poderia levar uma manhã inteira para entregar uma manchete, ou dias para preparar a maquete do layout tipográfico, ou meses para criar um tipo. Neville Brody conta a história do momento revelador em que viu, pela primeira vez, o Fontographer sendo usado para criar uma fonte. Até aquele momento, Brody tinha desenhado laboriosamente alfabetos à mão (como o foram por séculos), mas agora aqui estava uma maneira que significava que poderia ser feito em uma fração do tempo. Brody se tornou um convertido digital. Estava entre os primeiros convertidos ao computador em design de alto perfil.

Mas, com a rapidez da execução, surge um outro problema – um problema bem digital. Com a habilidade de produzir tanto trabalho, é mais difícil saber se o que você está fazendo é realmente bom. Perguntaram a Ian Anderson, o designer gráfico autodidata fundador de The Designers Republic, se alguma vez tivera o bloqueio criativo de designers. Anderson respondeu:

> Meu problema nessa área, e isso soa bem arrogante, é que há ideias demais e sobrecarga de informações. Aí o problema se torna conseguir colocar tudo o que quero dizer nessa coisa. Não consigo me lembrar de um tempo quando eu não sabia o que fazer ou como fazê-lo. É muito mais sobre qual caminho tomar. Se você tiver um bloqueio, deve contorná-lo ou começar seu trajeto de um lugar diferente. Olhar para alguma coisa de um modo diferente requer a disciplina de desistir do que você já tem. Algumas vezes o único jeito de ir para diante é largar tudo e começar de novo. Então você vai descobrir que o trabalho que já completou ajuda a informar sua nova direção.[6]

Anderson tocou num problema digital único que o designer contemporâneo encara. Ele está falando a respeito da importância do papel do designer como "editor". Editar é a grande habilidade da era digital. Agora que podemos produzir tudo em excesso, a habilidade de saber o que "reter" e o que "descartar" é essencial. No domínio digital você pode ter tudo o que quiser (como Anderson diz: "ideias demais" ou "sobrecarga de informações"). Com câmeras digitais, podemos incorporar imagens em segundos, escanear qualquer coisa que caiba no scanner, ter qualquer tipo, qualquer efeito, e podemos tê-lo agora. Assim, quando Anderson fala sobre seguir "rotas" alternativas, começar a viagem a partir de um "lugar diferente", largar tudo e começar de novo, ele está realmente falando sobre editar.

Como se edita? Você precisa fazer algumas perguntas a si mesmo. O trabalho está de acordo com sua filosofia sobre o que constitui bom design? Em outras palavras, o trabalho tem integridade? Para ser um bom editor, você também precisa de tempo e distância. Tudo bem, crie trinta logotipos antes da hora do almoço, mas não os envie até o dia seguinte. Imprima-os, pendure-os na parede e vá para casa. Volte no dia seguinte e verá coisas em que não reparou na hora. Pergunte aos amigos e a outros designers o que pensam.

---

6 Nick Long (org.), *S Book 2* (Filadélfia: Art Books International, 2004).

Isso é editar: filtrar seu trabalho para eliminar o fraco e promover o notável. Nunca mostre trinta logotipos ao cliente: daqueles trinta que você desenhou, mostre apenas três, ou no máximo quatro versões. Mostrar mais demonstra que você está indeciso (sem habilidade de editar) e cria uma imagem do design gráfico como um processo casual e assistemático. Se você for realmente corajoso e confiante, mostre apenas aquele que você acha melhor (lembre-se de não dizer que você o escolheu porque gosta dele); mas, em geral, é melhor mostrar três versões cobrindo três diferentes abordagens.

Ian Anderson também alude a outro processo que é um subproduto direto do modo digital de trabalhar: a iteração. As ferramentas digitais permitem que o designer "itere" em grande escala. "Trinta logotipos até o final do dia? Sem problema. Versões em cor e monocromáticas em tamanhos diversos? Sem problema. Serão carregadas em um site FTP até as 5 da tarde. Telefone depois de ver." Isso são os negócios em tempo real. É o que o mundo moderno é. Se você não puder fazer trinta logos até 5 horas da tarde para seu cliente em Cingapura (você está em Seattle), algum outro o fará. Mas, espere aí, onde está a qualidade? O processo iterativo significa que você pode escolher entre inúmeras opções, mas, a menos que esteja aplicando poderes de edição cuidadosos à medida que prossegue, terminará com uma sopa de ideias indiferentes, notável apenas pela quantidade. Os designers modernos devem usar o presente da iteração para encaminhar-se a uma conclusão e não como uma oportunidade para explorar cada caminho já conhecido. Na era pré-digital, o designer tinha de pensar arduamente sobre a destinação final, porque a iteração não era possível em escala alguma. Poucos de nós voltaríamos àquele modo de trabalhar; contudo, precisamos aprender a estruturar nosso trabalho, para progredir em linha reta e não em círculos que nunca chegam a parte alguma.

Também não devemos ter medo do fracasso. Todos os grandes esforços flertam com o fracasso em alguma altura de sua existência. Só os humildes irrecuperáveis evitam olhar para o abismo. O grande escritor semiótico Umberto Eco, escrevendo sobre os processos contemporâneos da descoberta científica, disse:

> A ciência moderna não defende que o que é novo está sempre certo. Pelo contrário, é baseada no princípio da "falibilidade"... segundo o qual a ciência progride corrigindo-se continuamente, falsificando suas hipóteses por tentativa e erro, admitindo seus próprios erros – e considerando que uma experiência que não funciona não é um fracasso, mas vale tanto quanto um sucesso, porque prova que uma certa linha de pesquisa estava errada e é necessário ou mudar de direção ou começar de novo da estaca zero.[7]

7 Em *The Guardian*, 4-9-2004.

A "falibilidade" deveria ser o princípio orientador de todos os designers gráficos. Quando o designer voltar a cair nos modelos de pensamento existentes, nos reflexos visuais e padrões habituais, o resultado é a esterilidade. É só ousando experimentar e assumindo riscos que se cria o design rico e significativo. Isso é especialmente verdade no domínio digital, no qual a falibilidade se torna duplamente relevante. O computador, com seu poder de processar à velocidade do pensamento, permite que o designer explore e execute ideias com um movimento do pulso. Mas não há vantagem nessa habilidade para experimentar se não a usarmos como uma oportunidade para saltar no vazio.

Critérios para o bom trabalho

O que constitui bom trabalho? Para um designer, um sinal pintado à mão ao lado de uma banca de frutas em Mumbai é o pináculo da excelência gráfica. Para outro, é a tipografia modular de Wim Crouwel. Para um outro, ainda, é o *graffiti* "afetado" de rua bem executado. São questões estéticas e, como tais, pessoais para cada designer – e, necessariamente, para o cliente e a audiência do designer. A resposta será sempre subjetiva. Não vou lhe dizer qual delas acho melhor, mas posso dar alguns critérios práticos para avaliar seu próprio trabalho. Há três perguntas a fazer a si mesmo no final de cada trabalho: O cliente está feliz? O trabalho é lucrativo? O projeto merece ser noticiado pela imprensa?

Elas parecem prosaicas a ponto de ser deprimentes quando colocadas de modo direto como esse. Todo aquele trabalho duro, seu idealismo, seu amor pelo design acabou nisso? Bem, pelo menos em parte, a resposta é sim. Mas vamos examinar essas três condições: elas podem ser francas e banais, mas são passos a dar no caminho do esclarecimento.

1. O cliente está feliz? Isso é bastante crucial, se você pensar a respeito. Se o cliente não está feliz, você tem problemas. Pode ter executado um grande trabalho, que talvez até ocupe um lugar de honra em seu portfólio, mas, se seu cliente não está feliz com ele, você está encrencado. Na pior das hipóteses, não vai ser pago: se for um trabalho grande, com uma quantia significativa envolvida, talvez substancial, além dos custos, isso pode ser catastrófico. Também pode significar que não conseguirá mais trabalhos daquele cliente. E provavelmente, mais doloroso que tudo, você vai saber que fracassou como designer gráfico. Pela natureza do design, somos obrigados a deixar nossos clientes satisfeitos. Não conseguir isso significa falhar como designer gráfico.
2. O trabalho é lucrativo? Quando digo lucrativo, falo tanto no sentido financeiro quanto no não monetário. Em outras palavras, você pode fazer um trabalho para uma instituição de caridade ou para uma organização não lucrativa, ou pode fa-

zê-lo porque é um trabalho que vai lhe trazer "lucros" quanto a exposição e reconhecimento. O lucro em todos esses casos não é financeiro. Tem mais a ver com um lucro intelectual ou intangível, como a satisfação que vem por ajudar outras pessoas. Mas, em termos estritamente financeiros, significa não perder dinheiro em um trabalho e dar lucro. Se você quiser sobreviver no negócio do design e pagar seus impostos, seu pessoal e você mesmo, vai ter de mostrar lucros na maior parte de seus trabalhos, não necessariamente em todos eles, mas vai ter de ganhar mais dinheiro do que gasta. O capitalismo pode não ser perfeito, mas contém uma simplicidade direta que mesmo as pessoas financeiramente não sofisticadas compreendem com facilidade.

3. O projeto merece ser noticiado pela imprensa? Aqui, estou falando da possibilidade de seu trabalho atrair atenção e, como consequência, atrair outros trabalhos. No cenário do design atual nada melhor do que o sucesso. Ele faz com que as pessoas comentem (boca a boca), excita jornalistas e comentaristas (publicidade), faz ganhar prêmios e leva à publicação de seu trabalho em livros e exposições (reconhecimento). Claro, para ter sucesso como designer, você precisa ser uma pessoa com quem é agradável trabalhar, eficiente e profundamente profissional. Mas só isso não vai adiantar muito. O que realmente provoca o agito é um trabalho de alta qualidade.

Muitos designers acrescentariam uma quarta categoria a essa lista. "Adequação à audiência desejada", diriam eles. E muito corretamente. Afinal de contas, não trabalhamos só para nós nem só para nossos clientes, mas para a nossa audiência. O problema de ter isso como critério de avaliação é que os designers raramente chegam a ver ou conhecer suas audiências. Não é sempre que conhecemos as pessoas atingidas por nosso trabalho, a não ser por acidente. Temos poucas maneiras, além da intuição e do senso comum, de avaliar o sucesso de nosso trabalho com a audiência desejada. Podemos ter evidência anedótica e captamos vislumbres de tempos em tempos, e temos *feedback* (especialmente no domínio interativo, em que os usuários podem postar suas respostas), mas tudo isso é casuístico e pouco científico. A aceitação da audiência em geral está incluída na reação de nossos clientes. Se produzimos um design malsucedido, nosso cliente nos contará, e certamente o resultado será que não poderemos ticar o quadradinho número um de nossa lista de critérios para avaliação de nosso trabalho.

Os três critérios que citei *podem* ser avaliados subjetivamente. Podemos conseguir respostas às perguntas que eles colocam. E, se quisermos avaliar nosso trabalho e verificar se vale a pena, precisaremos fazer essas três perguntas sempre que completarmos um projeto. Se você puder ticar qualquer um dos três quadradinhos, estará indo bem. Se forem dois, estará indo melhor. Se ticar os três, ganhará o primeiro prêmio na loteria metafórica do design gráfico. Claro que há trabalhos em que você não consegue satisfazer nenhum desses critério. Todos temos esses trabalhos, ossos duros de roer de verdade, em que terminamos com nada, apenas com o persistente fedor do fracasso sob o nariz. Mas, quando acontecerem, você precisa aprender com eles, porque mesmo entre todos os escombros haverá lições valiosas a absorver. Você pode ter melhorado algum aspecto de sua funcionalidade como designer ou como estúdio; pode ter adquirido uma nova habilidade para se incumbir desse trabalho; pode ter "experimentado" um novo designer (ou cliente) que fará melhor da próxima vez. Mas o que descrevi anteriormente são as três principais considerações – certamente não as únicas – para avaliar um projeto pronto.

Como ser um designer gráfico

Depois de ler este livro, talvez você se torne um super-herói do design – embora eu deva dizer que transformar designers em super-heróis não era minha intenção quando me sentei para escrevê-lo. De fato, a noção de super-heróis do design é ligeiramente repelente e de maneira alguma relacionada ao espírito que me impulsionou a escrever o livro. Minhas intenções eram bem mais modestas.

Minha única esperança é que agora você esteja mais bem equipado para lidar com a vida de designer gráfico. O assunto é vasto e eu só posso aspirar a lidar com uma pequena fatia do bolo. Não falei a respeito da teoria do design nem abordei as minúcias da vida prática (número do trabalho, gerenciamento de projetos ou planejamento de impostos). Há gente melhor para falar-lhe a respeito desses assuntos, e forneci uma bibliografia com recomendações para mais leituras. Mas, assim como a pesquisa e a curiosidade devem constituir grande parte de sua vida como designer, também o deveria ser a vontade de aprender. Quando comecei a vida como designer, parecia-me ser o trabalho mais emocionante do mundo. Ainda me sinto assim. Há alguma coisa inigualavelmente privilegiada e estimulante em ter um trabalho com o qual você sabe que terá algum efeito (ainda que brando) na vida dos outros; há algo mágico a respeito de fazer uma coisa que pode ser vista por milhões de pessoas; e há algo de estimulante em ter um trabalho no qual você pode deixar marcas.

O grande problema que os designers encaram é o medo: medo dos clientes, medo de fracassar, medo das ideias. Nossa habilidade de superar o medo talvez seja a grande habilidade que podemos adquirir. A maior parte do design ruim, ou do design medíocre, é consequência do medo. Os clientes estão amedrontados, os designers estão amedrontados, as audiências estão amedrontadas. O mundo comercial moderno funciona pelo medo: um terror de mercado que nos torna tímidos e adversos ao risco. A maior parte de nós lida com o medo recorrendo ao que é familiar e seguro. Mas, se fizermos isso, não nos será permitido reclamar que nossas vidas são enfadonhas. Se não quisermos vender a alma, teremos de superar o medo.

bibliografia

A TOMATO PROJECT. *Bareback*. Londres: Laurence King, 1999.

BIERUT, Michael; DRENTTEL, William; HELLER, Steven (orgs.). *Looking Closer 2: Critical Writings on Graphic Design*. Nova York: Allworth, 1997.

BIERUT, Michael *et al.* (orgs.). *Looking Closer 3: Critical Writings on Graphic Design*. Nova York: Allworth, 1999.

BIGGS, John. *Basic Typography*. Londres: Faber and Faber, 1968.

BLACKWELL, Lewis. *Twentieth-Century Type*. Londres: Laurence King, 2004.

_______ & BRODY, Neville. *G1: New Dimensions in Graphic Design*. Londres: Laurence King, 1996.

BRINGHURST, Robert. *The Elements of Typographic Style*. Vancouver: Hartney & Marks, 1992.

CROW, David. *Visible Signs*. Genebra: AVA, 2003.

EGGERS, Dave. *A Heartbreaking Work of Staggering Genius*. Londres: Picador, 2000.

FOOTE, Cameron. *The Creative Business Guide to Running a Graphic Design Business*. Nova York: WW Norton, 2004.

GOLDFARB, Roz. *Careers by Design: a Business Guide for Graphic Designers*. Nova York: Watson Guptill, 2002.

GOSLETT, Dorothy. *The Professional Practice of Design*. Londres: Batsford, 1971.

HALL, Peter. *Sagmeister*. Londres: Booth-Clibborn, 2001.

HELLER, Steven. *Design Literacy (Continued), Understanding Graphic Design*. Nova York: Allworth, 1999.

_______. *The Graphic Design Reader*. Nova York: Allworth, 2002.

_______ (org.). *The Education of a Typographer*. Nova York: Allworth, 2004.

_______ & MEGGS, Philip B. (orgs.). *Texts on Type: Critical Writings on Typography*. Nova York: Allworth, 2001.

_______ & PETTIT, Elinor (orgs.). *Design Dialogues*. Nova York: Allworth, 1998.

_______ & VIENNE Véronique (orgs.). *Citizen Designer*. Nova York: Allworth, 2003.

HOLLIS, Richard. *Graphic Design: a Concise History*. Londres: Thames & Hudson, 1997.

INTRO. *Sampler 2: Art, Pop and Contemporary Music Graphics*. Londres: Laurence King, 2000.

_______. *Sampler 3: Radical Album Cover Art*. Londres: Laurence King, 2003.

KING, Emily (org.). *Designed by Peter Saville*. Londres: Frieze, 2003.

LAW, Andy. *Experimental Work*. Londres: Profile Books, 2003.

LUPTON, Ellen. *Thinking with Type: a Critical Guide for Designers, Writers, Editors, Students*. Nova York: Princeton Architectural Press, 2004. [Ed. bras.: *Pensar com tipos*. São Paulo: Cosac Naify, 2006.]

MARSACK, Robyn. *Essays on Design 1: AGI's Designers of Influence*. Londres: Booth-Clibborn, 1997.

MONGUZZI, Bruno. *A Designer's Perspective*. Baltimore: The Fine Arts Gallery, 1998.

NEWARK, Quentin. *What is Graphic Design?* Brighton: Rotovision, 2002.

NOEVER, Peter (org.). *Stefan Sagmeister Handarbeit*. Viena: MAK, 2002.

NORMAN, Donald. *The Design of Everyday Things*. Cambridge: MIT Press, 1998.

PHILLIPS, Peter. *Creating the Perfect Design Brief: How to Manage Design for Strategic Advantage*. Nova York: Allworth, 2004.

POLANO, Sergio & VETTA, Pierpaolo. *ABC of 20th Century Graphics*. Milão: Electa Architecture, 2003.

POSTREL, Virginia. *The Substance of Style*. Nova York: HarperCollins, 2003.

POTTER, Norman. *What is a Designer*. Londres: Hyphen Press, 2002.

POULSON, Christine (org.). *William Morris on Art and Design*. Sheffield: Sheffield Academic Press, 1996.

POYNOR, Rick. *Design without Boundaries: Visual Communication in Transition*. Londres: Booth-Clibborn, 1998.

________. *No More Rules: Graphic Design and Post-Modernism*. Londres: Laurence King, 2003.

________. *Obey the Giant: Life in the Image World*. Londres: August Media, 2001.

________ (org.). *Communicate: Independent Graphic Design Since the Sixties*. Londres: Laurence King, 2004.

RIDDERSTRALE, Jonas & NORDSTROM, Kjelle. *Funky Business*. Harlow: Pearson Education, 2002.

SEMLER, Ricardo. *Virando a própria mesa*. Rio de Janeiro: Rocco, 2002.

SPENCER, Herbert. *Pioneers of Modern Typography*. Hampshire: Lund Humphries, 2004.

________. *Process*. Londres: Thames & Hudson, 1996.

VANDERLANS, Rudy (org.). *Emigre: Nudging Graphic Design*. Nova York: Princeton Architectural Press, 2003.

________ (org.). *Emigre: If We're Standing on the Shoulders of Giants, What Are We Reaching for?* Nova York: Princeton Architectural Press, 2004.

WOODS, Gerald; THOMPSON, Philip; WILLIAMS, John (orgs.). *Art without Boundaries*. Nova York: Praeger, 1972.

apêndice

Organizações

Associação de Design Gráfico da Espanha

www.adg-fad.org

Instituto Norte-Americano de Artes Gráficas

www.aiga.org
A maior e mais antiga organização norte-americana de design gráfico profissional, engajada na promoção da excelência em design gráfico.

The Art Directors Club

www.adcglobal.org/main.htm
Organização internacional sem fins lucrativos de criativos líderes em todas as disciplinas do design.

Associação Tipográfica Internacional

www.atypi.org
Fundada em 1975, é o principal organismo internacional dedicado a fonte e tipografia.

Associação Australiana de Design Gráfico

www.agda.asn.au
Organização não lucrativa fundada para facilitar o progresso do design gráfico como profissão na Austrália.

British Design Initiative

www.britishdesign.co.uk
Agência que possui uma base de dados atualizada das agências britânicas de design, prêmios em design e organismos de design profissional internacionais.

Creative Latitude

www.creativelatitude.com
Educa designers sobre o negócio do design e ajuda designers independentes a fazer seu próprio marketing. O site fornece recursos e responde a perguntas relacionadas ao negócio.

Creative Ireland

www.creativeireland.com
A casa virtual da comunidade irlandesa de design.

D&AD

www.dandad.org
Estabelece padrões criativos, inspira e promove design e publicidade de boa qualidade no Reino Unido.

Design Council

www.designcouncil.org.uk
Ajuda as pessoas e organizações ligadas a educação, serviços públicos e governamentais a compreender o design e usá-lo eficientemente como parte de suas estratégias.

Design Institute

http://design.umn.edu/go/to/root
Sediado na Universidade de Minnesota, o Design Institute encomenda, publica e implementa ideias inovadoras em design para o público e realiza vários eventos públicos.

Graphic Artists Guild

www.gag.org
Sindicato norte-americano de ilustradores, designers e outras disciplinas de criação. Publica um manual de precificação e orientação ética.

Conselho Internacional de Designers Gráficos Associados

www.icograda.org
É uma instituição internacional voltada a design gráfico e comunicação visual, que reúne associações relacionadas com o design gráfico, o gerenciamento, a promoção e a educação em design.

Letter Exchange

www.letterexchange.org/index.html
Sociedade para profissionais envolvidos na arte e ofício de fontes, da caligrafia ao corte de fontes, através do design para impressão, publicação e tipografia, até sinalização e fontes na arquitetura.

MIT Media Lab

www.media.mit.edu
Foca nos estudos sobre como a informação eletrônica sobrepõe o meio físico. Essa instituição de pesquisa explora a invenção e a utilização criativa das tecnologias digitais para realçar as maneiras como as pessoas pensam, expressam e comunicam ideias, e para explorar novas fronteiras científicas.

Premsela: Fundação Holandesa de Design

www.premselastichting.org/home/-/en
Organização concentrada no significado cultural do design holandês, nacional e internacionalmente.

Sociedade de Designers Gráficos do Canadá

www.gdc.net
Organização baseada em membros do design profissional, educadores, administradores, estudantes e associados em comunicação, marketing, mídia e áreas relacionadas ao design.

Sociedade de Ilustradores

www.societyofillustrators.org
Organização norte-americana que abriga artistas profissionais de ilustração, desenho em quadrinhos, desenhos animados, design gráfico e áreas relacionadas.

Sociedade de Designers de Publicações

www.spd.org
Mola propulsora para a qualidade e inovação em design para publicação; enfoca especificamente as preocupações dos diretores de arte editoriais no comércio, bem como as corporativas, institucionais, dos jornais e dos consumidores.

Tokyo Type Directors Club

www.tdctokyo.org
As atividades primárias incluem um concurso internacional anual de design, a publicação de um livro do ano e a produção de exposições.

Associação de Design Ecológico

www.edaweb.org
Instituição de caridade registrada sem fins lucrativos inaugurada por David Pearson, arquiteto e autor de *The Natural House Book* e outros.

Sociedade Internacional de Designers Tipográficos

www.istd.org.uk
Estabelece e mantém padrões tipográficos nas comunidades de design e educação, por meio do fórum de debate e design e publicando e promovendo a prática contemporânea da mais alta qualidade entre seus membros internacionais.

The Organisation of Black Designers

www.core77.com/obd
Associação profissional sem fins lucrativos dedicada a promover a visibilidade, a educação, o poder e a interação de seus membros e a compreensão e a valorização do fato de que perspectivas diversas em design contribuem para a cultura e comércio mundial.

Sociedade Tipográfica dos Aficionados

www.typesociety.org
Organização não lucrativa devotada a fonte, tipografia e artes relacionadas.

Assuntos de negócios

Business Link

www.businesslink.gov.uk
Guia para empresas novas e já existentes no Reino Unido, gerenciado pelo governo e explicado de maneira bem clara.

Serviço Brasileiro de Apoio às Micro e Pequenas Empresas (Sebrae)

http://www.sebrae.com.br/

Inc.com

www.inc.com/guides/start_biz/
Consultoria prática para novas empresas com extensa seção sobre como começar.

Internet Business Planner

www.cbsc.org/ibp/home_en.cfm
Software gratuito para planejamento empresarial on-line. O IBP usa a internet para ajudar a preparar um plano de negócio de três anos para empresas novas ou já existentes.

Seminários

AIGA

www.aiga.org/content.cfm/conferences
O Instituto Norte-Americano de Artes Gráficas patrocina vários seminários sobre educação em design e novidades e tendências do setor.

Grafic Europe

www.graficeurope.com
Seminário anual abrangente para a comunidade de design gráfico pan-europeia.

How Conference

www.howconference.com
O seminário anual da revista *How* para designers gráficos sobre criatividade, negócios e tecnologia.

Seminário Internacional de Design em Aspen

www.idca.org
Iniciada em 1951, a IDCA examina o ambiente do design no contexto das artes, ciências e humanidades.

Profile Intermedia

www.magni7icent.net
O festival europeu de mídia e design mais diferenciado, único e inspiracional.

Fontes da internet

Adbusters

www.adbusters.org
Rede global de artistas, ativistas, escritores, estudantes, educadores e empresários que querem promover o novo movimento social da idade da informação.

Back Space

www.backspace.com
Notas sobre o ambiente que nos cerca, design gráfico, design de produto, arquitetura, as decisões que tomamos e o impacto que elas têm.

Boxes and Arrows

www.boxesandarrows.com
Fonte definitiva para a tarefa de trazer a arquitetura e o design ao mundo digital.

Computer Love

www.computerlove.net
Site hiperativo para os que têm inclinações digitais.

Design is Kinky

www.designiskinky.net
Site global e quadro de avisos para atividades de design de todo tipo.

Design Observer

www.designobserver.com
Blog de formadores de opinião no campo do design: Michael Bierut, William Drenttel, Jessica Helfand e Rick Poynor.

Dictionary.com
http://dictionary.reference.com/
Valioso dicionário on-line para o designer profissional.

Eye
www.eyemagazine.com
A mais respeitada das revistas de design.

Kaliber 10000
www.k10k.net
Revista da web não comercial e independente.

The Knowledge Circuit
http://design.umn.edu/go/to/kc
Site que informa conferências em novas mídias e design em todo o mundo, seguindo a pista de ideias emergentes e profissionais de todas as disciplinas do design.

Kottke.org
www.kottke.org
Jason Kottke mantém este blog popular e influente desde março de 1998, escrevendo sobre tecnologia da web, fotografia, mídia, ciência na rede, design e cultura rip/mix/burn.

Lars Müller Publishers
www.lars-muller-publishers.com
O editor e designer suíço Lars Müller produz publicações cuidadosamente editadas e desenhadas sobre arquitetura, design e fotografia contemporânea.

Mark Holt design
www.markholtdesign.com
Sócio-fundador da 8vo, agora gerenciando site onde vende pôsteres e livros de design raros.

Onedotzero
www.onedotzero.com
Festival internacional da imagem em movimento. Local de reunião para gerentes de produção de filmes digitais experimentais.

Our Type
www.ourtype.com
Site da tipografia europeia, gerenciado pelo designer de fontes holandês Fred Smeijers.

The Sorrell Foundation
www.thesorrellfoundation.com/home.html
Tem por objetivo inspirar criatividade em jovens e melhorar a qualidade da vida por meio do design de boa qualidade.

Speak up
www.underconsideration.com/speakup/
Blog vigoroso e barulhento, gerenciado pelo incansável Armin Vit. Menos aristocrata do que o Design Observer.

St. Bride Printing Library
www.stbride.org
A principal biblioteca de impressão e artes gráficas do Reino Unido.

Typotheque
www.typotheque.com/index.php
Fundação de tipos on-line que preserva as tradições das fundições de tipo independentes.

YCN (Young Creatives Network)
www.ycnonline.com
Organização que tem por objetivo inspirar e exibir novos designs e excelência em comunicação e conectá-los com as indústrias criativas.

YouWorkForThem
www.youworkforthem.com
Vende livros, revistas, vídeos, CD-ROMs, camisetas e o melhor em design contemporâneo do mundo todo.

Designers

April Greiman
http://aprilgreiman.com
Importante designer americana e pioneira digital.

Barnbrook Design
www.branbrook.net
Site do estúdio do designer britânico Jonathan Barnbrook.

Bruce Mau
www.brucemaudesign.com
Importante designer baseado em Toronto.

Cyan
www.cyan.de
Estúdio berlinense famoso por seus trabalhos impressos e de imagens em movimento.

The Designers Republic
www.thedesignersrepublic.com
Famosos iconoclastas baseados em Sheffield.

Fons M. Hickmann
www.kairos.to/html/fons/door.html
Tipógrafo alemão.

Graphic Thought Facility
www.graphicthoughtfacility.com
Design gráfico britânico da mais alta linha.

Hi-Res!
www.hi-res.net
Uma das empresas internacionais líderes em webdesign.

John Maeda
www.maedastudio.com
Exemplo de empresa em design digital.

Karlssonwilker Inc.
www.karlssonwilker.com
Empresa de design iconoclasta dos designers alemão e islandês baseados em Nova York.

m/m paris
www.mmparis.com
Inovadores designers franceses.

Nakajima Design
www.nkjm-d.com
O maravilhoso diretor de arte e designer gráfico japonês Hideki Nakajima.

Non Format
www.non-format.com
Inovadora dupla baseada em Londres, designers da revista *The Wire*, entre outras coisas.

Pentagram
www.pentagram.com
A última das independentes. Surgida nos anos 1960, ainda produz trabalhos sem iguais.

Pleix
www.pleix.net
Comunidade virtual de artistas digitais baseados em Paris. Veja seus filmes on-line.

Practise
www.practise.co.uk
Site do designer inglês James Goggin.

Tadanori Yokoo
www.tadanoriyokoo.com
Um dos grandes artistas de pôster do mundo.

Vier5
www.vier5.de
Visionários tipógrafos franceses.

Consciência cultural

Arts & Letters Daily
www.aldaily.com
Compêndio enciclopédico de novidades artísticas e culturais de todo o mundo.

Critical Art Ensemble
www.critical-art.net
Coletiva de artistas que abordam intersecções de arte, tecnologia, política radical e teoria crítica.

Internet Archive
www.archive.org
Biblioteca digital dos sites da internet e outros artefatos culturais em formato digital.

New York Review of Books
www.nybooks.com/index
Versão on-line da "revista literário-intelectual mais importante do idioma inglês".

Resonance FM
www.resonancefm.com
A primeira estação de rádio de arte de Londres.

This is a magazine
www.thisisamagazine.com
Revista charmosa e inovadora on-line/off-line.

Turux
www.turux.org
Maravilha de design visionário da web.

WPs1
www.wps1.org
Diariamente, 24 horas de programas de música, conversas e palestras históricas focalizando artes contemporâneas, música e literatura de todo o mundo.

The Wire
www.thewire.co.uk
Aventuras em música moderna.

agradecimentos

Dedicado a Lynda S.

Obrigado aos amigos da Intro, sem os quais este livro só teria três páginas: Katy Richardson, Julian Gibbs, Kate Dawkins, Mat Cook, Julian House, Adrian Talbot, Jo Marsh, Nikki Hildesley, Melissa Robertson, Steff Holingshead e todos os outros com quem compartilhei quinze estupendos anos.

Obrigado a This is Real Art por me permitir ficar semidistanciado enquanto escrevia o livro: Georgina Lee, Kate Nielsen, Sam Renwick, Sarah Withers e todos os artistas e designers da TiRA.

Obrigado aos meus entrevistados que fingiram não se importar com minhas insistências e lisonjas: Neville Brody, Natalie Hunter, John Warwicker, Kim Hiorthøy, Corey Holms, Rudy VanderLans, Andy Cruz, Angela Lorenz, Peter Stemmler e Alexander Gelman.

Obrigado às pessoas que doaram imagens, citações e conselhos: Michael C. Place, Chris Ashworth, Jonathan Ellery, Malcolm Garrett, Bruno Monguzzi, Michele Jannuzzi e todos os outros.

Obrigado a todos os editores que me encorajaram no desejo de escrever sobre design: Patrick Burgoyne, Lynda Relph-Knight, Caroline Roberts, Marc Valli, John L. Walters, Richard Clayton, Steven Heller, David Womack e uma saudação especial para Rick Poynor por corajosamente encomendar meu primeiro artigo.

Obrigado a Laurence King, Jo Lightfoot, Felicity Awdry e Laura Willis.

Obrigado à minha editora, Eugenia Bell, por cuidados editoriais intensivos acima e além do que exigia o dever.

Obrigado a Jonathan Jeffrey, Mason Wells e Tim Beard da Bibliothèque pelo layout encantador e pelos frequentes sermões de Mason sobre os princípios do bom design.

Agradecimentos especiais a Stefan Sagmeister, o santo patrono deste livro.

Carinho para Ed, Alice e Moll.

REDE DE UNIDADES SENAC SÃO PAULO

Capital e Grande São Paulo

Centro Universitário Senac Campus Santo Amaro
Tel.: (11) 5682-7300 • Fax: (11) 5682-7441
E-mail: campussantoamaro@sp.senac.br

Senac 24 de maio
Tel.: (11) 2161-0500 • Fax: (11) 2161-0540
E-mail: 24demaio@sp.senac.br

Senac Consolação
Tel.: (11) 2189-2100 • Fax: (11) 2189-2150
E-mail: consolacao@sp.senac.br

Senac Francisco Matarazzo
Tel.: (11) 3795-1299 • Fax: (11) 3795-1288
E-mail: franciscomatarazzo@sp.senac.br

Senac Guarulhos
Tel.: (11) 2187-3350 • Fax: 2187-3355
E-mail: guarulhos@sp.senac.br

Senac Itaquera
Tel.: (11) 2185-9200 • Fax: (11) 2185-9201
E-mail: itaquera@sp.senac.br

Senac Jabaquara
Tel.: (11) 2146-9150 • Fax: (11) 2146-9550
E-mail: jabaquara@sp.senac.br

Senac Lapa Faustolo
Tel.: (11) 2185-9800 • Fax: (11) 2185-9802
E-mail: lapafaustolo@sp.senac.br

Senac Lapa Scipião
Tel.: (11) 3475-2200 • Fax: (11) 3475-2299
E-mail: lapascipiao@sp.senac.br

Senac Lapa Tito
Tel.: (11) 6888-5500 • Fax: (11) 6888-5567
E-mail: lapatito@sp.senac.br

Senac Nove de Julho
Tel.: (11) 2182-6900 • Fax: (11) 2182-6941
E-mail: novedejulho@sp.senac.br

Senac – Núcleo de Idiomas Anália Franco
Tel.: (11) 3795-1199 • Fax: (11) 3795-1160
E-mail: idiomasanaliafranco@sp.senac.br

Senac – Núcleo de Idiomas Santana
Tel.: (11) 3795-1100 • Fax: (11) 3795-1114
E-mail: idiomassantana@sp.senac.br

Senac – Núcleo de Idiomas Vila Mariana
Tel.: (11) 3795-1200 • Fax: (11) 3795-1209
E-mail: idiomasvilamariana@sp.senac.br

Senac Osasco
Tel.: (11) 2164-9877 • Fax: (11) 2164-9822
E-mail: osasco@sp.senac.br

Senac Penha
Tel.: (11) 2135-0300 • Fax: (11) 2135-0398
E-mail: penha@sp.senac.br

Senac Santa Cecília
Tel.: (11) 2178-0200 • Fax: (11) 2178-0226
E-mail: santacecilia@sp.senac.br

Senac Santana
Tel.: (11) 2146-8250 • Fax: (11) 2146-8270
E-mail: santana@sp.senac.br

Senac Santo Amaro
Tel.: (11) 5523-8822 • Fax: (11) 5687-8253
E-mail: santoamaro@sp.senac.br

Senac Santo André
Tel.: (11) 2842-8300 • Fax: (11) 2842-8301
E-mail: santoandre@sp.senac.br

Senac Tatuapé
Tel.: (11) 2191-2900 • Fax: (11) 2191-2949
E-mail: tatuape@sp.senac.br

Senac Tiradentes
Tel.: (11) 3336-2000 • Fax: (11) 3336-2020
E-mail: tiradentes@sp.senac.br

Senac Vila Prudente
Tel.: (11) 3474-0799 • Fax: (11) 3474-0700
E-mail: vilaprudente@sp.senac.br

Interior e Litoral

Centro Universitário Senac
Campus Águas de São Pedro
Tel.: (19) 3482-7000 • Fax: (19) 3482-7036
E-mail: campusaguasdesaopedro@sp.senac.br

Centro Universitário Senac
Campus Campos do Jordão
Tel.: (12) 3688-3001 • Fax: (12) 3662-3529
E-mail: campuscamposdojordao@sp.senac.br

Senac Araçatuba
Tel.: (18) 3117-1000 • Fax: (18) 3117-1020
E-mail: aracatuba@sp.senac.br

Senac Araraquara
Tel.: (16) 3114-3000 • Fax: (16) 3114-3030
E-mail: araraquara@sp.senac.br

Senac Barretos
Tel./fax: (17) 3322-9011
E-mail: barretos@sp.senac.br

Senac Bauru
Tel.: (14) 3321-3199 • Fax: (14) 3321-3119
E-mail: bauru@sp.senac.br

Senac Bebedouro
Tel.: (17) 3342-8100 • Fax: (17) 3342-3517
E-mail: bebedouro@sp.senac.br

Senac Botucatu
Tel.: (14) 3112-1150 • Fax: (14) 3112-1160
E-mail: botucatu@sp.senac.br

Senac Campinas
Tel.: (19) 2117-0600 • Fax: (19) 2117-0601
E-mail: campinas@sp.senac.br

Senac Catanduva
Tel.: (17) 3522-7200 • Fax: (17) 3522-7279
E-mail: catanduva@sp.senac.br

Senac Franca
Tel.: (16) 3402-4100 • Fax: (16) 3402-4114
E-mail: franca@sp.senac.br

Senac Guaratinguetá
Tel.: (12) 2131-6300 • Fax: (12) 2131-6317
E-mail: guaratingueta@sp.senac.br

Senac Itapetininga
Tel.: (15) 3511-1200 • Fax: (15) 3511-1211
E-mail: itapetininga@sp.senac.br

Senac Itapira
Tel.: (19) 3863-2835 • Fax: (19) 3863-1518
E-mail: itapira@sp.senac.br

Senac Itu
Tel.: (11) 4023-4881 • Fax: (11) 4013-3008
E-mail: itu@sp.senac.br

Senac Jaboticabal
Tel./Fax: (16) 3204-3204
E-mail: jaboticabal@sp.senac.br

Senac Jaú
Tel.: (14) 2104-6400 • Fax: (14) 2104-6449
E-mail: jau@sp.senac.br

Senac Jundiaí
Tel.: (11) 3395-2300 • Fax: (11) 3395-2323
E-mail: jundiai@sp.senac.br

Senac Limeira
Tel.: (19) 3451-4488 • Fax: (19) 3441-6039
E-mail: limeira@sp.senac.br

Senac Marília
Tel.: (14) 3311-7700 • Fax: (14) 3311-7760
E-mail: marilia@sp.senac.br

Senac Mogi-Guaçu
Tel.: (19) 3019-1155 • Fax: (19) 3019-1151
E-mail: mogiguacu@sp.senac.br

Senac Piracicaba
Tel.: (19) 2105-0199 • Fax: (19) 2105-0198
E-mail: piracicaba@sp.senac.br

Senac Presidente Prudente
Tel.: (18) 3344-4400 • Fax: (18) 3344-4444
E-mail: presidenteprudente@sp.senac.br

Senac Ribeirão Preto
Tel.: (16) 2111-1200 • Fax: (16) 2111-1201
E-mail: ribeiraopreto@sp.senac.br

Senac Rio Claro
Tel.: (19) 2112-3400 • Fax: (19) 2112-3401
E-mail: rioclaro@sp.senac.br

Senac Santos
Tel.: (13) 2105-7799 • Fax: (13) 2105-7700
E-mail: santos@sp.senac.br

Senac São Carlos
Tel.: (16) 2107-1055 • Fax: (16) 2107-1080
E-mail: saocarlos@sp.senac.br

Senac São João da Boa Vista
Tel./Fax: (19) 3623-2702
E-mail: sjboavista@sp.senac.br

Senac São José do Rio Preto
Tel.: (17) 2139-1699 • Fax: (17) 2139-1698
E-mail: sjriopreto@sp.senac.br

Senac São José dos Campos
Tel.: (12) 2134-9000 • Fax: (12) 2134-9001
E-mail: sjcampos@sp.senac.br

Senac Sorocaba
Tel.: (15) 3412-2500 • Fax: (15) 3412-2501
E-mail: sorocaba@sp.senac.br

Senac Taubaté
Tel.: (12) 2125-6099 • Fax: (12) 2125-6088
E-mail: taubate@sp.senac.br

Senac Votuporanga
Tel.: (17) 3426-6700 • Fax: (17) 3426-6707
E-mail: votuporanga@sp.senac.br

Outras Unidades

Editora Senac São Paulo
Tel.: (11) 2187-4450 • Fax: (11) 2187-4486
E-mail: editora@sp.senac.br

Grande Hotel São Pedro – Hotel-escola Senac
Tel.: (19) 3482-7600 • Fax: (19) 3482-7700
E-mail: grandehotelsaopedro@sp.senac.br

Grande Hotel Campos do Jordão –
Hotel-escola Senac
Tel.: (12) 3668-6000 • Fax: (12) 3668-6100
E-mail: grandehotelcampos@sp.senac.br

SENAC – SERVIÇO NACIONAL DE APRENDIZAGEM COMERCIAL

ADMINISTRAÇÕES REGIONAIS

Acre
Rua Alvorada, 777 – Bosque
CEP 69909-380 Rio Branco, AC
Tels.: (68) 3211-3000 / 3211-3005
e-mail: hirlete@ac.senac.br
home page: http://www.ac.senac.br

Alagoas
Rua Pedro Paulino, 77 – Poço
CEP 57025-340 Maceió, AL
Tel.: (82) 3216-7800
e-mail: verdi@al.senac.br
home page: http://www.al.senac.br

Amapá
Av. Henrique Galúcio, 1.999 – Santa Rita
CEP 68900-170 Macapá, AP
Tel.: (96) 214-4100
e-mail: iguarassu@ap.senac.br
home page: http://www.ap.senac.br

Amazonas
Av. Djalma Batista, 2.507 – Chapada
CEP 69050-010 Manaus, AM
Tels.: (92) 3216-5740 / 3216-5745
e-mail: antonio@am.senac.br
home page: http://www.am.senac.br

Bahia
Av. Tancredo Neves, 1.109 – 10º andar – Pituba
CEP 41820-021 Salvador, BA
Tel.: (71) 3273-9701
e-mail: marina.almeida@ba.senac.br
home page: http://www.ba.senac.br

Ceará
Av. Tristão Gonçalves, 1.245 – Centro
CEP 60015-002 Fortaleza, CE
Tel.: (85) 3452-7000
e-mail: liaparente@ce.senac.br
home page: http://www.ce.senac.br

Distrito Federal
SCS – Quadra 2 – Bloco C, 227
CEP 70300-500 Brasília, DF
Tel.: (61) 3313-8800
e-mail: luizn@senacdf.com.br
home page: http://www.df.senac.br

Espírito Santo
Rua Amenophis de Assis, 255 – Bento Ferreira
CEP 29050-935 Vitória, ES
Tel.: (27) 3325-8222
e-mail: dcorteletti@es.senac.br
home page: http://www.es.senac.br

Goiás
Rua 31-A, 43 – Setor Aeroporto
CEP 74075-470 Goiânia, GO
Tel.: (62) 219-5108
e-mail: diretoria@go.senac.br
home page: http://www.go.senac.br

Maranhão
Rua do Passeio, 495 – Centro
CEP 65015-370 São Luís, MA
Tels.: (98) 3231-2426 / 3231-2044
e-mail: diretoriaregional@ma.senac.br
home page: http://www.ma.senac.br

Mato Grosso
Rua Jessé Pinto Freire, 171 – Centro
CEP 78020-090 Cuiabá, MT
Tel.: (65) 614-2431
e-mail: gil@mt.senac.br
home page: http://www.mt.senac.br

Mato Grosso do Sul
Rua 26 de Agosto, 835 – Centro
CEP 79002-080 Campo Grande, MS
Tels.: (67) 312-6212 / 312-6250
e-mail: reginaferro@ms.senac.br
home page: http://www.ms.senac.br

Minas Gerais
Rua Tupinambás, 1.086 – 5º andar – Centro
CEP 30120-070 Belo Horizonte, MG
Tels.: (31) 3278-4872 / 3278-4873
e-mail: cirilo@mg.senac.br
home page: http://www.mg.senac.br

Pará
Av. Assis de Vasconcelos, 359 – Comércio
CEP 66010-010 Belém, PA
Tels.: (91) 4009-6850 / 4009-6853
e-mail: suporte@pa.senac.br
home page: http://www.pa.senac.br

Paraíba
Rua Des. Souto Maior, 291 – 4º andar – Centro
CEP 58013-190 João Pessoa, PB
Tels.: (83) 3208-3169 / 3208-3100
e-mail: geraldo@pb.senac.br
home page: http://www.pb.senac.br

Paraná
Rua André de Barros, 750
CEP 80010-080 Curitiba, PR
Tel.: (41) 3219-4700
e-mail: monastier@pr.senac.br
home page: http://www.pr.senac.br

Pernambuco
Av. Visconde de Suassuna, 500 – Santo Amaro
CEP 50050-540 Recife, PE
Tel.: (81) 3423-3177
e-mail: emattos@pe.senac.br
home page: http://www.pe.senac.br

Piauí
Av. Campos Sales, 1.111 – Centro
CEP 64000-300 Teresina, PI
Tel.: (86) 3221-7060
e-mail: dr@pi.senac.br
home page: http://www.pi.senac.br

Rio de Janeiro
Rua Marquês de Abrantes, 99 – Flamengo
CEP 22230-060 Rio de Janeiro, RJ
Tels.: (21) 3138-1116 / 3138-1117
e-mail: direg@rj.senac.br
home page: http://www.rj.senac.br

Rio Grande do Norte
Rua São Tomé, 444 – Centro
CEP 59025-030 Natal, RN
Tel.: (84) 3203-4435
e-mail: ronaldor@rn.senac.br
home page: http://www.rn.senac.br

Rio Grande do Sul
Av. Alberto Bins, 665 – 12º andar – Centro
CEP 90030-142 Porto Alegre, RS
Tel.: (51) 3284-1903
e-mail: diretoria@senacrs.com.br
home page: http://www.senacrs.com.br

Rondônia
Rua Tabajara, 539 – Olaria
CEP 78906-660 Porto Velho, RO
Tels.: (69) 3229-6059 / 3229-5792
e-mail: hilton@ro.senac.br
home page: http://www.ro.senac.br

Roraima
Av. Major Williams, 2.084 – São Francisco
CEP 69301-110 Boa Vista, RR
Tels.: (95) 2121-1901 / 2121-1902
e-mail: arlindomuller@rr.senac.br
home page: http://www.rr.senac.br

Santa Catarina
Rua Felipe Schmidt, 785 – 7º andar – Centro
CEP 88010-002 Florianópolis, SC
Tel.: (48) 251-0500
e-mail: rudney@sc.senac.br
home page: http://www.sc.senac.br

São Paulo
Rua Doutor Vila Nova, 228 – 7º andar – V. Buarque
CEP 01222-903 São Paulo, SP
Tel.: (11) 3236-2000
e-mail: direg@sp.senac.br
home page: http://www.sp.senac.br

Sergipe
Av. Ivo do Prado, 564 – Centro
CEP 49015-070 Aracaju, SE
Tels.: (79) 3212-1501 / 3214-1560
e-mail: carlose.traversa@se.senac.br
home page: http://www.se.senac.br

Tocantins
AANO 20, cj. 3, lotes 3 e 4 – Centro
CEP 77010-040 Palmas, TO
Tel.: (63) 3219-1600
e-mail: senacto@uol.com.br
home page: http://www.to.senac.br

EDITORA SENAC SÃO PAULO

DISTRIBUIDORES

DISTRITO FEDERAL

Gallafassi Editora e Distribuidora Ltda.
SAAN – Qd. 2, 1.110/1.120
70632-200 – Brasília/DF
Tel.: (61) 3039-4686 • Fax: (61) 3036-8747
e-mail: vendas@gallafassi.com.br

ESPÍRITO SANTO

Editora Senac Rio
Av. Franklin Roosevelt, 126/604 – Castelo
20021-120 – Rio de Janeiro/RJ
Tel.: (21) 2510-7100 • Fax: (21) 2240-9656
e-mail: comercial.editora@rj.senac.br

GOIÁS

Gallafassi Editora e Distribuidora Ltda.
Rua 70, 601 – Centro
74055-120 – Goiânia/GO
Tel.: (62) 3941-6329 • Fax: (62) 3941-4847
e-mail: vendas.go@gallafassi.com.br

Planalto Distribuidora de Livros
Rua 70, 620 – Centro
74055-120 – Goiânia/GO
Tel.: (62) 3212-2988 • Fax: (62) 3225-6400
e-mail: sebastiaodemiranda@terra.com.br

MINAS GERAIS

Acaiaca Distribuidor de Livros Ltda.
Rua Itajubá, 2.125 – Loja 2 – Sagrada Família
31035-540 – Belo Horizonte/MG
Tel.: (31) 2102-9800 • Fax: (31) 2102-9801
e-mail: distribuidora@acaiaca.com.br

PARANÁ

Distribuidora de Livros Curitiba Ltda.
Av. Marechal Floriano Peixoto, 1.742 – Rebouças
80230-110 – Curitiba/PR
Tel.: (41) 3330-5000/3330-5046 • Fax: (41) 3333-5047
e-mail: atendimento@livrariascuritiba.com.br

RIO DE JANEIRO

Editora Senac Rio
Av. Franklin Roosevelt, 126/604 – Castelo
20021-120 – Rio de Janeiro/RJ
Tel.: (21) 2510-7100 • Fax: (21) 2240-9656
e-mail: comercial.editora@rj.senac.br

RIO GRANDE DO SUL

Livros de Negócios Ltda.
Rua Demétrio Ribeiro, 1.164/1.170 – Centro
90010-313 – Porto Alegre/RS
Tel.: (51) 3211-1445/3211-1340 • Fax: (51) 3211-0596
e-mail: livros@livrosdenegocios.com.br

SANTA CATARINA

Livrarias Catarinense
Rua Fulvio Aducci, 416 – Estreito
88075-000 – Florianópolis/SC
Tel.: (48) 3271-6000 • Fax: (48) 3244-6305
e-mail: vendassc@livrariascuritiba.com.br

SÃO PAULO

Bookmix Comércio de Livros Ltda.
Rua Jesuíno Pascoal, 118
01233-001 – São Paulo/SP
Tel.: (11) 3331-0536/3331-9662 • Fax: (11) 3331-0989
e-mail: bookmix@uol.com.br

Disal S.A.
Av. Marquês de São Vicente, 182 – Barra Funda
01139-000 – São Paulo/SP
Tel.: (11) 3226-3100/3226-3111 • Fax: (11) 0800-770-7105
e-mail: comercialdisal@disal.com.br

Pergaminho Com. e Distr. de Livros Ltda.
Av. Dr. Celso Silveira Rezende, 496 – Jardim Leonor
13041-255 – Campinas/SP
Tel.: (19) 3236-3610 • Fax: 0800-163610
e-mail: compras@pergaminho.com.br

Tecmedd Distribuidora de Livros
Av. Maurílio Biagi, 2.850 – City Ribeirão
14021-000 – Ribeirão Preto/SP
Tel./fax: (16) 3512-5500
e-mail: tecmedd@tecmedd.com.br

PORTUGAL

Dinalivro Distribuidora Nacional de Livros Ltda.
Rua João Ortigão Ramos, 17-A
1500-362 – Lisboa – Portugal
Tel.: +351 21 7122 210 • Fax: +351 21 7153 774
e-mail: comercial@dinalivro.pt

REPRESENTANTES COMERCIAIS

AL-AM-PA-MA-PI-CE-RN-PB-PE

Gabriel de Barros Catramby
Rua Major Armando de Souza Melo, 156 – cj. 153 – Boa Viagem
51130-040 – Recife/PE
Tel./fax: (81) 3341-6308
e-mail: gabrielcatramby@terra.com.br

MINAS GERAIS

Gilsan Representações Ltda.
Rua Cento e Trinta e Seis, 509
32140-400 – Contagem/MG
Tel./fax: (31) 3393-7368
e-mail: gilsaldanha@ibest.com.br